L'Ancien Régime et la Révolution

影响欧洲近代社会的 史诗性变革

─ 旧制度与大革命 ─

〔法〕托克维尔◎著　胡勇◎译

吉林出版集团股份有限公司

图书在版编目（CIP）数据

影响欧洲近代社会的史诗性变革：旧制度与大革命 /
（法）托克维尔著；胡勇译 . —长春：吉林出版集团股份
有限公司，2018.8
　　ISBN 978-7-5581-5844-5

　　Ⅰ . ①影… Ⅱ . ①托… ②胡… Ⅲ . ①欧洲—近代史
Ⅳ . ① K504

　　中国版本图书馆 CIP 数据核字 (2018) 第 231214 号

影响欧洲近代社会的史诗性变革：旧制度与大革命

著　　者　[法]托克维尔
译　　者　胡　勇
出　　品　吉林出版集团·北京汉阅传播
策划编辑　周耿茜
责任编辑　王　平　史俊南
装帧设计　胡椒设计
开　　本　710mm×1000mm　1/16
印　　张　20
版　　次　2019 年 1 月第 1 版
印　　次　2019 年 1 月第 1 次印刷

出　　版　吉林出版集团股份有限公司
发　　行　北京吉版图书有限责任公司
地　　址　北京市西城区椿树园 15-18 号底商 A222
　　　　　邮编：100052
电　　话　总编办：010-63109269
　　　　　发行部：010-63104979
邮　　箱　beijingjiban@126.com
印　　刷　天津中印联印务有限公司

ISBN 978-7-5581-5844-5　　　　　　定价：58.00 元

目 录

导读   001

导论   001

前言   001

第 一 书
First Book

第一章 大革命发端时对其歧异的判断   011

第二章 大革命基本的和最终的目的不是像一些人所认为的，要摧毁宗教权威和削弱政治权威   015

第三章 法国大革命如何是一场以宗教革命方式开始的政治革命，为什么   019

第四章 几乎全部欧洲如何都曾拥有完全相同的制度，这些制度如何到处都在崩溃   022

第五章 法国大革命的基本成就是什么   026

第 二 书
Second Book

第一章　为什么在法国而不是在其他地方，封建特权更加令人民憎恶　031

第二章　为什么行政集权制是旧制度的一种体制，而非一些人所说的，是大革命或帝国的一种产物　039

第三章　今天所谓的行政监护制度何以是旧制度的一种体制　046

第四章　为什么说行政法院和公共官员的豁免权是旧制度的体制　054

第五章　中央集权制如何能够渗透到旧的权力中，并且取而代之而不是将其摧毁　058

第六章　旧制度下的行政民情　061

第七章　为什么在所有的欧洲国家中，唯独在法国，首都取得了对于外省的最大优势，并且最为彻底地囊括了整个国家　069

第八章　在法国这样一个国家中，人民变得最为相像　073

第九章　人们如何如此相似却比以往更加分离，被分割为陌生的小群体，并且彼此漠不关心　077

第十章　政治自由的毁灭和阶级的分离如何导致了几乎所有对于旧制度致命的弊病　089

第十一章　在旧制度下所发现的自由的种类及其对大革命的影响　098

第十二章　尽管文明取得了进步，何以法国农民的处境在 18 世纪有时比在 13 世纪更糟　107

第 三 书
Third Book

第一章　到了 18 世纪中叶，作家如何成为国家的首
　　　　要政治家，由此所产生的效果如何　121

第二章　非宗教倾向在 18 世纪如何成为一种普遍的
　　　　和主导的激情，它如何影响了大革命的特色

　　　　129

第三章　法国人如何在想要自由之前想要改革　136

第四章　路易十六的统治是旧君主制中最为繁荣的时
　　　　代，这种繁荣如何加速了大革命的到来　145

第五章　试图救济人民却如何激起了他们的反抗　153

第六章　有助于政府完成人民的革命教育的一些做法

　　　　159

第七章　一场重大的行政革命如何发生在政治革命之
　　　　前，它有何后果　163

第八章　大革命如何自然地从以前的事务中出现　170

注释　177
附录 1　论三级会议各行省，尤其朗格多克　238
附录 2　《托克维尔全集》目录　246
附录 3　托克维尔生平与著作年表　249
附录 4　文献注释　256
索引　259
译后记　283

导读

　　《影响欧洲近代社会的史诗性变革：旧制度与大革命》（以下简称《旧制度与大革命》）同《民主在美国》（也被译为《论美国的民主》）是法国近代思想家与政治家托克维尔（1805—1859）最为著名的两部学术作品。该书既被视为一部历史作品，也越来越被视为一部社会政治哲学著作，在历史学、社会学与政治学等学科领域具有重要的研究价值。

写作《旧制度与大革命》的托克维尔

　　托克维尔将帕斯卡尔视为自己的精神导师。托克维尔一生崇拜的偶像是法国大物理学家帕斯卡尔。他最倾心帕斯卡尔的是，帕斯卡尔毕生将无任何（个人）功利目的的科学研究作为自己的事业。他的人生观与人性观颇受帕斯卡尔的影响，在其作品中也多次引用帕斯卡尔的《思想录》。托克维尔曾经说过，只有在贵族时代才会出现没有任何功利目的的基础理论研究，而在民主时代只会出现短平快的技术应用研究。从这里可以发现托克维尔对于贵族、贵族制与贵族时代的一种独特态度。

　　托克维尔出生于地道的贵族世家，其曾外祖父马尔泽布曾经是旧制度下典型的作为国王与人民之间调停人的旧贵族精英，因为曾为路易十六辩护在大革命时期被作为王党分子送上断头台，正统派作家《墓中回忆录》的作者夏多布里昂是其姻亲，其父是具有公共参与精神的"典型的贵族"，做过复辟时期的几任省长和贵族院的长老。但就在这样一个具有深厚贵族传统的家庭中，有人成为狂热的雅各宾分子，有人成为百日帝国的代议士，有人成为复辟的波旁王朝的效忠者，有人成为七月王朝的上层人物，还有人成为拿破仑的将军与朋友。这些人的政治立场不可能不对托克维尔有所触动。

托克维尔出生于拿破仑帝国统治之下，经历了两个君主政体和一个共和国，死于拿破仑侄儿的帝国之中。可以说，他的一生就是近代动荡多难的法国政治命运的象征。他做过复辟时期的助理法官；担任了近十年七月王朝众议院议员；支持与参加了议会的各种专业委员会的工作；他被选入第二共和国的立宪议会，并参加了制宪委员会的制宪工作；随后进入立法议会，并担任副议长；六月起义中首次同"多数"站在一起，亲自走上街头镇压了巴黎无产阶级的社会主义诉求；他在波拿巴总统领导的巴罗内阁中担任了 5 个月的外交部长；最终在 1851 年的雾月政变中被逮捕，随后完全退出公共生活，成为"国内流亡者"；在随后的岁月中多次拒绝波拿巴邀其入阁的请求，完全潜心于精神世界中，直至 1859 年病逝于戛纳。

托克维尔出生于历史悠久的贵族家庭，成长于贵族文化之中。托克维尔私下承认："在理智上我倾向于民主制度，然而本能上我却是贵族，这就是说我蔑视与惧怕大众。我满怀感情地热爱自由、法制、对权利的尊重，然而却不是民主。这就是内心的实质。"在托克维尔的精神世界中不但存在着理智与本能的对立，还存在着理性与感情的冲突。有人称他为："理智上的民主分子，心灵中的贵族。"然而，托克维尔的贵族情调并未阻碍其最终的独特的自由主义思想的形成，而是给予了它一个独特的跨时代、跨文化的反思视角；托克维尔精神世界的内在冲突并非不可妥协，也并未妨碍他毕生为之奋斗的理念与事业——自由。他说，"自由是我的最重要的激情。这就是真理。"

正是托克维尔所处的特定时代与环境给予了他广阔的、多角度的与跨时代的、跨文化的观察与思考政治问题的视角，使得他能够"在过去与未来之间保持彻底的平衡"，使得他对贵族与民主都不抱有特别的爱与恨，而他个性中的所有矛盾、分裂、张力最后都统一到一种他唯一的观点与激情上——即"对自由与人类尊严的热爱"。

《旧制度与大革命》的核心关注

在《旧制度与大革命》中，托克维尔研究了大革命爆发的长期与近期原因，大革命独特面貌的形成原因——大革命为什么才会发生，大革命为什么会与众不同？但在这种研究的深处，这种研究的根本目的，他处心积虑的关注就是：以自由、平等、博爱为旗号的大革命，为什么走向了自由的对立面——专制，怎样才能在现代社会实现平等与自由的和谐统一。可以说，贯穿于托克维尔所有研究所有著作的一个核心问题就是：如何在平等化的时代实现自由。

在托克维尔的行文中，自由的含义就是："在上帝和法律的惟一统治下能够毫无束缚地交谈、行动和呼吸"。这种自由观可以分解为两层含义：个人自由与联合自由；前者是人身、安全、财产诸项涉及个人私生活领域的自由；后者即政治自由，即作为公民身份共同参与政治生活、行使政治权利的公共领域的自由。平等则经常和民主一词互用，表明一种以大众为主体的社会、政治与文化生活。

在民主化时代，民主的前途既可以是"民主的自由"，也可以是"民主的暴政"。但是，虽然"人对自由的爱好和对平等的爱好，实际上是两码不同的事情"，托克维尔并没有认为民主天然地对自由具有敌意，甚至认为民主内在的独立倾向还会激起人们对政治自由的爱好。自由与民主作为两种不连贯的善，不会必然地导致冲突与竞争。它们之间的敌意纯粹是历史性的，特别是源于一种高度集权的国家形式的发展。所以，政权形式的专制主义与组织形式的中央集权制的形成、表现以及破解是托克维尔在《旧制度与大革命》中的一个重大关注。

有关《旧制度与大革命》的理论思考

下面主要从作者的写作方式、研究方法与主要观点这几个方面简要谈一下对于《旧制度与大革命》的一点理论思考。但需要明白的是，对于该书的理论思考应该是开放的，远远不止这几点。

一、作者的写作方式，也就是作者是如何表述自己的观点的、组织自己观点的方法。主要谈及两点。

1. 悖论式表述：我们觉得是这样，实际上却是那样，结果和预料刚好相反。这种表述方式常常得出一些违反常理与常识的结论，所以很吸引人。这样的例子有：在封建制负担越最轻的地方，却是它越不能被人民忍受的地方，当地人民的革命性越强；"拒绝向国王履行义务的贵族是后来法国惟一拿起武器捍卫君主制的人们，其中一些人死于捍卫其利益的战斗中"，也就是说，最初反抗国王的贵族却最终成为支持国王的贵族；"法庭对于政府的非常规干涉，常常扰乱公共事务的有序处理，因此，有时有利于保护自由。这是一种弊端，却限制了一种更大的弊端"，也就是说，虽然是一种政治弊端，其效果却会医治另一种政治弊端；"谁寻求过度的自由与权利，谁就会得到过度的奴役"；最重要的悖论就是有名的托克维尔效应，我们会在下面谈及。作者在指出这种悖论后，然后再说明分析这种悖论的成因，最终，给读者以一种恍然大悟的感觉。

2. 场景式呈现：对于深刻的社会政治现象以文学手法通过生动鲜活的场景呈现出来。作者曾经说："我的目标是绘制一幅图像，它不仅极为精确，而且或许富有教益。"比如：在第 5 页他描绘了一副个人主义社会与专制主义政体相结合的图景，说明了个人主义往往为专制主义提供土壤与营养；在第 37—38 页他形象描绘了旧制度下法国农民所遭受的种种封建压迫，说明了残存的封建制度比完备的封建制度的压迫效果更要让人难以接受，所以，在封建迫害缓和的地方却容易激发革命；在 87—88 页他描绘了法国各个阶级与集团所陷入的一种集体个人主义情景，说明了旧制度下的法国的阶级分裂现实所导致的专制主义趋势；在第 143—144 页他描绘了人们针对自由的两种态度，一种是把自由作为一种工具手段，一种是把自由本身作为一种善，说明只有对于自由的真正之爱才能留住自由；第 61 页和 174 页形象地描绘了法国行政机关对于社会活力的压制和其生命力，和马克思在《法兰西内战》中对法国官僚制对于法国社会生活束缚的论断有异曲同工之妙。作者的这种以文学手法表达学术观点的手法对于追求纯粹专业化的当代学术写作有一定的消解和借鉴价值。

二、研究方法。托克维尔在《旧制度与大革命》所使用的研究方法，为当代社会科学研究者所常用的主要有两种。

1. 比较方法，托克维尔被称作现代社会科学研究中比较方法之父，不管是在《论美国的民主》还是在《旧制度与大革命》中，都大量应用了比较方法。这种方法又可分为两种方式，即：纵向比较——中世纪与现时代的比较，比如，他经常在行文中将中世纪的制度与现时代的制度加以比较，说明制度演变的效应，经常将中世纪的贵族同旧制度下的贵族加以比较，说明贵族的地位、功能与身份意识的变迁；横向比较——大洋两岸三地的比较，他经常将英国、德意志诸邦（当时德国还不是一个统一国家）、美国和法国的逐项制度与社会状况加以比较。比如，他在比较新英格兰的乡镇自治与旧制度下法国的乡镇制度时，说了这样一句话："两者之间的相似性，就像一个活的个体和一个它的尸体一样相近。"堪为精辟之谈。

2. 阶级分析方法。托克维尔说："在这里我谈到的是阶级，它应该是历史学家所关注的惟一目标。"托克维尔很大程度上是从阶级冲突的角度解释大革命成因的。在他从对大革命预备阶段到大革命发生阶段的分析中，像许多马克思主义者一样，强调了贵族阶级、农民阶级和资产阶级之间的三角斗争。然而，不同于马克思，他强调的是主观的心理冲突而非客观的经济冲突。他认为，三个阶级之间的分裂与冲突才导致了大革命以及其后的专制主义。

三、主要观点。《旧制度与大革命》里的精彩观点数不胜数，我只是列举和现代社会特别相关的几点。

1. 自由与平等（在托克维尔的社会学分析中，常常将平等视为民主的同义语）的辩证关系。自由是托克维尔政治与理论生活的核心价值追求，而在民主时代如何维持自由，如何实现自由与民主的和谐是他的政治理论和实践要解决的核心问题。托克维尔认为："本世纪首先是一个民主的世纪。……欧洲社会即刻的未来是完全的民主；这决不能被怀疑。"托克维尔并不厌恶民主，还有点推崇民主："平等也许并不怎么崇高，但它却是非常正义的，它的正义性使它变得伟大和美丽。"托克维尔认为，民主可以同专制相结合，也可以同自由相结合。民主的前途可以是"民主的自由"，也可以是"民主的暴政"。但是，在民主化、大众化时代，我们必须在尊重民主、利用民主的基础上维持自由。最终，民主是导致自由还是奴役，是导致文明还是野蛮，则完全依赖人类的自由选择与自由意志。托克维尔的高超预言其实在现代德国的政治进程中得到了体现：

希特勒以完全民主的程序建立起了他的独裁统治。当然，他的论断也是基于拿破仑通过当时欧洲最为民主的程序——全民普选而踢开共和政体建立起法兰西帝国，还有他的拙劣模仿者，其侄子——波拿巴。大众民主向专制主义蜕变的现象与症结的确值得我们深思。

2. 现代社会的特征。托克维尔在考察旧制度下法国的社会特征时，描绘了两种不同的形象：当时法国的所有人都是相像的，都具有共同的爱好与追求，尤其是对物质福利的狂热；个人与团体都自我孤立起来，只关注和追求自己的利益，而抛弃了公共关注与利益。托克维尔认为，这两种趋势才是专制主义乐意看到和推动的。这其实就是社会学家所谓的现代社会的两大特征：个人主义与均质主义，或者原子化趋势与同质化趋势。当代学者在研究极权主义社会，经常会将这两种社会特征作为极权主义的催化剂，体现了托克维尔的这种卓越的社会学洞见。

3. 大革命的性质。托克维尔对于大革命性质的描述，使得大革命成为现代革命的序曲，或者现代革命的开端。他认为，大革命是在适用于整个人类社会的普遍抽象理论的指导下，以人类自身无限完善与改良为目标的，其传播范围超越具体国界的，以彻底改变政治制度、社会基础、文化观念乃至人本身为目标的一场革命，它具有宗教革命的热忱与献身特征，它使用了"武装的舆论"（即现代意识形态），致力于塑造一种新人类，而革命家也将作为这场革命中所出现的一种新的种族，从此以后在世界上生生不息。托克维尔对于法国大革命的描述，实际上界定了现代革命与革命家的面貌与性质，使我们不由得联想起大革命以来的世界范围内的革命风暴。

4. 法国行政机关的特性。托克维尔认为，旧制度下的行政机关牢牢地控制着社会生活，扼杀一切创新源头，拒绝一切外来的渗透，拥有不变的逃脱政局变动的常规方法与精神，它行使着一种细微的、广泛的和绝对的权力。他说："尽管每一场革命砍掉了行政机关的头颅，但其身体依然原封未动和生气勃勃。"只要行政机关继续存活下去，"一旦任何人试图推翻专制权力，他就只能把自由的头颅装在一个奴役的躯体上。"托克维尔对于法国行政机关的描述，其实指明了现代官僚制的封闭性、自适性、渗透性等特性，成为后世学者对官僚制进行批判与反思的先声。比如，马克斯·韦伯将官僚制描绘为"理性的铁笼"，认为官僚制（也即科层制）作为现代社会工具理性的产物，具有双重特性——一方面在组织社会政治生活方面具有高效性，另一方面造就了社会生活的常规化、刻板化，并扼杀了社会创新精神。显然，这种认识来自托克维尔。

5. 学术与政治的恰当关系。托克维尔在反思法国的文学政治的弊端时，赞赏英国人的学术与政治关系："在英国，研究政府的那些人同统治国家的那些人融合在一起，所以，后者将新思想引入实践，而前者借助事实修正和删减理论。"一个领域负责政治生活的创新，一个领域负责政治生活的实践。理论与实践的结合、创新与务实的统一，这是最合适的学界与政界的关系状态。

《旧制度与大革命》与当代中国的相关性

中国处在社会转型期，和法国大革命前夕的社会状况，如大众觉醒、阶级对立、特权肆虐、权利意识高涨等社会现象似乎有些相似，通过对过去法国失败的改革、蜕变的革命的教训的反思，可以避免中国走入法国式的"专制——革命——专制"的恶性循环，走出一条社会与制度转型的中国式道路。法国大革命，可以作为前车之鉴后事之师。《旧制度与大革命》中的和当代中国相关性比较大的观点主要如下。

一、革命期望律（托克维尔效应）。也许《旧制度与大革命》中当代中国人最感兴趣的就是托克维尔所发明的一个赫赫有名的政治定律——革命期望率，或者被称为托克维尔效应（Tocqueville effect）。这个定律表明：革命发生在境况好转时，而不是发生在境况越来越坏时。托克维尔的原话是："从坏到更坏，并不总是导致革命。最经常发生的事情倒是，一个民族可以忍受最具有压迫性的法律却毫无怨言，好像感觉不到它们，当负担减轻时却反对这些法律。一场革命所摧毁的政权几乎总是比就在它前面的政权更好，并且经验教会我们，一个坏政府最危险的时刻通常是当它开始改革的时候。"学者通常从心理学的角度来解释这种现象：生活境况的好转会激发人们对于未来美好生活的期望，但实际生活条件的提升速度远远赶不上人们的期望增长速度，当两者之间的差距过大的时候，对于现状的不满就会引发革命。

当前的中国，人民生活的各个方面，包括物质福利、法律秩序、人权保障，的确得到了极大的发展，但许多深层次的社会政治问题依然尖锐，人们对政府的批判越来越尖锐，对于政府的期待也越来越高。在这种社会形势下，托克维尔的教诲的确值得我们警醒和深思。

根据合法性理论，中国共产党的合法性主要建立在效益合法性之上。我们知道，经济增长具有固定的周期，这个周期很难打破，假如由于某种经济衰退，导致人民对于执政党的执政能力产生怀疑，必然会危及社会政治生活的稳定。所以，中国共产党的一个执政策略是，必须将自己效益合法性转化为程序合法性，具体而言，就是不断扩大与落实人民的各项民主权利，以此逃脱革命期望率的魔咒。

二、对待革命的评价。我们对于革命的一向认识就是革命导师的教诲：革命是历史的火车头。意思是说，革命是社会进步的推动力量。其实，恩格斯晚年也有条件地认为，可以将资产阶级的议会民主制作为无产阶级获得自身解放的一种策略，而且革命导师也没有排除在某些国家（比如早期的美国）实现和平改良的可能性。托克维尔认为，大革命并不像人们所认为的，是一场全新的事件，它只不过继续和强化了旧制度的工作；大革命是在自由与平等的期望中发动的，但最终却走向了奴役中的平等；大革命破坏了所有旧制度，包括其制衡性力量，所以也带来了最绝对的最不受约束的权力。革命并不是解决社会政治问题的万灵药。联想到我们中国，建国以来对待革命的态度其实经历了一种转换过程。现在，几乎所有社会精英都认为，解决中国所面临的社会政治问题，最好的办法是改革而不是革命，革命的破坏性、不可控性、副作用在中国这样一个超大国家，实在难以预料。许多学者也包括一些领导人都提出中国共产党要实现从革命党到执政党的真正转变，其实意味着对于革命态度的一种转换。

三、改革的策略。托克维尔在哀叹法国大革命并没有从根本上实现法国进步的时候，却赞赏英国的渐进式改革方式。他说，在英国，表面上中世纪的政体依然在发挥效力，但17世纪的英国就是一个充分现代化的国家了，"正是这些被逐渐地和巧妙地引入的革新，有可能更新旧的机体，而没有风险破坏其完整性，有可能给予它新的生命期，同时保留其古代的形式。"改革不见得是对原有体制全盘否定，可以通过点滴和逐步的步骤和措施，最终改变原有体制的内在精神与实质。对于中国当代的政治体制改革也应该持这种态度，不需要对政治体制进行彻底的重组，只要现有的机关能够充分全面地依据法律规定发挥其法定职能就可以了。

四、如何消解革命。托克维尔认为，正是法国的阶级分裂和阶级对立造成了人们面对革命时的无能为力和各阶级在革命中的厮杀，正是政治自由的缺乏造就了革命的诱惑力。只有政治自由才能让各阶级在共同的政治参与中联合起来，只有政治自由才能破除抽象的革命理论的影响，才能给予人们治国经验而非革命冲动。联系到中国，毛泽东在谈到中国如何破除几千年来的革命周期律时，谈到，只有实行真正的民主，才是唯一办法。那么，在现阶段，确实保证和真正落实人民的表达权利与选举权利才是实现国家长治久安的根本。

五、文学政治（文人政治）的弊端。托克维尔说，"在法国，政治世界在某种程度上保持着分裂状态，分裂为两个不同部分，彼此之间没有往来。一个从事管理，而另一个确立应该构成所有管理基础的抽象原则。一个应常规所需，采取特殊的措施；另一个宣布一般法则，而不考虑运用它们的措施。一个负责公共事务，另一个负责人们的头脑。"文人（哲人）实际上主导着这个国家的思想舆论，引领着民众的政治诉求。文人在指导这个国家的政治生活时，把文学习惯，比如对于一般抽象理论的爱好，对于新颖精巧制度的热爱，对于逻辑规则与完整体系的热望，对于完美乌托邦的崇拜，为了实现自己的政治设计不顾一切代价，甚至乞灵于专制主义手段，都带入到民众的政治思维中去。但是，"在一个作家身上值得称赞的东西在一个政治家身上有时是缺陷，常常导致伟大文学的同样品质也会引起伟大革命。"最后所导致的结果是，"大革命的基础工作是被这个民族中最为文明的阶级（即文人）所奠定的，并且是被最粗野和最没有教养的阶级（大众）所执行的，"这样，"理论上的温和和行为上的暴力之间的这种反差，作为法国大革命最为奇怪的特征之一"。理论和实践之间不能等同，学者不能代替政治家。政治需要学者与政治家的合作，但学者不能扮演政治家的角色。就现代社会而言，学者成为政治家或者政治家具有学者风格，往往会给政治生活带来灾难。学者的乌托邦政治理想往往在现实中演变为极权主义版本。比如，具有浓厚诗人气质的毛泽东希望在中国跑步进入共产主义社会，导致理想完全脱离中国社会实际。习近平总书记提出"空谈误国，实干兴邦"，目的就是摆脱意识形态的无谓争论，切切实实地为广大人民为社会政治进步做些实事。马克斯·韦伯曾经提出两种现代政治伦理，即意图伦理与责任伦理：文人为了贯彻自己的政治乌托邦和美好愿望，会不急一切后果，采取任何手段，在他们的实践中往往体现为意图伦理；而在注重实际的政治家中，采取任何政策，都要考虑其后果与影响，却常常沦为没有灵魂与理想的政客，是谓责任伦理。而最好的政治伦理是实现两种伦理原则的平衡，也即文人与政客、学者与政治家的合作。

六、庞大首都的成因及其政治效应。托克维尔认为，旧制度下的巴黎由于政治精英、工业人口和生产资源的集中，几乎代表着法国，或者成为法国自身；首都的一举一动决定了整个国家，整个国家的治乱系于巴黎；而这种首都一支独大的原因在于中央集权制所造成的首都资源集中。联想到中国，由于中国政府长期以来的权力集中体制，造成了首都北京城区的蔓延，人口的膨胀，功能的繁多。这样既不利于国家的政治安全，也不利于首都的社会管理，还造成了资源的过分与不平等集中。所以，当代才不断地有迁都的说法，最近又有副都之说与转移非首都功能的措施。

《旧制度与大革命》是托克维尔耗费极大心血完成的跨越社会学、政治学与历史学的名著，其精髓随处可见，对其可作多种解读。

译者

2018 年 7 月

导论 *

乔恩·埃尔斯特

　　《旧制度与大革命》（AR）是已有最优秀和最知名的历史著作之一。但是，一些人提出的异议是，它并不真正属于历史体裁，因为它不包含叙事。在这部作品的开首句子中，托克维尔本人声明："本书并非关于法国大革命的一部历史。它已经被人用辉煌的华章描绘过，所以我不愿再这样做。该书毋宁是对大革命的一种研究。"他在前言中解释，他准备写下第二卷，该卷包括对大革命本身的叙述。他有关这一卷的草稿相当有趣，我会在后文中稍稍提及。

　　可能的反对意见之所以得以坚持，只是因为人们对于历史著作有一种不必要的纯粹概念。20世纪的法国历史学家常常把**长时段史**（histoire de la longue durée）同**编年史**（histoire événementielle）加以比较，把对于制度与文化变迁的长期研究同对于行为与事件的短期叙事加以比较。《旧制度与大革命》无疑跨越了一个长期时段，从15世纪的查理七世到大革命即将爆发前的年代。比如，托克维尔表明了一个足智多谋的**高尚阶级**（nobility）如何慢慢演变为一个无能为力的**贵族阶级**（aristocracy），城市如何渐渐地失去其独立，直到仅仅剩下一副空洞的躯壳。

---

　　* 本《导论》中的罗马数字边码和正文中的阿拉伯数字边码均为本书翻译所依据的英文剑桥版页码。——译者

《旧制度与大革命》除了是一种长时段研究，也可以作为一部**结构分析**（structural analysis）著作和**社会科学**著作来阅读。由于措辞"结构分析"有许多理解方式，我需要解释我是如何使用它的。请想象一座纸牌做成的房子，偶尔会受到风的光顾。尽管人们不能说，**何时**一阵风强大到足以让这个结构坍塌，也不能说，**哪一张**纸牌会最先倒下，但是，人们不是合理地怀疑，而是可以带着"确实可靠性"（moral certainty）说，房子**会**倒塌。同样，据说，2007 年的次贷危机是"一场坐等发生的事故"。我们也可以根据同样的线索理解最后一章的标题"大革命如何自然地从以前的事务中出现"。我会解释，托克维尔认为，君主专制制度实际上成为一座纸牌造就的房子。其倒塌的确切引发者是偶然的，但是，到了（比方说）1750 年，**某一**触发革命的事件的发生具有确实可靠性。

在一封写于 1894 年致 W. 博尔吉乌斯的信中，弗里德里希·恩格斯天真地写道："恰巧拿破仑这个科西嘉人做了被本身的战争弄得精疲力竭的法兰西共和国所需要的（nötig）军事独裁者，这是个偶然现象。但是，假如没有拿破仑这个人，他的角色就会由另一个人来扮演。这一点可以由下面的事实来证明：每当需要有这样一个人的时候，他就会出现，如恺撒、奥古斯都、克伦威尔等。"托克维尔没有使用这种带有必然性的目的论形式。如果他在德国写作，他会说，引发大革命的某一事件的发生与其说是**必要的**（notwendig）不如说是**需要的**（nötig）——在因果上与其说是必需的不如说是需要的。然而，他打算继续下去，在第二卷中，研究特殊的触发事件。

就像任何历史著作一样，《旧制度与大革命》引出了这样一个问题：作者是否**成功**了。在一些特定的事实性问题上，他没有成功。吉尔伯特·夏皮罗和约翰·马尔科夫（Gilbert Shapiro and John Markoff）在《大革命的要求：对于 1789 年陈情表的内容分析》（*Revolutionary Demands: A Content Analysis of the Cahiers de Doléance of 1789*）中表明，托克维尔对于三个等级在大革命前夜所准备的陈情表做出了许多没有根据的归纳。在弗朗索瓦·菲雷的《阐释法国大革命》中，他发现，在托克维尔对 1750 年之前时期的处理上存在许多错误与遗漏，但是他支持著名的"托克维尔效应"（Tocqueville effect）（参见后面的段落），它和大革命之前最近的时期有关。他看到，托克维尔只是对最近的过去而不是遥远的过去更有见识。

但是，无论如何，我们可以从《旧制度与大革命》中获益甚丰，因为它有力的因果论断超越了托克维尔使用它们时的特定时代与地点。实际上，它是一部社会科学作品。其他经典的历史著作，比如，马克斯·韦伯的《新教伦理与资本主义精神》和保罗·维纳（Paul Veyne）的《面包与马戏》（*Bread and Circuses*）就是这样。它所提供的**可以活用的因果机制**（exportable causal mechanisms）如今成为社会科学工具的组成部分。最著名的或许是"托克维尔效应"——在境况好转时发生革命，而不是（马克思有时所宣称的）境况越来越坏的时候发生革命。一个相关的富有教益的观念是，温和的镇压和温和的妥协作为对社会动乱的回应都是无效的。从更为一般的角度而言，同样重要的是"多数无知"（pluralistic ignorance）*的观念——这种现象指的是一种明显的一致性，它出现在：少数人相信一种特定的信条，但是，大部分人认为大部分人都相信它。（这个观念已经在《民主在美国》中出现过。）最后，人们可以引用"次优"的政治体系的观念，即，一种祸害能够抵消另一种祸害，所以，如果其中一种被消除，体系的整个性能将会受到影响。我现在回到这些观念在《旧制度与大革命》中得以形成的方式上。

如果我们将《旧制度与大革命》作为一部社会科学作品，问一些有点时光倒错的问题是有诱惑力的。托克维尔是一位理性选择理论家吗？他是一位功能主义者吗？他拥护方法论个人主义还是整体主义？在谈到其他伟大的社会科学家比如马克思、涂尔干或韦伯时，我们将他置于何种地位？尽管人们或许可以对这些问题给出相当有意义的答案，我只会间接地谈到它们。在我看来，托克维尔为他自己在《旧制度与大革命》中所确立的中心任务是，从**阶级冲突的政治心理学**的角度解释大革命。在他从对大革命预备阶段到大革命发生阶段的分析中，像许多马克思主义作者一样，强调了贵族阶级、农民阶级和资产阶级中间的三角斗争。然而，不像他们，他把中心位置给予冲突的象征性与主观性方面而不是客观的经济关系。我会在下一部分中引用某些例子。

---

* 多数无知是一个社会心理学术语，1931 年由丹尼尔·卡茨和弗劳德·奥尔波特等人所创造，描述一种情形：群体多数成员私下拒绝一种行为模式，但是错误地想象，其他大多数人都接受它。反过来，这说明有可能得到支持的某种行为模式，在事实上，可能是大多数人都不喜欢的。——译者

《旧制度与大革命》作为一部社会科学著作，也是因为它广泛使用了比较方法。托克维尔想要解释的不仅是大革命为什么在法国发生，而且想要解释在英国和德国为什么没有发生相似的动乱。在法国，他想要理解的是，为什么它首先在巴黎周围的地区爆发，而不是其他地方。在他的跨国分析与国内分析中，他通过使用刚刚描述过的政治心理学方法而主张，即使剥削和压迫在革命地区客观上更轻，但在这些地区，负担**被认为**更重。

　　为了确定《旧制度与大革命》的结构和它同计划中的第二卷的关系，采纳劳伦斯·斯通（Lawrence Stone）在《英国革命的原因》（*The Causes of the English Revolution*）中的术语是有用的。在该书中，他区
xvi 分了**先决条件**（preconditions）（1529—1629）、**积累条件**（precipitants）（1629—1639）和**触发条件**（triggers）（1640—1642）。如果我们把这个方案用于《旧制度与大革命》，那么，我们可以说，和我前面的评论相一致，先决条件让大革命成为可能，而积累条件让它成为必要，由于将会发生可以预料的引发它的某些事件与行动。先决条件在第二书中得到探讨，被确立在从1439年到1750年的时段。积累条件，第三书的主题，从1750年到1787年间形成。触发事件，在同计划中的第二卷有关的注释中得以探讨，发生在从1787年到1789年。

　　大革命的先决条件可以用诗人弗朗索瓦·安德里厄（François Andrieux）所写的有关拿破仑的几个字加以概括：**"你只能依赖产生对抗的东西"**（On ne s'appuie que sur ce qui résiste）。简而言之，托克维尔声称，前后相继的法国国王如此成功地让贵族阶级和资产阶级处在一种政治无能的状态中，所以，当路易十六需要他们的帮助以对抗大革命时，他们却什么也无法提供："没有什么留下来可以阻止政府，也没有什么可以支撑它。"（p. 124）*法国西部的贵族曾经抵制国王要他们到宫廷去的召唤，只有在这里，他们给予了他帮助："某个总督对这个询问做了回应，他的信件留下来了。他抱怨，他的省的贵族愿意同他们的农民留在一起，而不是履行他们对于朝廷的义务。值得注意的是，这个省就是安

---

* 《导论》中引文标注的页码为英文剑桥版页码。——译者

茹，后来被称作旺代。据说，拒绝向国王履行义务的贵族是后来法国唯一拿起武器捍卫君主制的人们，其中一些人死于捍卫其利益的战斗中。"（pp. 113~114）

贵族得到削弱的一个重要原因是由于他们的纳税豁免权所导致的同资产阶级的隔离。托克维尔声称："在所有将人们区别开来并且标出阶级界限的方式中，不平等的税收是最为有害的，并且最容易在不平等之上再增加隔离，使得两种情况都变得无可救药。"（p. 85）因为他们不再承担同样的税收，两个阶级很少有共同利益，很少有机会采取共同行动。尽管托克维尔没有使用词组"分裂与征服"（divide and conquer），但从他的分析中显而易见，这是他归咎于国王的策略："我刚才描绘过的几乎所有不幸的缺陷、失误和偏见，其起源、延续或发展都归咎于我们大部分国王的手法，他们使用它分裂人民，以便更绝对地统治人民。（p. 124）"

然而，丙方可能会从甲方与乙方的不和中得到好处，这个事实自身并不是**分而治之**（divide et impera）意图的证据。总是存在偶尔有利于第三方**渔翁得利**（tertius gaudens）的可能性。实际上，托克维尔并没有为 xvii 别有用心的说法或者马基雅维利式的论点提供任何证据。他对于贵族的纳税豁免权起源的实际解释依赖另一种相当不同的途径。他声称，"胆怯的"贵族将纳税豁免权当作一项贿赂，允许国王在不召开三级会议的情况下征收新税。"我敢于断言，这个国家在约翰国王被俘和查理六世疯癫之后，厌倦了漫无止境的混乱，从而允许国王不需要它的同意就可以征收普遍税，而贵族只要能够保留免税权，就非常胆怯地允许第三等级被课税；从那一天起，几乎所有弊病与祸害的种子就被种下了，折磨着旧制度直到其弥留期，并导致其骤然灭亡"（p. 94）。另外一种阐释因素是，托克维尔注意到，当路易七世在全国层面确立起军役税（一种土地税）的时候，如果对贵族加以征收是危险的："当国王第一次试图以他自己的权威征税时，他意识到，在开头所选择的税种必须不能直接落到贵族头上，因为在那些日子，他们所构成的阶级是君主政体一种危险的竞争对手，根本不会容忍对于他们有害的一种革新。因此，他选择了一种他们可以被豁免的税收：军役税。"（p. 95）

此外，人们几乎不能要求贵族缴纳一项可能要被用来反对他们的税收。在托克维尔关于第二卷的笔记中，他引用了路易十六的大臣蒂尔戈的话:"在路易七世的治下,人们开始建立固定付薪的国民军,正是在这个阶段,军役税被永久性地确立起来了。"他补充道,"由于付薪军队的目的是征服贵族,或者至少绕开他们,相当自然,不可能要求他们提供金钱来反对他们自己,以便为这种转型铺平道路。"这种浅显的解释不会支持这样的说法:国王把纳税豁免权给予贵族,目的是为了削弱他们的政治权力。实际上,让事情复杂起来的是,托克维尔在某一处翻转了因果链条,因为他断言,豁免权是对于权力损失的一种"慰藉":"在 18世纪的英国,是穷人享有纳税特权;在法国,却是富人。在那里,贵族自己承担了最繁重的公共责任,以便获准进行统治;在这里,它始终保持着免税权,作为对它丧失统治权的安慰"。(p. 94)

即使在被免除军役税之前,贵族就已经享有了纳税豁免。新的因素是,他们也被免除了征募军队的义务,这种义务本来可以证明纳税豁免的合理性。他们"被解除了以自己的支出参加战争的非常沉重的义务,然而,他们的免税权被维持下来,并且实际上得到大幅度的扩张。换句话说,他们保留了补偿,却甩掉了负担"(pp. 77~78)。这意味着对于一项**默认契约**(implicit contract)的违背。没有了公共服务的义务,贵族失去了其活力,仅仅成为一种装饰品:"人们可能会说,肢体在以整个身体为代价而自肥。贵族阶级越来越少地享有指挥的权利,却在越来越多地要求成为主人首要仆人的排他性特权。"(p. 84)在征募军队和缴纳税收上的双重豁免是一种**有毒的礼物**,另外产生的变化是,其长期效果是既伤害了赠予者,也伤害了接受者,因为"你只能依赖产生对抗的东西"。

贵族传统上所履行的公共服务不仅包括为国王征募军队,而且也包括为本地农民提供公共福利,还要提供法律、秩序和饥荒救助。当他们不再执行这些任务时,他们就打破了**第二项默认的契约**,这次是同农民之间的契约:"如果法国农民依然受到他的领主的管理,那么,封建权利对于他似乎不太难以忍受。"(p. 37)正如王室国民军取代了贵族的军事职能,王室总督及其助理也取代了**诸侯**(seigneur)的行政职能。正如纳税豁免点燃了资产阶级对于贵族的嫉妒,贵族从地方行政中的撤退也点燃了农民对他们的仇恨。[①]

在这种可能相当紧凑的论证中存在一个缺口：总督（或者其助理）为何、如何和何时在地方行政中取代了诸侯？实际上，《旧制度与大革命》中所有有关总督的文献都是有关它在 18 世纪的职能，没有提到这项官职在 16 世纪的设立。分裂—征服的解释或许是，前赴后继的国王通过引诱贵族来到宫廷，故意削弱贵族的地方权力。然而，托克维尔明确 xix 反对这种看法。他注意到，"贵族阶级对于农村的遗弃常常被归咎于某些国王和大臣的特定影响，特别是路易十四和黎塞留"（p. 113），但是他提出的反对是，"然而，我们必须当心，把那时民族的主导阶级对于农村的遗弃归因于某些国王的直接影响。这种遗弃的主要的和持久的原因不是某些个人的意志，而是某些制度缓慢的和平稳的运动。这样的证据可以在一件事实中发现：当政府想在 18 世纪对抗这种弊端时，它甚至不能延缓这种进展。由于贵族失去了政治权利而没有获得其他替代性权利，并且由于地方自由的消失，贵族的迁移增加了。不再有必要诱使他们离开自己的家，因为他们不再愿意留在家里。田园生活对于他们了无生气"（p. 114）。然而，所谓的"证据"不是一个，因为，国王在扭转这种趋势时是不成功的，这个事实并不能证明，这种趋势最初不是出自他们的首倡行动。实际上，措辞"不再有必要诱使他们离开自己的家"暗示，在过去的某一时间点上，这种做法是必要的。然而，这个过程的细节却一直模糊不清。

在托克维尔对贵族阶级衰败的描述中，关于王室的有意行动的作用不管有多么模棱两可，在他对城市衰败的解释中却怎么也不存在模糊性："路易十一削弱了城市自由，因为他恐惧它们的民主特色。路易十四并不害怕城市自由，然而却摧毁了它们。这是实情，证据可以在这样的事实中看到：他愿意把这些自由卖回能够为此出价的任何城市。实际上，他的意图不是要废除它们而是要用它们进行交易，而且，如果他废除了它们，这样的做法也是不经意完成的，完全出自一种有利可图的财政政策。"（pp. 47~48）换句话说，国王依靠明码出售职位废除了城市自由，

---

① 托克维尔对于"仇恨"（hatred）与"嫉妒"（envy）的偶尔用法可能会让读者感到迷惑，好像它们是同一种情感。它们不是：仇恨的愿望是要摧毁被仇恨的人；嫉妒的愿望是要摧毁被嫉妒的物，而不是它的拥有者。一场革命以摧毁特权作为开端，以杀死特权者作为终结。在对这种革命的分析中，这种区别显然是重要的。

但是，就他的立场而言，他让城市买回他们的自由而募集岁入也是有利可图的事情。对于城市而言，选择在政治衰败与财政破产之间。虚幻的自治不会运转："人民不像一些人所认为的，可以轻易地被仅仅自由的表象所愚弄，他们在各地都失去了对城市事务的兴趣，像陌生人一样生活在他们自己的城市围墙内。"（p. 49）

在托克维尔对于革命前的资产阶级碎片化的分析中，他有所创新。在提到同业公会和职业界为了优先地位（préséance）而执著奋斗时，他声称，"构成法国社会的许许多多小群体中的每一个都仅仅想到自己……此外，更为奇怪的是，所有这些人，彼此之间如此疏远，却已经如此相似，以至于假如将他们强制改变位置，就难以将他们辨认出来。不仅如此，如果有人能够探测他们的深度思想，就会发现，所有将这些非常相似的人们彼此分开的障碍，在他们看来既有害于公共利益，又对常识充满敌意；在理论上，他们已经在欣赏统一。他们中的每个人都执著于他自己的特殊地位，仅仅因为其他人依靠其地位搞特殊化。但是，假如没有任何人能够为自己求得任何好处，或者爬到一般人之上，所有人都愿意融入一个单一大众中去。"（pp. 91~92）这段话说明了多数无知的机制。资产阶级的碎片化之所以发生，是因为每个群体**错误地**相信，所有其他人都仅仅想增进他们自己的特殊利益。

随着贵族阶级和城市的衰败，和各种资产阶级群体的彼此孤立，大革命的先决条件就到位了。在积累条件中，最重要的被概括在"托克维尔效应"中，这个观念是，主观的不满（因此是革命或反叛的可能性）和客观的不满基础彼此逆相关。托克维尔提供了带有矛盾性质的两种一时（synchronic）版本和一种历时（diachronic）版本。在第二书的开端，他问，考虑到封建负担在法国比在德国更轻，为什么革命发生在法国而非德国。不知为什么，"在它们的负担实际上最轻的地方，其束缚却似乎最不能忍受"（p. 31）。这种矛盾的解决是，在德国，贵族依然履行的行政职能可以证明他们占有封建利益的合理性。

在第三书中，托克维尔注意到，另一种带有矛盾性质的一时版本可以在法国本身中观察到："成为那场革命主要中心的法国某些地区正是进步最为明显的地区"（p. 156）。大革命将要爆发的法兰西岛的一些地区比将要成为反革命堡垒的西部地区享有更大的人身自由和更低的税收:"如果人们研究了前法兰西岛财政区所留下的档案,就会很容易发现,正是在巴黎周围的一些地区,旧制度对于自身的改革最为迅速和深入……相比而言,没有任何其他地方的旧制度比卢瓦河沿岸直到其河口、普瓦图沼泽和布列塔尼荒原对于自身保持得更好。正是在那里,内战突然爆发并得以蔓延,对于大革命最持久和最暴烈的对抗得以发生。因此,人们可能会说,法国人的处境越好,他们觉得越是它难以忍受。"(pp.156~157)

这种一时矛盾背后的机制不是很清楚。我们已经看到,旺代的贵族"愿意和他们的农民待在一起",因此比不在地主产生了更多的忠诚。然而,这三个地区农民的封建负担比法兰西岛更严重。这两种表现的净效果似乎可以产生两者居其一的结果。然而,我相信,为什么托克维尔明确地主张境况较好的人更加不满,是因为他混淆了一时矛盾与历时矛盾。在刚刚引用的文段的后续部分,他接着在整本书中似乎最为著名的论述中重述了这种矛盾:"从坏到更坏,并不总是导致革命。最经常发生的事情倒是,一个民族可以忍受最具有压迫性的法律却毫无怨言,好像感觉不到它们,当负担减轻时却反对这些法律。一场革命所摧毁的政权几乎总是比就在它前面的政权更好,并且经验教会我们,一个坏政府最危险的时刻通常是当它开始改革的时候。"(p.157)

这显然是一种历时陈述,却被错误地等同于紧跟其前的一时陈述。如果我们聚焦于历时矛盾,我们就可以将它作为一个更大问题的组成部分接近它,这个问题就是,政府如何对一场实际的或预料中的危机做出反应。一般而言,我们可以区分出四种反应:先发制人,让步,温和镇压和严厉镇压。明智的做法是先发制人,在人民要求没有被明确提出之前迎合它,或者所给超出所求。在一封写于1848年5月26日致拉德诺勋爵的信件中,托克维尔声称,"唯一削弱或者推迟革命的方法是,在人们被迫革命之前,做出所有可以改善人民处境的事情。"不管是路易十五还是路易十六都非常缺乏这种思维品质。此外,我们会马上看到,甚至先发制人的措施也会产生事与愿违的后果。

严厉镇压,就本身而言,也需要一种所缺乏的果断性。尽管托克维尔没有提到路易十六因为屠杀其臣民而对他造成的普遍厌恶,他的确提到了18世纪君主政体更为普遍的趋势是**原则上坚定,方法上柔和**

（fortiter in modo, suaviter in re）：“在 18 世纪的君主政体之下，惩罚的形式是可怕的，但刑罚几乎总是温和的。这样的刑罚更偏好恐吓而非伤害，它出于习惯和冷漠而专断与暴力，但气质上温和。”（p. 169）尽管这种评论提到的是刑事司法，它也可以用于对温和的而非严厉的镇压的偏好。因此，留给行政当局的是让步和温和镇压两种备选方案。

托克维尔的一个基本理念是，**折中措施往往不利于其目的**。当你试图两全其美的时候，你常常两者都会失算。请首先考虑温和镇压：“在一场革命的开端，这样的措施（不是给予真实的自由，只是给予它们的影子）总归失败，只会激怒人民而不会满足他们。”（p. 133）再考虑一种温和镇压：“那时，强加给教会的敌人的折中措施没有减少他们的力量，反而增加了他们的力量……作家所遭受的迫害足以导致怨恨，但不足以激起恐惧。他们所遭受的限制足以激发对抗，但所接受的沉重束缚还不能制止对抗。”（p. 139）

接着请考虑一下让步或者温和改革。我们已经看到，托克维尔声称，一个民族“可以忍受最具有压迫性的法律却毫无怨言，好像感受不到它们一样，当负担减轻时却强烈地反对这些法律”。当所有要求都得到满足时，就会有更多的要求出现，直到体系承受它们的能力崩溃。然而，我们必须要问：**为什么一次让步会导致更多的要求**？一般而言，原因是，它会在公民的**信仰**中、在他们的**偏好**中或者在两者中诱发变化。

另一方面，一次要求的承认会对行政当局的决心产生新的了解，并且支持这样的信念：进一步的要求也会得到积极的回应。（关于当代例子，请考虑波兰在 1989 年 6 月第一次**自由**选举后苏联的不干涉，这种不干涉给匈牙利的反对派发出的信号是，在那里也不可能有干涉。）在《旧制度与大革命》中，托克维尔并没有求助这种机制，但是，在关于第二卷的笔记中，他使用这种机制来主张，1788 年 9 月巴黎高等法院的召回是君主政体的一个临界点。“国王……召回了高等法院，并且取消了印花税和国土税……如果国王想继续成为旧君主政体的国王，这正是他不应该做的。从这个时候开始，各种让步就必不可少了。”

第三书的第五章并没有按照通常的理解来谈到“托克维尔困境”，而是把它作为《旧制度与大革命》中首次提出的另一种矛盾效应。在这里，托克维尔探讨了在大革命即将爆发前的几年里减轻人民痛苦的先发制人措施。不管这些措施本身有多么明智，它们被建议所采取的方式是否明智高度可疑。特权阶级公开表达了自己对农民困境所承担的责任，好像他们的目的是制造骚乱而非阻止骚乱："这种做法激怒了每个人，因为它列举出了每个人的苦难，指出了那些承担责任的人。由于这种做法指明了一小撮这些苦难的制造者，而让这些受害者无所畏惧，深深刺痛了他们的心灵，让他们燃起了贪婪、嫉妒和仇恨的怒火。"（p. 164）当他们提到他们准备帮助的人们时，也使用了蔑视的语言，仿佛后者不能理解他们正在说的话，这样就为已经感知到的伤害又增加了耻辱："此外，更为奇怪的是，在他们明确地表达对于人民的关注时，偶尔会公开表达自己的蔑视……上基耶内省的议会虽然热烈地为农民的事业辩护，却称他们为'粗野和无知的生物，麻烦制造者，和粗鲁、任性的人物'。蒂尔戈为人民贡献良多，却也以同样的方式表达自己。"（p. 163）因此，大革命的积累条件中所包括的改善人民处境的先发制人努力要多于反应性努力。

我已经注意到，在《旧制度与大革命》中，托克维尔没有探讨大革命的触发条件。然而，在他有关第二卷的笔记中，我们找到一些有关大革命机制的深刻见解。我将简要地概括其中三点。

托克维尔强调了多菲内省（格勒诺布尔附近）的事件的极大重要性。1788 年，在伊泽尔，非常具有影响的议会在三个等级中达成了一种行动上的空前一致性："在某种意义上，伊泽尔的议会对于所有人而言是一种重要的和明显的迹象，它表明，这种新的联合已经出现了，并且说明了这种联合可能会有什么效果。在阿尔卑斯山脉的一个小省的一个遥远角落里的一个事件被证明对于法国所有地区具有决定性意义，这是最后一次。它让所有人关注本来只能被少数人看到的东西，向所有人展示了权力之所在，因此马上就决定了胜利。"表明他们团结的一个效应（或迹象）是在选举三级会议代表时对于"交叉投票"（crossvoting）体系的采纳。在这种体系中，某个特定等级的代表被所有三个等级的代表共同选择。托克维尔声称，如果这种选举体系被普遍采纳，三级会议就会发现它更容易达成一致："如果共同投票必须被采纳，在多菲内所做的事情不能推广到各地，就是一种不幸，因为在那里，三个等级的代表被所有三个等级选择，这样有利于和谐。"然而，多菲内的这种先驱效应尽管重要，但由于几乎所有其他选举区没有采纳交叉投票，这种效果被削弱了。

在有关第二卷的笔记中，托克维尔再次认为，路易十六采取了折中措施反对旧制度的法庭（高等法院），三级会议的效果是催化了大革命。在政府反对高等法院的斗争中，政府"使用暴力的程度让人恼怒但不能让人害怕"。托克维尔也提到了对于权力的认识中混杂着不彻底的暴力和蔑视。不幸的是，"（在三级会议中）出现了按人头投票的希望然而却没有**得到**授权，这种情况激起了第三等级的攻击并且导致了特权者的对抗"。当国王把形势掩盖在不确定之中的时候，每一方都自私自利地和自欺欺人地认为，它可以得到有利于自己的解决。1789 年 6 月 23 日，路易十六尝试把他的意志强加给议会，在这种尝试之后，后者"被来自政府的这种温和压力所激怒和唤起，而非阻遏，日益采取自作主张的态度"。

托克维尔也探讨了精英阶层毁灭性的碎片化。他引用了在教士阶层的陈情表中对领主侵犯其租户财产的抱怨，然后，他补充道："（教士所写的）几个其他陈情表具有同样的精神，对于农民具有同样的严厉态度，是本堂神父的手笔。在后面，我们会看到教士阶层遭受了来自贵族阶级同样强烈的毁谤。然而，这两个等级必须学会从事共同事业。"在托克维尔留给自己的笔记中，他写道："当我来到阶级战争的时代时，可以清楚地看到这种解体是多么地令人眼花缭乱。不止是资产阶级对贵族阶级发动战争，而且是更小的贵族阶级攻击更大的贵族阶级，更低的教士阶级攻击更高的教士阶级。"虽然以前在特权等级之内或者之间的冲突有利于政府，它们现在变得如此致命，以至于要把它推翻："没有什么……（比）各种阶级之间的仇恨（和）嫉妒更有助于服务专制统治。但是，附带条件是，这种仇恨和嫉妒只不过是一种痛苦的和平静的情感，只够阻止人们相互帮助，却不足以激发他们战斗。一旦阶级之间的暴力冲突发生，就没有政府不会崩溃。"

《旧制度与大革命》不仅是对于一场世界性的历史事件的先决条件和积累条件的历史研究。它也是对托克维尔个人哲学的表达，明显表达了他对于作为最重要的政治价值——自由的执著。它出版于 1856 年，写于路易·波拿巴的第二帝国治下。托克维尔厌恶第二帝国对于公民与政治自由的压迫。在计划中的后续书卷中，托克维尔也准备探讨一下路易·拿破仑的伯父，拿破仑一世。虽然托克维尔对于侄子仅仅感到蔑视，他既对拿破仑的天才表达了极大的赞赏，也对拿破仑使用这种天才粉碎自由的方式感到强烈的反感。

据本杰明·富兰克林所言，"那些放弃基本自由以购买一小点暂时安全的人既不配得到自由也不配得到安全。"托克维尔会同意以安全取代财富。他也表达了更为强烈的观点，那些为了财富放弃自由的人什么也不会得到："（我不）相信，真正的自由之爱产生于对于物质利益的唯一期望，因为这种期望常常难以看清。的确，从长远来看，自由总是为那些可以保存它的人们带来舒适和福利，常常还有财富，然而，有时，它会暂时妨碍对于这些好处的享受。有时，只有专制主义才能保证他们转瞬即逝的快乐。那些仅仅为了自由所提供的物质利益而珍视它的人们，从来不能长久地保有它。"（p.151）自由的好处基本上是为了自由而热爱自由的一种副产品。

一种是普遍的权利与自由，另一种是非常态的特权，托克维尔敏锐地意识到了两者之间的差别。权利的现代概念意味着，如果任何人都有自由做 X 或者有权利做 X，那么，每个人都有权利或自由做 X。相比而言，在旧制度下，人们仅仅能够享有"一种非常态的和断断续续的自由，总是被阶级差别所限制，总是同例外和差别的观念绑在一起，它让人们对抗法律，几乎就像专断权力做得一样多，它极少努力保证给予所有公民最为自然的和必要的权利"（p.111）。尽管它被"限制和扭曲……无序的和不健康"（p.111），却是对抗王室行政机关的专制统治的次优防卫措施。旧制度的确包含一些对于绝对权力的制衡，尽管具有荒谬的和病态的形式："这种奇怪的和有缺陷的公共职能机构，对于反对全权的中央政府的任何政治保障而言，充当了一种替代物。它是一道不规则的和建造低劣的堤坝，分散了政府的力量，并且削弱了它的冲击……法庭对于政府的非常规干涉，常常扰乱公共事务的有序处理，因此，有时有利于保护自由。这是一种弊端，却限制了一种更大的弊端"（pp. 103, 108）。

大革命摧毁了所有这些针对集权主义和专制主义的障碍。在它走上自己的常规后，"中央集权从废墟中被拯救出来，并被恢复起来。由于它是被重建的，而曾经制约它的所有事物依然躺在废墟中，于是，从刚刚推翻君主政体的一个民族的内脏中突然出现了一种权力，比国王曾经使用过的权力更要广泛，更要细微，并且更要绝对"（p. 183）。大革命的悲剧在于这样的事实：它的主要演员在为了自由而进行的出色斗争中，为一种比他们曾经推翻的政体更具有压迫性的政体创造了条件。

托克维尔的书总是为读者带来魅力，其原因主要在于，历史分析同这种悲剧感的合乎逻辑的重叠方式。其吸引力进一步被托克维尔对于反讽的精细运用所强化。托克维尔的一个观点是，精英对于那些他们真心希望减轻其苦难的人却公开表达了自己的蔑视。为了阐明他的观点，他引用的是，"据伏尔泰的秘书记载，夏特莱夫人相当轻松地在她的仆人面前更衣，因为不存在男仆也是人的不容置疑的证据"（p. 162）。为了说明贵族的虚伪，他反复陈述，他们"一般只是把总督称作'先生'。但在他们的请愿书中，我注意到，就像资产阶级一样，他们总是把他称作'阁下'（我的大人）"（p. 69）。他提到的有趣现象是，假发商们对于全民议会把优先权给予面包师们感到愤慨，特权等级愿意"放弃不平等纳税的收益"，只要他们能够保持豁免权的"外表"（p. 163），这是许多例子中的例子。此外，读者不断地被托克维尔常常用来概括核心思想的机智方式所打动。阅读他是一场智力盛宴。

还有待说的是，托克维尔似乎也是从内部了解革命的。在 1830 年的七月革命期间，他作为半参与式的观察者研究革命暴力。在 7 月 30 日写给他的未婚妻和未来妻子玛丽·莫特莉的信中，他表达了他在看到"法国人不停地相互屠杀"时的恐惧。后来，他在 1848 年革命期间扮演了一种非常活跃的政治角色。尽管他没有军事职责，在 5 月 15 日当群众侵入国民议会（他是其中一名成员）时，他是一位对发生在街头甚至议会内部的战斗与冲突的密切观察者。他对于事件的涉入具有现实性质。1849 年 3 月，他向一位朋友抱怨道："既然财产与生命不再有风险了，我就不能让自己对任何事情感兴趣了。革命的罪恶就像赌博一样，产生出使用情感的习惯，让我们为了它们自身的缘故而热爱他们，而不受革命收益的影响。"

他的《回忆录》覆盖了从 1848 年到 1851 年的时段，充满了色彩与敏锐洞见。让我们提及其中两个。在某个地方，他注意到，革命的荣誉法典"容忍谋杀和允许破坏，但偷盗被严格禁止"。他也观察到，拉马丁试图"控制山岳派而不扑灭革命之火，结果，国人因为他所提供的安全而祝福他，但还不会感到足够安全而忘掉他"。

在有关《旧制度与大革命》第二卷的笔记中，上述每一种观察都有一种回响。来自安茹的代表同其选民的通信他依赖很多（或许过分依赖），在其中，他注意到来自 1789 年 7 月 13 日的下述言论："在骚乱中，属于普通罪的囚犯逃脱了；人民反对释放他们，宣布犯罪分子不应该同自由 xxviii 的创造者混在一起……如果某个武装分子做下了一件可耻的事情，他就会马上被他的同志送到监狱。"他评论道："这就是法国人所特有的。"在同样的通信中，他引用了来自 1789 年 7 月的由代表写给其选民的另一封信，上面写着，"我们必须驯服暴力激情的动向，而不能扑灭有益的骚动。"以此来说明自己的主张："国民议会想限制烈火，却害怕熄灭它。"

几乎没有疑问的是，托克维尔个人在革命事件中受到的洗礼塑造了他对于大革命的研究，并且为他的研究提供了信息。他或许比前人或者后人对于革命的机制有着更好的理解。

前 言

本书并非关于法国大革命的一部历史。它已经被人用辉煌的华章描绘过，所以我不愿再这样做。本书毋宁是对大革命的一种研究。

在 1789 年，法国人做出的努力比其他任何民族所做的都要卓绝，宛如要将自己的过去同自己的未来彻底切割开来，并且要把在自己曾经拥有的事物和希望拥有的事物之间挖出一条深深的界沟。为达此目的，他们千方百计地确保，不要把过去任何之物带入新的环境中。他们为自己强加了各种束缚，以便在塑造自己想要成为的未来之人时，不会和自己的父辈相像。他们不遗余力地要使自己难以辨识。

我一直认为，在这项非凡的事业中，他们远远没有法国之外的人们通常所认为的那样成功，也没有他们自己最初所认为的那样成功。我相信，他们自己并不知道，他们把从旧制度那里所带来的大部分情感、习惯和观念用来指导摧毁旧制度的大革命；他们不知不觉地在用旧制度的废墟建造新的社会。因此，为了正确地理解大革命及其成就，我们必须把我们的眼睛暂时偏离今日之法国现状，而从不再存在的逝去的法国那里开始我们的考察。这就是我在此所尝试的努力，但是，这项任务的困难超出了我的想象。

君主制的早期时代，中世纪，还有文艺复兴，已经受到了广泛的研究，并且产生了浩繁的书卷。从中，我们不仅可以了解到这些不同的历史阶段所发生之事，而且可以了解到什么法律与习惯居于主导地位和何种精神激励着政府与民族。然而，现如今，还没有人如此深入地探究过18 世纪。我们自以为相当知悉那个时代的法国社会，因为我们熟悉它的光彩的表层，在细枝末节上熟悉它的大部分卓越人物的生活，因为我们读过对于它的伟大作家的作品所进行的睿智与雄辩评论。但是，就公共事务的处理方式，制度如何实际运作，各种阶级之间真正的联系方式，依然被忽视的人口的状况与情感，还有意见与习惯的真正基础，对于这些，我们顶多只是拥有混乱的常常具有误导性的观念。

我已经试图深入这个旧制度（Ancien Régime）的心脏，它在年代上和我们如此接近，但由于大革命而向我们隐身。

为达此目的，我阅读了不止 18 世纪的知名作品。我也研读了许多其他作品，这些作品不是很有名气，或许更真实地揭示了那个时代的本能，因为它们并非刻意为之之作。我潜踪于公共档案之中，它们揭示了当大革命逼近时法国人的观念与好恶。三级会议以及省议会的备忘录对于理解这些问题也大有裨益。此外，我也广泛利用了由这三个等级在 1789 年间所撰写的会议记录（cahiers）或陈情表。这些陈情表的原始手稿被收集在一系列长卷中，将会被永远作为旧的法国社会的遗嘱，作为它的欲望的最高表达，作为它的最后意志的真实表白。它是一种举世无双的文献。但这依然无法使我满意。

在政府机构达到极大完善的那些国家里，几乎每一种思想、愿望或悲伤，几乎每一种利益或激情，一旦出现，迟早会受到政府的密切审视。通过查阅政府档案，人们不仅可以对政府的运作方式获得非常准确的了解，而且可以对整个国家获得一般的了解。如果在今日，一个外国人被允许接近充塞内务部与省府文件夹的机密函件，那么，他很快就会对于我们了解得比我们自己还要多。本书读者将会发现，在 18 世纪，法国政府机构已经高度集权化，非常强大，极富活力。我们发现它不停地提供赞助，设置障碍，给予许可。它的承诺与付出良多。它已经千方百计地扩大了自己的影响，这种影响不仅针对公共的行为方式，而且也针对个体家庭的命运和个体公民的私生活。更甚者，这种影响是在暗中运作的，所以人们不惮在它面前展示出最私人化的缺陷。我花费大量时日在巴黎和一些省研究其幸存记录。①

① 我尤其大量利用了几个大的总督辖区（intendances）的档案，特别是图尔（Tours）的档案。它的档案非常完整，和这个坐落在法国中心并被百万以上人所居住的非常大的财政区（généralité）相匹配。其他的财政区，包括法兰西岛（Île-de-France）的那些财政区，也让我感到满意，它们表明了在这个王国的许多地方，情况都是一样的。

如我所料，在这里，我发现旧制度复活了，带着它原本的思想、激情、偏见和习惯。个人随意地以自己的习语说话，并且表露自己最隐秘的思想。这样，我就能够获得当代人不曾拥有的关于法国旧社会的许多观念，因为在我的眼前存在着他们从来没有见过的证据。

随着研究的进展，我一次又一次地在那个时代的法国中惊讶地发现一些特征，它们将会打动今日法国之观察者。我发现了大量情感，我本来认为它们是同大革命一道诞生的；我发现了大批观念，我本来相信它们是革命的观念；我还发现了无数习惯，据称它们只是那场伟大事件馈赠给我们的。我到处都在发现，今日社会之根源牢牢地根植于旧社会的土壤中。我越是接近1789年，我就越是明确地认知到造就大革命的精神是如何萌芽、诞生与发展的。这场革命的全部面相就一点点地向我展现出来。它的性情，它的才华，已经被看透了；它已经成为本来的它了。我不仅发现了指导它的最初步骤的逻辑，但是，或许更重要的是，发现了它的长期效应的早期线索。因为，革命经历了两个不同阶段：在第一个阶段，法国人似乎想要废止来自自己过去的一切事物，在第二个阶段，他们将要恢复被他们置诸脑后的部分事物。旧制度的许多法律与政治传统在1789年突然消失，但在几年后又重新出现，就像某些河流沉入地下，只是在前面某处又重新出现，裹挟同样的河水在新的堤岸中流动。

本书的目的是要解释，在大部分欧洲酝酿的这场伟大革命为什么在法国而非他处爆发，为什么它出现时已经充分成型于它将要摧毁的这个社会中，最后，旧的君主制如何如此突然和彻底地陷落。

然而，当我构思这部作品时，有更多话要讲。如果时间和精力允许的话，我的意图是，通过大革命的风风雨雨，追踪这些同样的法国人（我的生活条件和塑造他们的旧制度下的生活条件如此相似），观察事件如何改变和改造他们而没有改变他们的本性，考察他们的某些特征如何被改变，而其面目却依然可识。

我将首先和他们在一起探索1789年大革命的最初行为。那个时候，平等之爱在他们的心胸中同自由之爱共存；那个时候，他们希望建立的制度不仅是民主的而且也是自由的；那个时候，他们不仅致力于摧毁特权，而且也致力于认可和神化权利。这是一个青春、热情和骄傲的年代，一个充满慷慨和真诚激情的年代；尽管它有所失误，也将被永远

4

牢记，而且在后来的许多年里将会干扰那些试图腐败与奴役人类的人的高眠。

　　除了要生动地述说大革命的进程，我还要试图指明一些事件、失误和误判如何导致同样的这些法国人放弃了他们的最初目标和自由，只是把他们的愿望缩小为一个单一的希望：成为世界主人的平等奴仆。我将要解释，一个比大革命所推翻的政府更要强大与专制的政府那时如何攫取与集中了所有权力，镇压了以如此高的代价所换来的自由，在其本来位置上留下了无用的自由赝品。我将会表明，这个政府如何将"人民主权"（popular sovereignty）的名目用于某些选民的投票权，这些选民不能进行自我教育、自我组织或自我选择；它如何将术语"自由选举"用于沉默的或者臣服的议会的同意。我还会表明，这个政府即使剥夺了这个民族的自我统治能力、法律的主要保障和思考、发言与写作的自由（换句话说，在 1789 年赢得的最宝贵与最高贵的战利品），它是如何还在继续使用高贵的头衔"革命"。

　　在我的计划里，我的笔触将会停留在我所认为的大革命的工作已经结束新社会最终诞生的时刻。然后，我会考察这个社会本身。我会试图辨别它在哪些方面相像以前的社会，在哪些方面有所不同；我会描述在这场巨大的骚动中我们所失去的和所得到的。最后，我将试图一瞥未来所给予我们的东西。

5　　第二部作品的部分草稿已经完成，但它依然没有向公众公开的价值。我还有时间完成它吗？谁敢说呢？一个个体的命运比一个民族的命运更加难以确定。

　　我希望没有偏见地写出当前的作品，但我不会声称在写作它时不带激情。一个法国人在谈论他的国家或者在反思他的时代时竟然无动于衷，这几乎没有可能。我坦承，当我记下旧社会的各个剖面时，新社会从未完全离开我的视线。我不仅要努力对病人所遭受的疾病加以诊断，而且要努力探寻他怎样才能得到拯救。我要像医生一样从事我的工作，他们检查坏掉的器官，希望发现生命的规律。我的目标是绘制一幅图像，它不仅极为精确，而且或许富有教益。因此，每当我在我们的祖辈中发现我们极为需要却不再拥有的一种男性美德（manly virtues）——一种真正的独立精神，一种对于伟大事物的渴望，对于我们自己和对于一项事业的信仰——时，我就会努力对它加以关注。同样，我要在那个更早时段的法律、观念和民情（mores）中发现疾病的踪迹，这些疾病在吞噬了旧社会后依然在新社会狼吞虎咽。这时，我就会殚精竭虑地把它们指出来，以便读者们在知悉它们已经造成的伤害后，或许能够更好地理解在我们前行中所潜藏的灾难。

因为人们彼此不再被等级、阶级、行会或家族的纽带连接在一起，所以，他们往往只是关注他们的私人利益，往往只是排他性地考虑他们自己，并且退缩到一种窒息公共美德的狭隘的个人主义中去。专制主义远非对抗这种趋势，而是让其不可抗拒，因为它剥夺了公民的所有共同激情，所有相互需要，所有达至共同理解的必要性，和所有共同行动的机会。好像它要把他们囚禁在私人生活中。他们曾经习惯于手挽手彼此支持。专制主义却疏离他们。他们之间的关系早已冷却下来；专制主义冻僵它们。

在这种没有什么东西可固定的社会类型中，每个人都在不停地小跑，恐怕会落入较低的社会等级中，满怀着上升的热情。金钱已经成为阶级与声望的主要标志。由于它获得了超乎寻常的流动性，不停地转手，改变个人的地位，提升或者降低家族，所以，实际上没有人可以摆脱不停地和拼命地保有与攫取它的压力。因此，最常见的激情就是，不择手段获取财富的欲望，对商业的偏爱，对于收益的热爱，和对于物质舒适与享受的渴望。这些激情已经迅速地传播到所有阶级中，即使以前的那些格格不入者也无法幸免。并且，如果没有什么可以阻止它们，它们或许会很快削弱和败坏整个民族。但是，鼓励与散布这些令人堕落的激情，这正是专制主义的本质，有利于它实现自己的目标。它们让人们的关注偏离公共事务，占有了人民的想象力，让他们一想起革命就心惊胆战。只有专制主义才有能力创造某种隐秘与安全的环境，在其中，由于不顾廉耻，贪婪可以繁盛，不义的利润得以积聚。如果没有专制主义，这些自私的激情将会强大；但是，有了专制主义，它们将会占据统治地位。

只有自由才能够有效地对抗这种社会类型所固有的缺陷，不至于使它们急剧地堕落下去。只有自由才能够从疏离状态中拯救公民，正是他们的身份独立才使他们陷入这种疏离状态。只有自由才能够促使他们走到一起，通过相互交换与说服温暖彼此的心灵，并且在实际事务中采取共同行动。只有自由才能够把他们从对财神的崇拜中解救出来，从私人事务的卑微烦恼中解救出来，使他们意识到，在他们上头与旁边，还有民族持续存在。只有自由才能够以更高尚的、更强大的激情取代对于物质享受的热爱，为雄心提供比财富攫取更有价值的目标。最终，只有自由才能够创造出光明，借此可以发现与判断人类的恶行与美德。

不自由的民主社会凭借其同质的大众，依然会富有、雅致、华丽，甚至辉煌、强大。在这样的社会中，人们可以找到许多私人美德，优秀的父亲，诚实的商人和可敬的地主。人们甚至可以遇到优秀的基督徒，因为，真正的基督徒的祖国不在于今世，基督徒信仰的荣光在于，在极度腐败之中和极为邪恶的政府之下创造出优秀的人们。罗马帝国在极度衰朽的状况下却充满了这样的人民。但是，我敢断言，在这样的社会中，人们从来找不到的是伟大的公民，更别说一个伟大的民族。我不惧反驳而坚称，只要平等与专制结合在一起，心灵与头脑的一般水平将会不断下降。

二十多年前，我就这样想，这样说。从那时起，没有发生什么事情可以改变我的想法与说法。我已经在一个自由受到偏爱的时代表达过我对于它的高度评价，那么，当在其他人都在弃绝它的一个时代里，我依然故步自封，就不应该遭受责备。

此外，非常明显的是，在这个特定方面，我同我的大部分对手的分歧，不像他们所认为的那样大。如果一个人相信他的民族所拥有的美德必然可以使它的自由得到明智的运用，却宁愿臣服于同他没有区别的某人的反复无常，而不是服从他本人参与制定的法律，有这样一种拥有如此低下灵魂的人存在吗？我认为不。甚至专制者也不会否认，自由是一种优秀的事物，但他们仅仅希望完全为了自己而保持自由，坚持认为其他人毫无价值。因此，人们的不同不在于认为，人们应该拥有自由，而在于，人们应该对自己的同胞拥有更少的还是更多的尊重。因此，如果说，一个人对于专制政府的喜爱同他对于自己国家的蔑视具有严格的正比关系，这是非常准确的。在接受这样一种法国观点之前，请允许再为我留下一点时间。

毫无不当自夸，我认为，可以说，这本书凝结了大量的劳作。仅仅简短的一章也要花费我一年多的研究。我本来可以把注释堆放在书页上，但更好的做法似乎是，在正文中放入较少的注释，而把其余的放置在书卷的末尾，并且标上相关的页码。案例与证据可以在这些尾注中找到。如果有人认为本书值得充分追问，我可以提供更多材料。

第一书
First Book

影响欧洲近代社会的史诗性变革：
旧制度与大革命
L'Ancien Régime et la
Révolution

第一章　大革命发端时对其歧异的判断

　　除了法国大革命的历史，没有什么更能提醒哲学家与政治家保持谦逊的必要性，因为和它相比，没有什么事件在形成中更要伟大与长久，或者得到了更为充分的准备却如此缺乏预料。

　　即使是天才卓绝的弗里德里希大帝(Frederick the Great)①，也没有嗅到它的到来。他同它保持接触，然而却没有看到它。的确，在事实面前，他的行动符合大革命的精神。他是它的先驱，换句话说，是它的代理人。然而，他却没有发现它正在地平线上逼近。当最终它展现出自己的面孔时，把它同许多其他革命分开的突出的新面貌在最初却无人察觉。

　　在法国之外，大革命唤起了普遍的好奇。它使得各地的人民认为新时代正在来临，激起了变革与改革的模糊期望。但是，依然没有人预料到什么将会到来。国王及其大臣甚至缺乏激发大众的隐约不祥之兆。最初，他们将大革命视为一种周期性疾病，所有国家的政体都易于罹患此症，它的后果不过是为他们邻国的政策提供一种新的变革机会。如果他们偶尔发现了有关大革命的真相，他们也是无意中这样做出的。诚然，德意志各邦国的君主在 1791 年齐集匹尔尼茨，宣称危害法国君主制的威胁对于所有欧洲旧政权都是一样的，所有国家同法国一样易于遭受此难。然而，实际上，他们并不相信这一点。来自这个时期的秘密档案表明，他们将这种声明视为狡猾的借口，借此掩饰自己的真实意图，或者在大众 面前粉饰这些意图。

---

　　①　弗里德里希大帝（1712—1786），普鲁士国王，即位期间，励精图治，推行重商主义，促进工农业发展，强化军事官僚体制，实行开明专制。——译者

国王和大臣们自己认为，法国大革命不过是一场转瞬即逝的地方性事件，它造成的唯一严肃挑战是，如何最大地从中渔利。为达此目的，他们密谋计划，准备行动，并结成秘密盟友。他们在如何分割预期战利品上相互竞争，彼此争吵，又寻找共同立场。实际上，没有什么紧急事件是他们所不曾准备的，唯独对于实际发生的事件没有准备。

英国人由于其独有的历史和长期的政治自由实践，对于正在发生之事有着更好的理解，透过一层厚厚的帷幕认出了一场伟大的革命正在逼近。但是，他们无法认清它的形式和影响，这种影响很快就要加诸他们自己的命运和他们所看不到的世界的命运。大革命前夕，阿瑟·扬（Arthur Young）正在法国游历。他认出了它的紧迫性，但对于它的意义几乎没有概念，所以他怀疑革命的后果是否要增加特权。"至于贵族和教会，"他说，"如果一场革命有助于他们的力量的增长，我认为它就是弊大于利。"①

至于伯克（Burke），由于大革命在发端起就在他心头上激起了嫌恶，而使他的头脑变得敏感起来，然而最初对于想些什么毫无见地。起初，他的预测是，法国将会由于大革命而被削弱力量，几乎会被摧毁。"我们可以认为，"他说，"法国的军事力量将会在未来某个时候被消灭，在下一代中，人们或许会重复这条古老的格言：Gallos quoque in bellis floruisse audivimus。（我们听人说，高卢人曾经在战争中也是表现卓越）。"

站在近处对于事件的判断不如站在远处判断得更好。在法国，大革命爆发前夕，依然无人对于即将发生之事有一种清楚的认识。在无数的陈情表中只有两份指出了和人民有关的某种担忧。当时被唤起的恐惧是，王室政府，或者"宫廷"（那时似乎依然这样叫）可能会保持压倒性的权力。时人的担忧是，三级会议（Estates General）将会软弱和短命。当时的恐惧是，他们会遭受暴力的恐吓。贵族尤其为这种可能性而忧心忡忡。

13 一些陈情表所表达的观点是，"瑞士雇佣兵（Swiss troops）应该发誓，绝不能把自己的枪口转向全体公民，即使万一出现了骚乱和反叛。"让三级会议自由地从事自己的工作，所有的弊端将会一扫而光。广泛的改革是必需的，但改革是容易的。

然而，大革命在走着自己的进程。怪物抬起了自己的头颅，它的异

---

① 这个引用可以在阿瑟·扬的《法兰西之旅》（Travels in France.London：George Bell and Sons,1906,p.98）中找到。

常的、可怕的面目被暴露出来。它在摧毁政治机构后，也废除了民事机构。首先，它改变了法律，然后是民情（mores），习惯，甚至还有语言。它在撕碎了政府的结构后，又削弱了社会的基础，最终驱逐了上帝本人。接着，大革命溢出了法国国界，使用了以前闻所未闻的手段，新的策略，可怕的准则——皮特（Pitt）将它们称作"武装的舆论"（opinions in arms）。帝国的堡垒被一种前所未有的力量摧枯拉朽，这种力量推翻了王位，以铁蹄踏过各个民族，然而（看起来奇怪的是），同时把它们争取到它的事业中去。欧洲的国王与政治家最初所理解的一场毫不起眼的历史事故，同以前所发生之事相比，突然成为一种如此新颖和如此不同的现象，然而却是如此恐怖和难以理解，以至于人类的头脑难以理解它。一些人认为，这种未知力量似乎既不能获得支持，也不能容忍异议，没人可以阻止它，它也不能自我约束，将导致人类社会彻底的和最终的解体。一些人把它视为魔鬼的魔力所显现出来的一种征兆。"法国大革命具有一种邪恶的特征。"德·梅斯特（M.de Maistre）①先生在1797年说道。反之，其他人在它身上看到了上帝的一项仁慈计划，他的愿望既是改变法国的命运，也是改变世界的命运，最终创造出一种新人类。在来自这个时代的一些作家中，我们发现了一些宗教式的恐惧，是萨尔维（Salvianus）②在看到野蛮人时的体验。伯克就拥有这种想法，他惊呼：

> 法国，被剥夺了古老的政府，某种意义上被剥夺了所有的政府，作为君主政体已经陷落了，参照周遭国家的权力配置，似乎更有可能成为它们怜悯与羞辱的对象，而不是斥责与恐惧的对象。但是，从法国这座遭受谋杀的君主政体的坟墓中，出现了一个庞大的、惊人的、不成形的幽灵，同任何已经征服人类的想象力和降服人类的意志的事物相比，具有一种更为可怕的外形。径直奔向它的目标，对于危险无所畏惧，不受悔意的约束，鄙视所有普遍准则和所有一般手段，这个可怕的幻影征服了那些不相信她根本存在的人们。③

---

① 德·梅斯特（1753—1821），法国正统派政治思想家，神权政治理论的鼓吹者。——译者
② 萨尔维（约390—484），基督教神学家、传教士和著作家。——译者
③ 这段引语可见之于埃德蒙·伯克（Edmund Burke）的《同法兰西的弑君执政府取得和解的四封建议信》（Four Letters on the Proposals for Peace with the Regicide Directory of France, ed. Edward John Payne ,Oxford:Clarendon Press, 1892, pp.7~8）。

这个事件真的像时人所认为的超乎寻常吗？像他们所认为的前所未有和烦恼万状吗？它的真正意义是什么？它的实际特点是什么？这场奇怪的和可怕的大革命的深远后果是什么？它实际摧毁了什么？它创造了什么？

对这些问题加以研究与回答的时机已经到来。我相信，我们今天就站在这场伟大的事件可以得到最好认知与判断的精确时间点上。我们离开大革命足够远，曾经荫蔽大革命参与者观点的激情已经衰减了，然而还足够近，可以同他们神交并理解指引他们参与大革命的精神。这个愿望很快就难以实现了，因为取得成功的伟大革命会抹去产生它们的原因，并且由于它们的成功而变得难以理解。

第二章 大革命基本的和最终的目的不是像一些人所认为的，要摧毁宗教权威和削弱政治权威

法国大革命的首批行动之一就是攻击教会，而且在诞生于大革命的激情中，首先被引燃的和最后被扑灭的就是反宗教激情。即使自由的热情已经消失了，法国人被迫以奴役来换取安宁之后，他们依然在对抗宗教权威。拿破仑能够制服大革命的自由主义天赋，但在驯服它的反宗教精神上徒劳无益。即使在我们的时代，我们发现，一些人认为，通过对于上帝的傲慢，他们就可以补偿对于最卑微的官员的卑躬屈膝，即使他们放弃了大革命信条中所有最自由的、最高贵的和最骄傲的东西，他们依然通过对宗教的排斥而自夸保留了它的真正精神。

然而，今天，显而易见的是，对于宗教的战争不过是这场伟大革命的一种附带面貌，一种在它的面相中显著然而短暂的特征，一种在大革命之前并为大革命奠定基础工作的思想、激情和特定环境所造成的暂时后果，而不是大革命精神本身。

18 世纪的哲学被正确地视为大革命的主要原因之一。的确，哲学具有深刻的反宗教性。然而，必不可少的是要注意到，它们由两个截然不同的和可区分的部分构成。

一个部分包含有关社会条件与民事政治法律原则的全新的或刚刚复苏的观念，比如，人类的自然平等，对于所有等级、阶级和职业特权的相应废除，人民主权（popular sovereignty）、社会权力（social power）的至上性，规则的一致性，等等。所有这些信念不仅仅是大革命的原因，而且可以说，构成了它的实质。在子孙后代看来，在它的成就中，这些

是最根本的、最持久的和最真实的。

就其余部分而言，18世纪的**哲人**（philosophes）怒气冲冲地攻击教会。他们攻击它的教士、它的等级制、它的机构和它的教条，并且为了更好地推翻所有这些东西，他们还要致力于破坏基督教本身的基础。但是，18世纪哲学的这个方面根植于大革命所要清除的环境中，注定要同这个环境一起消失，被埋葬在大革命的胜利之下。现在，我只要加上一句话来澄清我的意思，因为我想在后面回到这个重要主题上：基督教之所以激起这样狂热的仇恨，不是因为它作为宗教信条，而是因为它作为政治制度。情况之所以如此，不是因为教士们声称要统治另一个世界，而是因为他们是地主、封建主、什一税征收者和今世的管理者；不是因为教会在人们打算创立的新社会中没有位置，而是因为它占有了旧社会中最有特权的和最有势力的位置，而这个旧社会将要粉身碎骨。

请考虑一下随着时间的流逝，下述现象如何被带到明显地方并成为关注中心。随着大革命的政治成就被巩固下来，它的反宗教效应开始化为乌有。随着大革命所攻击的旧政治制度被完全摧毁，随着它格外厌恶的权力、影响和阶级被逐渐粉碎，并且，随着它们所曾激起的仇恨的减弱，和教士将自身从曾随他们一起陷落的一切事物中分离出来（它们溃败的最终迹象），人们才开始发现教会力量逐渐恢复，和发现它对人们头脑的影响重新得到确认。

此外，不要以为这种现象是法国独有的。在欧洲，自从法国大革命后几乎没有一个基督教会没有经历这种复兴。

相信民主社会对宗教具有本能的敌意，这是一种严重的错误。在基督教甚至在天主教中没有什么东西绝对违背民主精神，一些东西还有利于它。的确，数世纪的经验表明，宗教本能总是最牢固地扎根于人民的心中。垂死的信仰总是能够在那里找到最后的避难所。的确，如果常常培养人民的观念与激情的制度具有一种激励不虔诚的必然与长期效果，那才奇怪呢。

我刚才对宗教权力所说的话，我也相信甚至更强烈地适用于社会权力。

当人们发现一些制度与习惯以前曾经维护了社会等级制并界定了人类行为的规则，现在它们都要屈服于大革命的时候，他们就理所当然地认为，大革命的最终结果不只是要摧毁一种特定的社会秩序，而是普遍的社会秩序，不是要摧毁一种特定的政府，而是社会权力本身，并且，他们必然会得出结论：大革命的本性是无政府。然而，我斗胆确认，这是一种误导性的表象。

在大革命发生后不到一年，米拉波（Mirabeau）[1]向国王秘密写信："将新的事态同旧的制度加以对比，你就会发现第一束慰藉与希望的光芒。国民议会（National Assembly）所通过的最重要立法中，大部分明显有利于君主政府。摆脱高等法院（Parlement）、三级会议行省（pays d'états）、有组织的教士、特权阶级和贵族，这难道没有意义吗？只由单独一个阶级的公民构成一个社会，这个观念会取悦黎塞留（Richelieu）[2]：一种单一的表面有利于权力的行使。几届专制政府对于王室权威所做的也没有大革命在这一年中所做的多。"这就是有能力领导大革命的一个可敬的人对于它的理解。

由于法国大革命的目标不止是改变现有的政府，而且要废除现有的社会形式，所以，它要被迫同时攻击所有既定的权力，破坏所有公认的影响力，抹掉传统，更新民情与习惯，设法从人类头脑中清除掉尊重与服从在以前得以确立的所有观念。这就可以解释它的异乎寻常的无政府特征。

但是，清理掉所有这些废墟，你就会发现一个庞大的和单一的中央政府。它吸收与吞噬了曾经分布在许多次级权力（secondary powers）、等级、阶级、职业、家族和个人中的所有零散的权威与影响，似乎散布在整个社会机体中的权威与影响。自从罗马帝国陷落后，没有可以与此类比的权力在世上存在过。大革命创造出了这种新权力，或者，毋宁说，它打造出了这种新权力得以自发出现的废墟。诚然，它所建立的政府，更为脆弱，但是比它所推翻的那些政府要强大百倍——我们在适当时候将会发现，因为同一原因，既脆弱又强大。

米拉波透过旧制度的半壁江山的尘埃所瞥见的就是这种简单的、和

18

---

① 米拉波（1749—1791），即奥诺雷·加百列·里克蒂，为大革命时期著名的政治家、作家和演说家。在法国大革命初期的国民议会中，为温和派人士中最重要的人物之一，主张建立君主立宪制。1792年与王室的通信被发现后，其遗体被迁出先贤祠。——译者

② 黎塞留（1585—1642），法王路易十三的宰相及天主教的红衣主教。在其当政期间，法国专制制度得到完全巩固，被誉为出色的政治家，外交家。——译者

谐的、宏伟的结构。尽管它的宏大，还依然没有被大众所察觉，但是，渐渐地，时间的流逝让它暴露在所有人面前。今天，它首先让王公们的眼睛着迷。君主们带着赞赏与嫉妒看待它，他们不仅包括那些被大革命所造就的人，甚至也包括那些最背离和敌视大革命的人。他们所有人在他们的国家里都在努力清除掉豁免权和废除特权。他们所有人都在消弭等级差别，平等化社会条件，以官员取代贵族，以统一的规则取代地方的特权，在曾经存在多样化权力的地方设立单一政府。他们兢兢业业地投身于这项革命性的工作，如果他们遭遇任何障碍，就会偶尔借用大革命本身的方法与准则。众所周知，在必要时，他们会挑动穷人反对富人，挑动平民反对贵族，挑动农民反对地主。法国大革命既是他们的灾星，也是他们的导师。

第三章 法国大革命如何是一场以宗教革命方式开始的政治革命，为什么

所有的国内革命与政治革命都曾经被局限在它们所发生的土地上。法国大革命却没有自己的疆域。不仅如此，从某种意义上说，它的影响已从地图上完全抹掉了所有现存边界。它罔顾法律、传统、性格和语言，把一些人团结起来，把另一些人分裂开来，时时把同胞变为敌人，把陌生人变成兄弟。毋宁说，它跨越了所有的国籍而创造出一种共同的理念祖国（intellectual fatherland），这个祖国可以将所有民族的人们接纳为公民。

搜遍所有的历史年鉴，你也不会发现有哪一次政治革命拥有这种特色，只有在某些宗教革命中才能够找到。如果类比可以帮助我们理解法国大革命，那么，在比较时所使用的术语必须和宗教革命有关。

席勒（Schiller）[1]在他的《三十年战争史》（Thirty Years'War）中正确地评价道，16世纪伟大的宗教改革突然缩小了以前彼此之间很少相知的人们之间的距离，在他们中间激起了新的同情并培育了紧密的纽带。的确，人们看到，法国人与英国人肩并肩同其他法国人作战，而出生在波罗的海最遥远地区的人们奔向德意志的腹地保护他们以前从未听说过的德国人。所有的对外战争都有某些内战的面貌，而在所有的内战中都有外国人参与。国家间忘记旧的利益而偏爱新的利益。领土问题让位于原则问题。所有的外交规则都变得混乱不堪，使得这个时代的政治家们目瞪口呆和牢骚满腹。这就是1789年后在欧洲确切发生的事情。

---

[1] 席勒（1759—1805），德国18世纪著名诗人、哲学家、历史学家和剧作家，德国启蒙文学的代表人物之一。——译者

因此，法国大革命是一种以宗教革命的方式所形成的政治革命，并且具有宗教革命的某些特点。有什么具体的个别特征可以解释这种相像性？像宗教革命一样，法国大革命传播深远和广泛，并且似乎是通过传教和布道做到这样的。试想一下，一场政治革命激起了改宗行为（proselytism），既在国内得到热情的实践，又在国外得到狂热的鼓吹，这是多么新颖呀！在法国大革命引入世界的所有前所未闻的事情中，这肯定是最为新颖的。但是，这还不是全部。让我们进行更加深入一点的挖掘，探究这种后果的相似性是否起源于一种暗藏的原因的相似性。

　　宗教通常只考虑人本身，而漠视一个特定国家的法律、习惯和传统为人类的共同特性所增加的成分。它们的主要目标是，调整人与上帝之间的一般关系，一般性地说明人们同其他人相关的权利与义务，而不考虑社会的形式。宗教所规定的行为准则适合儿子、父亲、仆人、主人和邻居，而不适合特定国家或时代的人。因为宗教是如此根植于人的本性，所以，它们可以同样被所有人接受，并且可以适用于所有地方。这就是为什么宗教革命常常拥有如此广阔舞台的原因，并且不像政治革命，很少被局限于一个单一民族甚至一个单一种族的界限内。如果我们更加密切地考察这个主题，就会发现，宗教越是抽象化和一般化，它传播得就越是广泛，而与法律、气候和人们无关。

　　古代异教徒的宗教总是或多或少地同每个民族的政治结构或社会状态联系在一起，并且它们的教条反映出某些国家甚至城市的某些特性，所以，它们通常被局限在领土范围内，极少传播至这些范围之外。它们有时滋生不宽容与迫害，但改宗实际上闻所未闻。因此，在基督教出现之前的西方，不存在伟大的宗教革命。基督教轻易跨越了曾经阻碍异教信仰传播的所有障碍，很快就征服了大量的人类种族。它之所以获得胜利，是因为在摆脱有关民族、政府形式、社会状态、时代或种族的特殊纽带方面，它比其他任何宗教走得更远。这样说，我并不认为是对这种神圣宗教的无礼。

21　　法国大革命同这个世界的关系正如宗教革命同另一个世界的关系。它对于公民采取了外在于任何特定社会的抽象观念，正如宗教考虑的是一般的人，外在于国家与时代。它并不致力于判断法国公民的特定权利，而是致力于判断政治王国中人的一般权利与义务。

法国大革命总是追求最不特殊的东西，可以说，是和社会状态与政府有关的最**自然的**东西。这就是它本身能够被所有人理解的原因，和能够在许多地方被同时模仿的原因。

由于它的目标似乎是人类种族的重生，而不止法兰西的改变，所以，它引燃的激情，即使是以前最暴烈的政治革命也不曾唤起过。它煽动了改宗行为和传道行为，因此，变得像一场宗教革命，这就是时人发现它如此可怕的原因。毋宁说，它本身成为了一种新型宗教——诚然，一种不完善的宗教，没有上帝、仪式或来生，然而，一种像伊斯兰教的宗教，以它的士兵、使徒和殉道者淹没了地球。

此外，不要搞错，大革命的手段并不是史无前例的，它所开发出的观念也不是完全新颖的。即使在中世纪的深渊里，也总是存在着宣传家，他们为了改变地方习惯，致力于使用一般性的人类社会规则，并制定同自己国家的政体相对立的人类自然权利。但是，所有这些努力都失败了。照亮18世纪欧洲的火把在15世纪就被轻易扑灭了。为了让这种类型的观点激发革命，人们的头脑必须通过在社会条件、习惯和民情中的某些预先变化来做好接纳它们的准备。

在某些时代里，人们彼此是如此不同，所以，可用于所有人的单一法律的观念几乎难以理解。在另外一些时代里，只要向他们出示这样一种法律的模糊而遥远的形象，就足以让他们马上认出它并急切地追逐它。

最为非凡的事情不是法国大革命所使用的方法和所持有的观念。重大的新颖性在于，如此多的民族达到了某种阶段，在这种阶段中，这样的方法可以得到有效的运用，这样的准则可以得到轻易的接受。

22　第四章　几乎全部欧洲如何都曾拥有完全相同的制度，这些制度如何到处都在崩溃

　　推翻罗马帝国并最终建立现代国家的这些民族，在种族、国度和语言上是不同的。他们只有在野蛮状态中彼此相像。他们在帝国领土上定居后，许多年间彼此冲突。当大规模的混乱最终让位于稳定的时候，他们发现自己被他们曾经丢弃在这片土地上的废墟所隔开。因为，文明实际上已经被扫荡，公共秩序已经被摧毁，社会关系变得可悲而危险，并且欧洲社会已经被粉碎为不同的更小的社会，这些社会被敌意所疏远。然而，从这片紊乱的状态中，统一的法律突然出现了。

　　这种新的制度并不是对于罗马制度的模仿。的确，它们同罗马制度是如此对立，所以，后来罗马制度被用来改造和废除它们。这些新的法律在形式上是新颖的，截然不同于所有其他法律体系。它们存在着对称，如果放在一起，它们就会构成一种如此整饬的法律体系，以至于我们的现代法典也不会有比它们更加严格的统一性。然而，这些复杂的法律是被一种半野蛮社会所使用的。

　　这样的立法如何被阐明、传播并最终在整个欧洲被确立？我不打算在这里研究这个问题。可以肯定的是，在中世纪，这种法律体系几乎可以在大陆的每个角落发现，在许多国家，它的统治排除了所有其他的法律体系。

23　　　我有机会研究了法国、英国和德意志的中世纪政治制度。我在研究中越是深入，越是为这些不同国家中的法律的明显相似性感到惊讶，也越是赞叹：这些不同的人民，彼此几乎没有联系，却能够以某种方式配备如此相似的制度。的确，就细节而言，在不同的地方存在着持续的和

几乎无尽的变化，但法律的基础处处一样。一旦我在旧的德意志立法中发现某种政治体制、规则或权力，我也会在法国和英国发现某种实质上相像的东西，我总是发现，我所知道的肯定在那里。这三个民族中的任何一个都有助于我更好地理解另外两个。

在所有这三个民族中，政府都遵循同样的准则，政治会议都由同样的成分构成，都被赋予同样的权力。社会沿着类似的边界被划分，在各种阶级中可以观察到同样的等级制度。贵族的地位都是一样的。他们拥有同样的特权、同样的特征、同样的态度：他们在不同地方没有什么不同，所有地方都是相同的。

城市章程是相似的，农村也以同样的方式进行治理。农民的状况很少有变化。土地以同样的方式被所有、占有和耕耘，农民都承受同样的负担。从波兰的边界到爱尔兰的海岸，庄园、领主法庭、采邑、地租、徭役、封建税、行会都是相似的。有时，甚至名字都是一样的。甚至更加值得注意的是，同一种精神赋予所有这些类似的制度以活力。我认为，声称14世纪欧洲的社会的、政治的、行政的、司法的、经济的和人文的制度比今天的更具有相似性，不无道理，虽然今天的文明超出了自己的常轨，向每一条可能的道路敞开，清除了所有可能的障碍。

解释这种古老的欧洲制度是如何逐渐失效并崩溃的，并非我意。我只是指出，到了18世纪，它已经到处陷入半壁江山之中。一般而言，它的崩溃在大陆的东部不太明显，在西部更加明显，但这种体系的老化和腐朽却到处可见。

中世纪制度的逐渐衰朽可以在档案中加以追踪。每一块领地都保存着被称为"地籍册"（terriers）的登记簿，在其中，一个世纪一个世纪地记录着封地的边界、交租的土地、应得的地租、应服的劳役和地方习惯。我已经看过14世纪的地籍册，明晰、精确和明智，堪称方法上的杰作。它们逐渐变得愈加模糊、混乱和残缺起来，随着时间的进展而变得难懂起来，尽管教育得到了普遍的发展。似乎在市民社会获得启蒙时，政治社会陷入了野蛮状态中。

在德国，欧洲旧政体的原初特色比在法国保存得更好，即使在那里，旧政体所创立的一些制度也已经不再到处存在了。但是，测量岁月留痕的最好办法不是寻找正在逝去的事物，而是考察依然保留的状态。

24

市政制度曾经把主要的德意志城市转变为富裕的、开明的小共和国，它们在 18 世纪依旧存在，但是，只是已经变成空心的外壳。它们的法律名义上依然登记在簿。它们所建立的机关依然具有同样的名称，似乎承担着同样的责任。但是，它们曾经激发的勤劳、活力和村社爱国主义（communal patriotism），它们所培育的富饶的男性美德（male virtues），已经消失了。旧的制度还保留着它们最初的形式，但它们似乎已经萎缩了。

所有幸存的中古世纪权力都受到同样疾病的折磨。所有权力都表现出了衰弱和惰性。不仅如此，同中世纪的政体联系在一起的并不确切属于它的每样事物，留下它的印记的每样事物，很快就失去了其生命力。比如，贵族制得上了一种老年衰弱症。政治自由，本来因其卓越表现而充塞于中世纪，只要它还保留着中世纪的典型特征，就似乎变得贫瘠无华。省级议会如果不能够修正其古代制度，就不能够推动文明的进步，而是阻碍它的进步。它们似乎对新的时代精神具有敌意，对于变化无动于衷。因此，它们失去了对于人民内心的控制，而人民转向了国王。古老历史并不能为制度赢得尊重。相反，衰老仅仅让它们名誉扫地。然而，奇怪的是，它们越是老朽，从而越是缺乏为害能力，它们激起的仇恨就越是更多。一位同时代的对旧制度友好的德意志人说："现有事态似乎对所有人都是一种侮辱，并且对于一些人成为一种蔑视对象。所有古老的事物现在都受到了消极的评价，看到这，是多么地令人吃惊。观察事物的新方式已经跻身于我们的家庭，在我们的家中种下了麻烦的种子。甚至我们的家庭主妇也不愿意再忍受她们古老的家具了。"然而，在这个时代，在德国像在法国一样，社会在不停地发展，繁荣在稳步地提升。但是，请认真注意下述要点，因为它完成了整幅图画：凡是活跃的、积极的和多产的事物都是新的，不止是新的，而且同旧的事物相违背。

比如，君主政体不再同中世纪的君主政体有任何共同之处。它行使不同的权力，拥有不同的地位，表现不同的精神，激发不同的情感。国家的行政机构在到处扩张，在地方权威的废墟上建立起来。国家官员的等级制逐步取代了由贵族构成的政府。所有这些新的权力所使用的方法、所追随的准则，中世纪或者闻所未闻，或者嗤之以鼻，这些准则所联系的社会状态，中世纪的人们根本一无所知。

在英国，人们或许在一瞥之下可能会受到诱惑，认为古老欧洲的政体依然在发挥效力，但事情不是如此。一旦你忘掉古老的名称，抛弃古代的形式，你就会发现，封建体系实质上在 17 世纪的英国就已经被废除了。阶级混同了，贵族凋零了，贵族制已经敞开大门，财富已经成为权力。存在着法律面前的平等，也存在着纳税的平等、出版的自由和公开的辩论。所有这些新的原则在中世纪闻所未闻。此外，正是这些被逐渐和巧妙地引入的革新，有可能更新旧的机体，而没有风险破坏其完整性，有可能给予它新的生命期，同时保留其古代的形式。17 世纪的英国已经是一个充分现代化的国家，仅仅在其内部保留着似乎用防腐剂保存着的少数中世纪的遗迹。

为了给后文的理解奠定基础，对于法国国界之外的简单观察是必要的，因为我斗胆说，如果一个人看不到其他国家，只研究法国，他将根本无法理解法国大革命。

第五章　法国大革命的基本成就是什么

　　前面几章的目标只是为了阐明主题，并且为我在开篇所提出的问题的答案奠定基础：法国大革命的真实目的是什么？最终，它的固有特点是什么？它为什么会发生？它做了些什么？

　　大革命的目的不是像一些人所认为的，要打破宗教对人类信仰的控制。无论外表如何，它基本上是一场社会与政治革命。同其他相似的行为相比，它的作用不是要让混乱永久化，某种程度上使混乱持续下去，或者，借用它的一位主要反对者的措辞，对无政府"加以程序化"。相反，它倾向于增加公共权威的权力与特权。它不像其他人所认为的，致力于改变我们文明的特色，或者阻止它的进步，或者甚至以根本的方式修正作为我们西方社会之基础的基本法则。如果我们把大革命同在不同时间与地点暂时改变其面貌的偶然事件分离开来，只考虑其本身，我们就会清楚地看到，它的唯一目标是废除通常被称作封建制的在大部分欧洲国家毫无对手地统治了数世纪的政治制度，而代之以一种更为简单和更为一致的以条件平等（equality of conditions）为基础的社会与政治秩序。

　　这样就足以构成一场巨大的革命，因为，除了这些旧制度依然根植于，更别说纠缠于欧洲的所有宗教的与政治的法律，它们也产生出了和
其完全不可分离的一批观念、情感、习惯和民情。必需一场可怕的动乱摧毁所有这些东西，并且一举从社会肌体上摆脱它的所有器官上的这种构成部分。这使得大革命看起来比实际上更要伟大。它似乎要摧毁一切事物，因为它所摧毁的事物和所有其他事物联系在一起，并且的确是这

些事物的组成部分。

然而，不管大革命如何激进，它远非一般人所认为的那样具有创新性，我随后会表明这一点。真实的事情是，它完全摧毁了，或者在摧毁着（因为这个过程持续到今天）来源于贵族与封建制度的旧社会的每一个方面；完全摧毁了，或者正在摧毁着以某种方式同这种制度相关的或者具有这种制度**最微小印迹**的每样事物。在旧世界中它所保留的，只是同这种制度相背离的或者同它们无法共存的事物。大革命绝不仅仅是一种意外事件。的确，它让这个世界吃惊，然而，它仅仅是一场长期劳作的终点，十代人所致力的一场努力的突然与强烈的终结。如果它没有发生，旧的社会大厦迟早会到处崩溃，但大厦会逐渐地零落成泥而不会毁于一旦。本来依靠自己可以一点点发生的事情，大革命突然将其结束，没有过渡、预警或者留恋。这就是它的成就。

令人惊奇的是，在今天看起来如此清晰的事情，即使在当时最聪慧的观察者眼里，也保持着混乱与模糊的状态。

"你们想要纠正你们的政府的弊端，"伯克对法国人说，"但是，为什么要重新开始呢？为什么不依靠你们的古老传统呢？为什么不让自己限于重新获得前人的自由呢？或者，如果对你们来说，不可能辨清你们的古老政体的形态，为什么不把目光投向我们的方向呢？在那里，你会发现古老欧洲的习惯法。"伯克无法看到眼前的事情，即，实际上法国大革命注定要废除这种古老的习惯法。他没有认出，此事而非彼事，才是和大革命真正相关的。

但是，为什么这场大革命在法国而非他处爆发，当时，它的基础已经被奠定，威胁到处隐约可见？为什么它在法国呈现的某些特点只在其他地方部分地而非全部地出现？第二个问题肯定值得探究。对于它的考察将会是本书随后的主题。

第二书
Second Book

影响欧洲近代社会的史诗性变革：
旧制度与大革命
L'Ancien Régime et la
Révolution

第一章 为什么在法国而不是在其他地方，封建特权更加令人民憎恶

乍看起来惊讶的是，大革命的基本目标是要废除各地所残留的中世纪制度，在这些制度得到更多的保留、人民更加意识到其压迫性与严酷性的国家，它却没有爆发，但是，在对这些事物感受最轻的国家却得以爆发。因此，在它们的负担实际上最轻的地方，其束缚却似乎最不能忍受。

在德意志的几乎全部地方，到了18世纪末，农奴制还没有被完全废除。在大部分地方，人民依然被束缚在土地上，像在中世纪一样。弗里德里希大帝和玛利亚·特雷萨（Maria Teresa）①军队中的几乎所有士兵都是真正的农奴。

1788年，在大部分德意志邦国，农民不能离开他的领主的领地，如果他离开了，就会被到处追捕并被迫带回。他要接受领主的管辖，并被监视私生活，如果放纵偷懒将会受到惩罚。他不能改善他的地位，不能改变他的职业，没有主人的同意就不能结婚。他的大部分时间都要投入对领主的服务中。他年轻时的几年时间必须花费在领主的家务劳动中。对领主的强制劳役制度依然在充分有效地运作，在一些邦国，农民的这种劳动达到了每周三天。是农民在翻修和维护领主的建筑，把他的出产拖到市场上，驱赶他的马车，传递他的信息。尽管农奴可以拥有土地，他们的所有权却总是远非完美。他们被迫在领主的监督下，按照一定的 方式耕作自己的土地。他们不能随意卖掉或者抵押自己的财产。有时，

---

① 玛利亚·特雷萨（1740—1780），奥地利女皇，实行开明专制，在位期间推行一系列改革。——译者

他们要被迫卖掉自己的出产，有时，又被阻止出卖。对于农奴而言，耕作土地是义务。他的不动产甚至不能完全传给自己的孩子，其中一部分通常被领主所保有。

为了找到这些规定，我不必搜检陈旧的法律文书。我可以在由弗里德里希大帝所制定的并由他的继任者在法国大革命开始时所发布的法典中找到它们。

在法国，长期以来，已经没有这样的事情存在了。农民们可以遂其所愿地来往、买卖、协商和劳动。除了东部的一两个省——被征服的省份，农奴制的最后一点遗迹也已经消失。农奴制在其他各处已经彻底消失，它被废除的时间过于久远，以至于废除日期已经被遗忘。最近的研究已经表明，在13世纪的诺曼底各处，已经找不到它了。

然而，在人民身份中所发生的另一场非常不同的革命也是在法国出现的：农民不仅不再是农奴了，他已经成为一个**土地所有者**了。这个事实依然罕有人知，然而，我们会看到，它具有重要后果，所以，我乞求读者见谅我稍停片刻，对此进行更加深入的探究。

长久以来人们相信，土地财产的分割始自大革命，完全是它的成果。实际上，各种证据都在表明，事实是相反的。

至少在大革命二十年前，农业协会就已经在为过分的土地分割而悲叹了。在大约同一时间，蒂尔戈（Turgot）[1] 说："遗产得到了如此的切割，以至于一片土地本来只能供养一个家庭，却在五个或者六个孩子中间划分。因此，这些孩子及其家庭不再能够完全依靠土地为生。"几年以后，内克尔（Necker）[2] 说，在法国，存在着**大量的**小片农业财产。

在大革命前几年提交给一位总督的一篇秘密报告中，我发现了下述语句："遗产被惊人地分割为同等的份额，由于每个继承人都想要每一片财产中的一份，所以，每一片土地都被无穷地分割和再分割。"这句话难道不像今人写下的吗？

我竭尽全力地复原旧制度的土地清册，我也能够这样做。在这方面，我获得了部分的成功。根据1790年所确立的有关土地税收的法律，每个教区被要求为其境内的现有地产准备一份清单。大部分清单已经湮没了。

① 蒂尔戈（1727—1781），法国政治家、经济学家，曾任路易十六财政总监。——译者
② 内克尔（1732—1804），日内瓦银行家，曾任路易十六的财政总监，倡导改革。——译者

然而，我可以为一些村庄找到这些清单，并且将这些清单同我们时代的税收清单加以比较，就可以断定，1790年土地所有者的数目高达现有数目的一半甚至三分之二。这种数目相当惊人，因为从那个时代以来，法国的总人口已经增长了不止四分之一。

农民对于他的土地财产的热爱就像今天一样，已经到了极端状态，被土地占有所点燃的全部激情已经在火烧火燎。"土地现在的售价超出所值，"当时一位卓越的观察者写道，"因为所有居民对于成为土地所有者怀有激情。下层阶级的所有积蓄，在其他地方会被投资给私人或者投入公共基金中，在法国却被用来购买土地。"

阿瑟·扬是第一次到这个国家来拜访我们。在他访问期间看到的所有新颖事物中，没有什么事情比农民中土地的大规模分割更打动他了。他说，他们拥有法国一半的土地。"我不知道还有这样的事情。"他常常说，的确，除了在法国及其直接邻近地区，这样的事情是不能在其他地方找到的。

在英国，一些农民拥有土地，但是，他们的数目已经减少了。在德国，我们已经看到了，在这个国家的各个时代和地区，都有一些农民对于土地享有充分的所有权。调整农民财产的特殊的和奇怪的法律可以在德国习惯法中最古老的残存记载中发现。但是，这种类型的所有权已经是例外而非常规了，而且这些小土地所有者的数目也相当有限。

在18世纪晚期德国的一些地区，农民拥有他们自己的土地，几乎就像在法国一样随意。这些地区大部分分布在莱茵河沿岸。这也是法国的革命激情传播最快的地方，也总是最强烈的地方。相比而言，德国的另一些地方长期以来不受这些激情的影响，在这些地方，看不到上述相似的现象。这些现象值得注意。

因此，相信法国的土地所有权的分割起源于大革命，是在重复一种常见的错误。实际上，这件事情发生得更早。的确，革命卖光了属于教士的所有土地，也卖掉了被贵族拥有的许多土地。但是，如果你查阅一下这些销售记录，就像我在一些案例中不厌其烦所做的那样，你会发现，这些地产大部分是被已经拥有其他土地的人们所购买的，所以，尽管财产转手了，但财产所有者增加的数字却远没有人们想象的那么多。重复内克尔夸张但准确的用语，他们的数目当时已经是"庞大"的了。

34

大革命的效果不是分割了土地，而是暂时解放了土地。事实上，所有这些小土地所有者在土地经营上受到了高度的约束，这些土地受制于无法逃脱的无数义务。

这些重负无疑是沉重的，但是，让它们变得无法忍受的正是人们本来认为可以减轻负担的环境。在法国，农民土地所有者被免除的领主管辖远远超出欧洲其他任何地方。这样一场革命绝不逊于让他们成为土地所有者的革命。

尽管旧制度离我们依然相当近，因为我们每天还会遭遇曾在它的法律之下出生的人们，但是，它似乎已经退缩到漫漫长夜中。激进的大革命横亘在它和我们之间，产生了恍如相隔几个世纪的效果。即使没有被它摧毁的，又被它投入阴暗角落之中。因此，今天很少有人能够对于这样一个简单问题给出一个准确的答案：农村地区在 1789 年之前是如何管理的？的确，不是通过研究书本，只有通过研究那个时代的管理档案，这个问题才能得到准确而详尽的回答。

我常常听人说，虽然贵族已经长期不再参与国家统治了，但他们继续管理着农村，直到最后。领主在统治着农民。这种观点看起来是错误的。

在 18 世纪，负责教区所有事务的官员不再是领主的代理人或者被委派者。一些是被省总督所任命的，而其他一些是农民自己选举的。这些官员受到托付，分配税负，维修教堂，建造学校，并且召集和主持教区集会。他们监督和管理对于共同财产的使用，以共同体的名义提起和参与诉讼。领主不仅不再负责这些微小的地方事务，而且甚至也不监督对于这些事务的管理。所有教区官员都是被中央政府所监管和控制的，我将在下一章对此加以说明。不仅如此，领主本来是国王与他的子民之间的仲裁者，现在极少作为国王的代表在教区采取行动。他不再负责执行
35 国家的一般法律，征募军队，征收税款，颁布王家法令，或者分发救济。所有这些义务和特权都属于他人了。在现实生活中，领主只不过是一个居民，他的豁免权和优先权把他同其他所有人分离开来，把他同其他所有人切割开来。同其他居民不同的是他的地位，而非他的权力。正如总督们在致他们的下属的信中所特意指出的，**领主只不过是你的第一居民**。

我们把关注从教区层次转向县级层次，就会发现，情形是一致的。

贵族不管是作为个人还是群体，在任何地方都不再管理县级事务。这种情形为法国所独有。在其他任何地方，古老的贵族社会还保持着部分的完整性：对于土地的拥有依然同对于人民的统治联系在一起。

英国既受到主要的土地所有者的统治也受到他们的管理。就德意志而言，包括普鲁士和奥地利，国王们非常成功地摆脱了贵族对于一般国家事务的监督，他们让贵族们保留了作为农村管理者的许多角色。即使在某些地方，国王们达到可以监督土地所有者行动的程度，但在任何地方，他们仍然没有取代领主的位置。

实际上，法国贵族曾经仅仅在一个领域——司法管理中，对于公共管理有着长期的密切接触。主要的贵族保留着让法官以自己的名义判决某些案件的权利，有时，还依然发布适用于他们的领地范围的治安规章。但是，王室权力逐渐裁减、限制和收编了领地司法权，到头来，这些领主即使依然行使这种权利，也是把它看作一种收入之源，而非一种权力。

对于贵族的所有具体的特权，情况都是这样。它们的政治面貌消失了；只有金钱部分保留下来，在一些情况下，金钱部分的重要性得到了大幅度的提高。

现在，我仅仅想谈一下这些可以创造收入的特权，具体被称为封建权利，因为它们对于人民造成了特别重的负担。

今天不容易解释这些权利在1789年还有多少，因为它们的数目庞大，种类繁多，有些已经消失了或者转化了。因此，描述它们的术语的含义对于时人而言就已经晦涩难懂，对于我们而言，情况就更是如此。然而，如果人们求教于18世纪封建法专家的书本，并且耐心地研究地方习俗，那么，显而易见，所有保持原状的权利都可以被简化为数目很少的几种 36 类型。诚然，还有其他许多剩下的，但只是孤立的情况。

向领主被迫服劳役的遗迹在大部分地方依然保留。尽管大部分公路通行费已经减少了或者废除了，在少数几个省，人们还是可以遇到一些这样的情况。地主们在所有省份征收集市税与市场税。在整个法国，他们享有专有的狩猎权。一般而言，只有他们被允许拥有鸽舍和喂养鸽子。几乎在所有地方，他们都在强迫农民用其磨坊磨面，用其压榨机压榨葡萄。一项普遍的和繁重的费用被称作**土地转让金**（lods et ventes）。这是当土地在领主的领地范围内被买卖时支付给他的税费。最后，在整个法国，土地拥有者要以金钱或实物形式向领主支付租金、费用和酬金，而且不能将其赎回。尽管这些权利具有多样性，它们都具有的共同特点是，在某种程度上依附于土地及其出产；所有权利都被耕耘土地的人所承担。

教会领主享有同样的好处，因为教会虽然具有不同于封建主义的出身、目的和性质，最终却和它密切交织在了一起。尽管教会在封建体系中保持着异质机体的性质，从来没有被其充分整合，但它对于封建体系的渗透是如此之深，以至于它镶嵌在了其内部。

因此，主教、教士和修道士由于其教会职能而享有封地和地租。修道院对于其所坐落的村庄或者地区通常拥有领地权。它们在法国唯一存在农奴的地区拥有农奴。它们支配着强迫劳役，从集市和市场中征集费用，运营烤炉、磨坊和压榨机，并且保有牛群。此外，不仅在法国，而且在整个基督教世界，教会还享有征收什一税的权利。

然而，在这里让我介意的是这样的事实：这些同样的封建权利，**确实是同样的权利**，在当时的整个欧洲都存在，在大陆的大部分其他国家，比在法国更加具有压迫性。我仅仅提及领主享有的强制劳役。在法国，它是罕见和温和的。在德国，它依然是普遍和严酷的。

更有甚者，一些具有封建起源的权利，我们的祖先认为极端令人厌恶，不仅对于正义而且对于文明都是有害的，某种程度上却也在英国存在，它们是：什一税，不可转让的地租，永久性费用，对于土地买卖的税收，拿18世纪有点夸大其词的语言来说，是"对土地的奴役"（the enslavement of the earth）。这样的一些费用依然可以在英国发现。它们没有阻止英国农业成为世界上最为发达和丰产的农业，英国人民很少意识到它们的存在。

那么，为什么这些同样的封建权利在法国人民的心中唤起这样的仇恨，仇恨是如此强大，以至于它比它的对象还要存在更久，并且看起来难以根除？原因是，一方面，法国农民已经成为土地所有者，另一方面，他已经完全从他的领主的控制中解放出来。也有许多其他的原因，但我认为，这些是主要的原因。

如果农民不拥有土地，他会对封建体系加之于土地财产的任何负担无动于衷。如果一个人仅仅是一个农场主，什一税对他有什么重要？他只是从他缴纳的租金中扣除什一税。如果一个人不拥有土地，地租对他有什么重要？如果一个人为了他人而经营土地，在土地使用上的限制对于他有什么重要？

而且，如果法国农民依然受到他的领主的管理，那么，封建权利对于他似乎不太难以忍受，因为他只会把它们看作国家体制的一种自然的结果。

当贵族阶级不仅拥有特权而且也拥有权力时，当它既统治又管理时，它的特定权利会更大，同时又不太会引人注意。在封建时代，人们看待贵族阶级正像我们今天看待政府一样：人民接受它施加的负担，以便换得它所提供的担保。贵族阶级拥有令人生厌的特权和难以忍受的权利，但是，他们维护公共秩序，主持正义，执行法律，为弱者提供帮助，负责处理公共事务。到了贵族阶级不再做这些事情时，它的特权似乎更加难以承受了，直到最终，甚至这些特权的存在理由也变得难以理解了。

我请你想象一下 18 世纪的法国农民，或者今日你所了解的农民，因为他们始终保持如一：改变的是他的外在条件，而不是他的内在心境。看一看在我所引用的文件中对他的描绘吧：他是如此挚爱着土地，以至于他使用自己所有的积蓄以购买更多的土地，而不计代价。为了获得这片新的土地，他必须支付一笔费用，不是向政府支付，而是向其他邻近的土地所有者支付，这些土地所有者和他一样，对于公共事务没有影响，像他一样，几乎无权无势。当最终他得到他所希望的土地时，他把他的心和种子一起播种下去。地球的这个狭小角落，他可以称之为自己的，让他充满了自豪感和独立感。然而，现在，和他一样的邻居来了，把他从他的田地里带走，强迫他在其他地方从事没有报酬的工作。如果他要保护自己的收成免受狩猎游戏的糟蹋，这些和他一样的邻居就会阻止他。他们在河流渡口等待他，要求他支付一笔通行费。他在市场遭遇他们，在那里，他们卖掉了他出卖自己出产的权利。而当他回到家中，想要将他剩余的收获——他亲手种下并亲眼看着长大的收获——留作自用时，他又不能这样做，除非是把它送出去，在这些和他一样的人所拥有的磨上碾碎，在这些和他一样的人所拥有的烤箱上烘烤。他的微小农业上的部分收入被用来支付他们的地租，而地租是永久性的且不可赎回。

不管他干什么，他都会遭遇邻人设置在他的路上的骚扰，干涉他的幸福，阻止他的工作，吞噬他的出产。当他对付过他们后，另外一些人，身穿黑袍，也来了，带走了他的收获的最大份额。请想象一下这个人的境况、需求、性格和激情，如果你可以的话，计算一下他在自己的心里所蓄积的仇恨与嫉妒总量。

封建制度虽然不再是一种政治制度，却保留了我们的民事制度中的最大部分。虽然它减少了，但唤起的仇恨远多于从前。因此，千真万确，中世纪制度的部分毁灭使得这些残余的制度更加令人生厌。

第二章　为什么行政集权制是旧制度的一种体制，而非一些人所说的，是大革命或帝国的一种产物

回到我们在法国拥有政治议会的时代，我曾经听到一位演说家把行政集权制称作"大革命值得赞赏的一项胜利，为此，我们被欧洲所羡慕"。我准备承认，集权制是一项值得赞赏的胜利，我们为此而被欧洲所艳羡，但是，我坚称，它不是大革命的一项胜利。相反，它是旧制度的一项产物，而且，我还要补充的是，它是在大革命中所幸存的旧制度的政治制度的仅存部分，因为，只有它能够适应大革命所创造的崭新社会状态。如果读者有耐心读完本章，他或许会发现，我用过于充足的证据证明了我的论点。

首先，如果我忽视了现在所谓的**三级会议行省**（pays d'états），即自我管理的省份，或者依然看起来至少部分地实行自我管理的省份，我乞求读者的见谅。

三级会议行省占据王国的遥远领土，几乎拥有法国总人口的四分之一，只有在其中两个省份，省自由权（provincial liberty）实际上依然存活。我在后文中将会表明，中央政府在何种程度上让它们像国家的其他省份一样服从同样的规章。

在这里，我主要关注的是在当时的行政语言中被称作**财政区行省**（pays d'élection）的那些省份，尽管选举在那里比在其他地方更少见。它们完全围绕着巴黎。它们形成了一个连续的地区，不仅构成了法国的心脏，也是它最繁荣的部分。

乍看起来，旧的王国管理让人惊诧的是它的彻底多样化：它的规则的多样化，它的权威的多样化，权力的一种真正的大杂烩。法国遍布着

39

40

行政机构和孤立的官员，没有人从属于其他人，所有人都根据他们所购买的不能被收回的某一权力参与政府。他们的功能常常相互重叠，或者彼此渗透，以至于他们处理的是非常相关的事务，导致经常产生摩擦与冲突。

法庭间接地行使立法权力。它们有权利在其管辖范围内发布可实施的强制性行政规章。有时，它们挑战中央行政机关，直接谴责其政策，逮捕其代理人。地方法官在其居住的城市和乡镇中发布治安规章。

城市的体制非常多样化。它们的行政官员拥有多种名称，从不同的源头获得其权力：在这里是市长，在那里是执政官（consuls），在其他地方是市政委员（aldermen）。一些人是被国王选定的，另一些人是被旧有的领主或者拥有采邑的王室亲王选定的。一些人是被自己的同胞公民所选举的，任期一年，而另一些人则是购买了永远统治的权利。

这些是旧有权力的残余物。然而，渐渐地，在它们中间出现了或者形成了某种相对较新的东西，我现在必须对此加以描述。

在王国的中心，接近王位的地方，一种特别有权的行政机构，即御前会议（King's Council）成形了；在它的内部，权力以一种新颖的方式被集中起来。

它的根子是古老的，但它的大部分功能是新近的。它同时是许多事物：一个最高法院，因为有权利撤销所有普通法院（regular courts）的判决；一个最高行政法庭（administrative tribunal），对于所有较低的司法权具有受理上诉的权力。作为一个政府委员会，它也拥有在国王权威之下的立法权力；它提出和讨论大部分法律，确定和分配税收。作为最高的行政委员会，它有权力确定指导政府官员的一般规章。它决定所有重要的事务，并监督所有下级权威的工作。所有政府事务最终都被置于御前会议之前，让所有政府车轮运转的动力就来自它。然而，它自己没有管辖权。只有国王本人才能做出决定，尽管决定似乎是从御前会议发出的。即使它似乎独自拥有司法权，如同高等法院（Parlement）在其一份谏议书中所言，它却完全是由**意见提供者**（donneurs d'avis）组成的。

御前会议的成员不是大领主，而是中等到低等出身的人，以前的总督，和其他服务于国王意志并在实际事务上娴熟的人。

御前会议通常静静地和谨慎地采取行动，其所展现出的外表总是不如其权力之辉煌。它自己不会造成重大的影响，不如说，它在和它密切相连的王位的光彩前黯然失色。它有权插手一切事情，同时它又是如此默默无闻，以至于历史几乎注意不到它。

就像国家的整个行政都被单独一个机构所指导一样，所有的内部事务被委托给单独一个代理人，即**财政总监**（comptroller general）。

如果你打开旧制度的年鉴，你就会发现，每个省都有自己的特定大臣，但是，当你考察行政记录时，你很快就会发现，省大臣的行动机会很少，也相对不重要。常规事务是被财政总监所指导的，他渐渐地接管了和金钱有关的所有事务，这项事务几乎可以说是公共行政的全部。人们会发现，他这时扮演着财政部长的角色，这时扮演着内务大臣、商务大臣或者公共工程大臣的角色。

就像中央行政在巴黎实际上只有一位代理人一样，在每个省，它也只有单独一个代理人。在 18 世纪，你依然会看到大领主享有**省长**（provincial governor）的头衔。他们是封建王室古老的和常常世袭的代表。尽管他们依然被授予荣誉，他们不再有任何权力了。所有的政府实体都被托付给**总督**（intendant）。

后者是一个具有普通出身的人，总是来自省外，年轻，然而已在世上留名。他不是通过选举、出身或者官职购买而行使权力。他是由政府在行政法院（State Council）的下级成员中遴选出来的，可以被随时撤换。离开这个机构后，他成为了它的代表，因为这个原因，根据当时的行政语言，他被称作一个"助理专员"（seconded commissioner）。行政法院自身所拥有的几乎所有权力都被置于他的手中，他从初审时就开始行使它们。像行政法院一样，他既是行政官员，又是法官。总督同所有的大臣通信。在省境内，他在每个方面都是政府意志的唯一代理人。

在他手下，被他在每个县所任命的官员被称作**总督助理**（subdelegate），可以随时被撤换。总督通常是一位新封贵族；总督助理总是一位平民。然而，在被分派的小区域内，他代表整个政府，就像总督在其较大区域，即**财政区**（généralité）内代表整个政府一样。他是总督的下属，就像总督是大臣的下属一样。

达尔让松侯爵（marquis d'Argenson）在他的回忆录中讲到，约

42

翰·劳（John Law）①曾对他说："我从来不会相信我作为财政审计官所看到的东西。事实就是，法兰西王国被三十个总督所统治。你们没有高等法院，没有等级会议，也没有省长。三十个**行政法院审查官**（maîtres des requêtes）被派遣到各省，幸福还是不幸，富裕还是贫穷，系于这三十个人于一身。"

　　然而，这些非常有权的官员被旧的封建贵族制的残余所荫蔽，在它们的残留光辉中几乎黯然失色。这就是时人几乎注意不到他们的原因，尽管他们已经插手一切了。在社会上，贵族同他们相比，享有等级、财富和尊重等好处，这些好处依然同古老的事物联系在一起。在政府中，贵族阶级簇拥着国王，构成他的宫廷。它指挥着海军，领导着陆军。简而言之，它所做的那些事情最为强烈地刺激着时人的眼睛，在许多情况中依然吸引着子孙后代的目光。一位大领主如果得知他要被任命到总督的岗位上，就会认为是一种侮辱。即使是出身最为贫寒的绅士也有可能蔑视这样一个官员。在他的眼中，总督是外来权力的代表，是被指派统治资产阶级和农民的新人，在社会上不受关注。然而，我们将要看到的，像劳所说的，这些人统治着法国。

　　让我们从税收权力谈起，在某种意义上，它包含着所有其他权力。

　　我们所熟知的是，一些税务是由税收承包人所征收的。为达此目的，国王的御前会议同金融公司进行协商，确定契约的条款，并且制定征收方式。所有其他的税收，比如，**军役税**（taille），**人头税**（capitation）和**二十分之一税**（vingtièmes），是由中央行政机关的官员所直接确立和征收的，或者是在他们的全权监督之下进行的。

43　　每年，御前会议发布一项秘密决议，确定军役税的数量和它的许多附属税，还有它在各省中的分配。这样，军役税在逐年增长，但得不到任何事先的通知。

　　由于军役税是一项古老的税种，以前，它的评估与征收被委托给地方官员，他们或多或少独立于政府，因为他们是凭借出身或者选举才行使自己的权力，或者因为他们的官职是购买的。在这些官员中，有领主、教区税务征收员、法国司库和被选举的官员。这些官职在 18 世纪依然

---

① 约翰·劳（1671—1729），苏格兰裔金融家和投机家，法国财政总监。在法国引入纸币，被认为引发了通货膨胀。——译者

存在，但是到了那个时候，一些人对于军役税已经绝对无所作为，而另一些人只能扮演非常小的和完全从属的角色。在各种情况中，权力完全掌握在总督及其代理人之手。实际上，只有他才能在教区中分配军役税，指导和监督收税员，并批准缓征与减征。

其他税收，比如人头税，是新近的税种，所以，政府不会受到残余的旧权力的妨碍。它自行其是，不会受到被统治者的干涉。财政总监、总督和御前会议确定税率。

现在让我们从金钱转向人。

一些人发现，法国人在大革命及以后的时代里能够那么顺从地忍受征兵的负担，这是多么令人吃惊。然而，要记住，他们长期以来已经习惯于此。在征兵制度之前，还有国民军制度（militia），即使国民军的必需数量不是很多，它的负担却更为沉重。农村青年们必须定期地参与抽签，以决定他们中的谁将在国民军队伍中服完六年的兵役。

由于国民军是一种相对现代的体制，不会有旧的封建权力对它有任何兴趣。所有活动都被完全委托给中央政府的代理人。御前会议确定队伍的总体规模和各省所提供的份额。总督决定每个教区征募人员的数目。总督助理主持抽签，听取免征的请求，决定哪些队员可以留在家中，哪些必须开拔，最后，把后者移交给军事当局。唯一的控诉途径是总督和国王的御前会议。

另外，在三级会议行省之外，所有的公共工程，甚至那些完全具有地方目的的工程，都是完全被中央政府的代理人所批准和管理的。

独立的地方权威，比如领主、地方财政局和公路检查员，的确存在，并且可以参与到地方行政事务的这个方面，但是，在大部分地方，这些旧的权力所做甚少，或者无所作为，只要随便浏览一下当时的行政文件就可发现这种情况。所有主要的公路甚至连接城镇的道路是以普遍税的收益来修建和维护的。国王的御前会议决定路线和资助合同。总督监督工程师的工作，总督助理征募实施计划所必需的劳工。只有最小的道路被留给古老的地方权力负责，结果，这些道路就不可通行了。

那时和现在一样，中央政府管理公共工程的主要代理人是桥梁与道路局（Department of Bridges and Roads）。尽管时间已逝，这方面竟然变化很小。这个部门拥有一个委员会和一所学校。它的督察员每年在法国

44

各地巡回。它的工程师在总督的命令下管理所有的建筑工程。旧制度更多的机构在新社会出现时幸存下来，数量超出通常的想象，但是许多在转型过程中失去了自己的名称，即使它们还保留着自己的正式组织。然而，这个部门依然两者兼备：一种少见的现象。

中央政府在它的代理人的帮助下，承担了在各省维护法律与秩序的责任。在整个王国分布着小队的警察，这些队伍在总督的指挥下活动。总督使用这些警察，必要时使用军队，对难以预见的威胁做出回应，逮捕流浪者，控制乞讨，镇压针对波动的粮价所经常爆发的骚乱。政府从来不会像它在过去所做的，号召被统治者帮助它完成这些方面的任务，除非是在城市里，那里通常有某种城市卫队，士兵是被总督挑选的，其军官是由他任命的。

司法机构保留了发布治安条例的权利，并常常行使这项权力，但是，它们只能适用于国家的一部分地区，的确，通常适用于单独一个地方。国王的御前会议总是取消这些条例，当它们来自于较低的法庭时就经常这样做。同时，它每天都在发布适用于整个王国的一般性规章，其中一些所处理的事务超出了法院所调整的事务的范围，而另外一些处理的是同样的事务，但采用了不同的方式。这些规章，或者（那个时代它们的称呼）御前会议裁决，数目庞大，并且随着大革命的逼近，在稳步地增加。在大革命之前的四十年里，几乎法国社会经济或政治组织的每个方面，没有不被御前会议的裁决所触及。

在旧的封建社会中，如果领主拥有重大的权利，他也要承受重大的负担。在其领地范围内帮助穷人，正是他的责任。在普鲁士1795年的法典中，我们发现了这种旧有的欧洲法律的最后一点遗迹，它规定："领主应该关注的是，穷苦的农民要受到教育。只要有可能，他就要为那些他的没有土地的附庸提供生存手段。如果有人跌入贫困之中，他应该向他们提供救助。"

在欧洲，相当长的时间里，已经没有类似的法律存在。因为领主被剥夺了他以前的权力，他也就摆脱了他以前的义务。没有地方权威、委员会或省与教区协会取代他的位置。已经不再有人在法律的约束下照料农村的穷人。中央政府匆忙地承担起了满足他们需要的唯一责任。

每年，国王的御前会议将来自普遍税收益的一定金额拨给每个省，尔后，总督把它们分配给教区，用来救济穷人。贫穷的农夫不得不向他寻求帮助。在荒年，正是总督命令将小麦和稻米分发给人民。御前会议每年都要指定某些建立慈善工场的地方，最贫穷的农民可以在那里找到工作，以便获得一份可怜的工资。可以很容易地想到，从这么远的地方所分发的慈善必然常常是盲目的，或者任意的，并且总是相当不足。

中央政府并不把自己限于救助苦难中的农民。它致力于教会他们如何致富的艺术，还帮助并且（如果有必要）强迫他们这样做。为达此目的，它还要求它的总督与总督助理不时地分发有关农业艺术的小册子。它建立农业协会，提供奖金，花费大量金额建立苗圃和分发苗圃产品。在减少农业所承受的负担或者减低负担的不平等上，或许它会更有效率，但是，似乎从来没有任何人有这样的想法。

在一些情况中，御前会议努力迫使人们发家致富，而无视他们对此如何感想。有无数的法令规定工匠要采用某些方法和生产某些产品。46 此外，由于没有足够的总督实施所有这些规定，工业总监（inspectors general of industry）被派到各省，助其一臂之力。

御前会议也发布命令，禁止在土地上种植某些作物，认为这些土地不适合这些作物。人们甚至会发现一些命令，这些命令要求拔掉在御前会议认为贫瘠的土地上所种植的葡萄树。这表明，在某种程度上政府已经从统治者的角色转变为监护人的角色了。

第三章　今天所谓的行政监护制度何以是旧制度的一种体制

　　在法国，城市自由比封建主义延续更久。在一个领主不再管理农村的时代里，城市还维持着自我统治的权利。直到 17 世纪末，城市依然像一个小型的民主共和国，在其中，官员由全体人民自由选举并向他们负责；城市生活公开而活跃；市民对他们的共同权利拥有自豪感，并对他们的城市独立保持相当警觉。

　　直到 1692 年，选举才第一次被普遍废除。然后，城市的职责被转移到鬻买的官员手中，这意味着在每个城市中，国王向少数居民出卖了永久统治其他居民的权利。

　　这种变化牺牲掉了城市的繁荣，还有它们的自由。公共职责转交给鬻买的官员，对于朝廷而言，常常表明是有利的，因为一个良好的司法体系的首要必备条件是，法官必须完全独立。尽管如此，当这种情况涉及严格意义上的行政管理时，却总会造成严重的伤害，在这里，极为重要的必需条件是责任、等级与热情。旧的君主政府对于这种后果不存任何幻想：它自己小心翼翼，不去采纳被它强加给城市的这种政体，它力避把总督助理和总督的职责转交给鬻买的官员。

　　此外，值得历史大加蔑视的是这样的事实：这种真正的革命性变化是在人们的头脑中没有任何政治目的的情况下被引入的。路易十一削弱了城市自由，因为他恐惧它们的民主特色。路易十四并不害怕城市自由，然而却摧毁了它们。这是实情，证据可以在这样的事实中看到：他愿意把这些自由卖回能够为此出价的任何城市。实际上，他的意图不是要废除它们而是要用它们进行交易，而且，如果他废除了它们，这样的做法也是不经意完成的，完全出自一种有利可图的财政政策。颇为奇怪的是，这种游戏持续了八十年。在这段时间中，向城市分别出卖了七次选举自己的官员的权利，一旦城市品尝到这种权利的味道时，这种权利就又被收回并再次被出售。这种政策的动机总是一样的，并且在许多情况下是公开的。1722 年法令的开端这样说："我们的财政紧急状态迫使我们寻找摆脱它们的最稳妥的方法。"方法是稳妥的，但是，对于那些忍受了这种奇特捐税负担的人而言，也是具有毁灭性的。"我被在不同时间用来购买城市官职的庞大金额所震撼。"一位总督在 1764 年写给财政总监的信中写道。"这些资金如果花费在有益的工程上，将会为城市造就利润，然而城市只感受到了当局的重负和这些官员所享有的特权。"我在旧制度中再也找不到比这种特色更为无耻的了。

精确地描述 18 世纪的城市是如何被治理的，今天似乎很困难。我们刚刚看到，城市权力的源头在不停地变化。除了这个事实，每个城市都保留了以前体制与地方习惯的遗迹。或许，在法国，没有任何两个城市是绝对相像的，但是，这种多样性是虚假的，隐藏着一种根本的相似性。

1764 年，政府试图对城市行政实施一项普遍法律。它要求它的总督就每个城市的运作方式写出报告。我读过一部分这种调查后发现，城市事务在各处都是以同样的方式被处理的。差别仅仅是表层的，一种表面现象；实际情况是相同的。

城市政府通常被委托给两个议会。在所有大城市和大部分小城市中，情况都是如此。

第一个议会由市政官员构成，其数目在不同地方有所变化。这是城市的行政权力，被称作**城市理事会**（town council）。当国王允许选举的时候，或者当城市能够买回它的市政官员的时候，这个议会的成员行使临时性权力，受到选举的支配。相比而言，当国王决定选择鬻买的官职，并且成功地把它们卖掉的时候，官员们就以现金作为交换，永远地拥有他们的职位。但是，官职并不总是能够卖掉，因为，当市政权威在中央的控制下逐步下降的时候，这件商品就日益贬值起来。不存在市政官员获得薪金的情况，但是，他们总是能够享有某些纳税豁免权和特权。在他们中间不存在等级：行政管理是集体行使的。单个的官员不负责事务也不为此承担责任。市长是城市理事会的主席，但不是城市的行政官。

第二个议会，被称作**全民议会**（general assembly），在选举依旧存在的地方选举城市理事会，并且在各个城市继续干涉城市主要事务。

在 15 世纪，全民议会常常包括生活在城市中的每个人。根据在前文提到的调查中的报告之一，这种做法"符合我们祖先的大众精神"。人民作为一个整体选举市政官员。在那些年代，人民也在其他事务上被征求意见，官员要向人民负责。17 世纪末，这种事态在一些地方依然存在。

在 18 世纪，全民议会不再由作为一个团体而采取行动的全体人民构成。它几乎总是实行代议制。然而，需要认真深思的是这样的事实：在所有地方，全民议会不再由人民大众所选举并渗透它的精神。在所有地方，它都由**显贵**（notables）构成，一些人是由于属于他们个人的权利而拥有成员资格，而另一些人是作为行会或公司的代表而服务，他们在强制委托权之下代表这些团体。

随着这个世纪的推移，拥有这个议会的成员资格的显贵的人数增加了。代表商业行会的代理人越来越少，或者不再出席会议。只有一些人造团体（corps）的代表还可以找到。换句话说，这个议会现在只包含属于城市精英（urban elite）①的市民，几乎没有工匠。人民不像一些人所认为的，可以轻易地被仅仅自由的表象所愚弄，他们在各地都失去了对城市事务的兴趣，像陌生人一样生活在他们自己的城市围墙内。有时，官员们试图徒劳地恢复城市爱国主义（municipal patriotism），它曾经在中世纪造就如此奇迹，但人民对他们的呼吁听而不闻，对于最重要的事务似乎毫不介意。在一些城市，如果官员们觉得必须要维持自由选举的外表，他们就试图说服人民去投票。人们倔强地加以逃避。几乎所有着手摧毁自由的统治者最初都试图保持它的形式。从奥古斯都时代到当代，这都是实情。他们希望以这样的方式，把公共认可所固有的道德力量同绝对权力所特有的优势结合起来。然而，几乎所有这样的企图都失败了，因为他们很快发现，当现实情况已经发生变化，要长期保持这样一种虚假外表是不可能的。

50

---

① 即资产阶级（Bourgeois）。为了避免同后文中所使用的术语资产阶级相混淆，我在这里把它转换为"城市精英"。根据《罗伯特词典》，在旧制度下，一个资产阶级是"一个这样的人，他不属于教士和贵族，他不用手劳作，并且拥有财产"。

因此，到了 18 世纪，城市政府在各地都已经堕落为一种小型的寡头政体。少数几个家庭出于私人目的而指导着所有公共事务，远离公众视线，不向人民负责。这是一种折磨整个法国的城市管理的疾病。所有的总督都报告了这一点，但他们所能想到的唯一疗方就是，让地方权威接受中央政府更大的控制。

　　然而，要在这件事上比以前做得更好，是困难的。不但一些法令不时地改变所有城市的管理，而且在总督的推动下，和特定城市相关的特殊法律常常被国王的御前会议所发布的专断的规章所推翻，而且这样做的时候，没有提前的调研，有时甚至不为城市居民本人所知。

　　某个城市的居民受到了这样一种法令的影响，他们评论道："这种措施让城市中各等级的市民震惊，没有人会想到这样一种事情。"

　　如果没有以总督的报告为基础的一项御前会议的法令，城市就不能确立通行费，征收税金，抵押或出售财产，提起诉讼，出租或管理资源，或者使用多余收入。所有的公共工程都是以方案为基础，预算要得到御前会议的核准。契约由总督或者总督助理所资助，并且通常被一位国家工程师或建筑师所监督。一些人相信，我们今天在法国看到的所有事情都是新颖的，这些事实会让他们吃惊。

　　中央政府已经渗透到城市管理中去，甚至超出我们的探讨所揭示的深度。实际上，中央政府的权力远比它自身的权利更大更广泛。

　　大约这个世纪的中期，财政总监送给所有总督一份备忘录，让我们关注一下它："你们要密切地关注发生在城市议会中的所有事情。你们要认真准备有关所有审议的详细报告，在采取任何行动之前，连同你们的建议，一同把它们送给我。"

　　的确，在总督及其助理之间的通信表明，政府插手了所有城市的城市事务，从最小的到最大的。每件事都要求教于它，它对于每件事都有坚定的意见。它的规定甚至扩张到节日庆祝。的确，有时正是政府自己坚持要举行公共庆祝活动，并且规定点燃火把和照亮房屋。我发现一个总督向地方卫队的一名成员课以二十里弗的罚款，因为他在唱感恩赞美诗（Te Deum）时不在场。

　　因此，城市官员意识到了他们的无足轻重。

　　他们中的一些人写信给一个总督："我的大人，我们最谦卑地乞求

51

您给予我们仁慈与庇护。我们将通过努力服从阁下的命令，而不负这些眷顾。"

"我们从来没有对抗过您的旨意，我的大人。"另一些人这样写道。他们依然给自己戴上光彩的头衔："城市贵族"。

资产阶级准备要统治，人民准备要自由，这就是表现。

城市这样严谨的服从要是能够挽救它们的财政该多好呀！但是，事情并非这样。一些人认为，没有中央集权，城市自身将会很快没落。我不知道这种情况是否属实，但是，无疑，在18世纪，中央集权制并没有阻止它们走向没落。这个时代它们的行政史中充满了杂乱无章的事务。

如果我们从城市转向乡村，我们会发现不同的权威和不同的政治形式，但都具有同样的依附性。

我明确地意识到了这样的迹象：在中世纪，每个乡村的居民构成了一种独立于领主的共同体。领主利用这种共同体，对它的活动保持监督，并且统治着它。但是，它拥有某些公共财产，选举它自己的领导人，并且以民主方式自我管理。

在所有封建国家，在带有封建国家法律遗迹的所有地区，这种旧的教区体制那时还存在着。在整个英国，我们发现了这种痕迹。弗里德里希大帝的法典中记录得很清楚，近至六十年前，它还继续在德国盛行。甚至在法国的18世纪，其踪迹依然存在。

我想起，当我开始在旧制度的一个总督辖区（intendance）的档案中研究教区的时候，我惊讶地发现，在这些贫穷的、驯服的共同体中，有一些特色让我如此强烈地想起北美的乡镇，我错认为这是当时的新世界所独有的特色。两者都没有一种常设的代议机关，一种严格意义上的城市理事会。两者都被官员们所管理，官员们在作为一个整体的共同体的指导下单独采取行动。有时，两者都拥有全民议会，所有居民与会选举他们的官员并做出重要的决定。简而言之，两者之间的相似性，就像一个活的个体和一个它的尸体一样相近。

的确，尽管这两类共同体具有不同的命运，两者却具有共同的起源。

中世纪的农村教区一次性地远离封建主义，并被授予对于自己的绝对支配权，于是，就变成新英格兰的乡镇。它被人们同领主分开，但被握在国家强大的手腕之中，这就是它在法国的情形，我现在就加以描述。

52

在 18 世纪，教区官员的数目和名称在省与省之间有所变化。旧的文献表明，当地方生活最为活跃之时，地方官员的数目就最多。随着地方生活变得死气沉沉，它们的数目就降低了。在 18 世纪的大部分教区，只保留两种官员：收税员（collector）和理事（syndic）。这些市政官员通常依然是由选举产生，或者被认为是由选举产生，但在所有地方，他们都成为了国家的工具而非共同体的代表。收税员根据来自总督的直接命令征收军役税。理事，被置于总督助理的日常监督之下，在所有和公共秩序或者政府相关的活动中代表他。在有关国民军、国家公共工程和所有普通法的实施上，他是总督助理的首要代理人。

我们已经看到，领主远离所有这些政府琐碎事务。他甚至不再对它们保持戒备的目光。在治理上，他不会伸出任何援手。不仅如此，随着他的权力逐步地毁灭，以前他用来维持自己的权力的努力，现在对于他似乎也没有价值了。最终，如果他受邀参与地方政府，他的自尊反而会受到伤害。尽管他不再统治，他在教区的存在和他的特权阻止了一个良好的教区政府的建立，以取代他的统治。单独一个人，如此不同于其他人，如此独来独往，如此近水楼台，摧毁或者削弱了所有规则的力量。

我在后文将会表明，领主的存在几乎将所有富有和有知的人驱往了城市，所以，除了领主本人，只有一群粗野和无知的农民留在了农村，他们没有能力负责公共事务的管理。蒂尔戈的说法恰如其分，"一个教区就是一片棚屋，被同样消极的人们所居住。"

18 世纪的行政文献中充满了对无能、懒惰和无知的教区收税员与理事的抱怨。大臣、总督、总督助理，甚至贵族，都在无穷尽地抱怨这种事态，但是，没有人追踪其根源。

直到大革命前，法国农村教区的政府还保持着中世纪它所拥有的民主面貌。当到了选举市政官员或讨论某一共同体事项的时候，乡村的钟声会把农民召唤到教堂的门前。在这里，穷人和富人都有权利出席。的确，当所有人集合起来时，既不会有协商，也不会有投票。但是，每个人都可以发表自己的意见。一个公证人被召来，目的是把这个露天论坛的发言作为会议记录记下来。

当我们认出这些空洞的自由外表同真正权力的缺乏共存的时候，我

53

们就已经在较小的规模上看到了：最为专制的统治如何同某些最为极端的民主形式结合在一起，由于人们注意不到压迫，压迫会同对压迫的反讽结合在一起。民主的教区议会的确能够表达自己的愿望，但是，同城市理事会相比，却不能拥有更多的权利做它愿意做的事情。甚至只有得到可以张口的允许，它才能够发言，因为除非得到总督明确的批准并且根据当时的说法被要求"随他所愿"的时候，它才能自由地开会。没有国王的御前会议的许可，甚至是一个意见一致的议会也不能够征税、买卖、出租或者控告。修葺被风吹破的教堂的屋顶，重建坍塌的教士住宅围墙，必须获得御前会议的一纸裁决。距离巴黎最为遥远的农村教区也像距离首都最近的那些农村教区一样，要受到这种规则的约束。我曾经遇到这样一些情况：一些教区为了支出二十五里弗而求得御前会议的批准。

54　　诚然，居民通常保留通过普选选举其官员的权利。但是，实情常常是，总督指派一个候选人，然后被这个小团体的投票人一致选出。在其他一些情况中，他抛弃自发举行的选举，自己任命收税员和理事，并且无限期地推迟任何新的选举。我发现了无数这种类型的案例。

不可能会想象出比这些地方官员的命运更为凄惨的命运。连中央政府最低级的代理人——总督助理都可以对他们颐指气使。他常常对他们课以罚金。有时还把他们投入牢狱。在其他地方依旧存在的保护公民对抗专制权力的保障在这里不再存在。1750 年，一个总督写道："我命令监禁心怀不满的社区的一些领导人，命令他们承担派遣骑警队的费用。这样，他们很容易就屈服了。"因此，教区官员不被视为荣耀，而被视为要千方百计借口加以推脱的负担。

然而，农民依然珍视旧的教区政府中的这些最后的残留物，甚至今日，他们真正理解的唯一公共自由就是教区自由（parish liberty）。这是他们真正感兴趣的唯一公共事务。一个人可以相当乐意把整个国家的政府置于独裁者之手，但如果同一个人想到在他村庄的行政中没有发言权，却会不寒而栗。这就是最为空洞的政治形式所具有的残余影响力。

我刚才所说的有关城市和教区的情况肯定可以用于几乎所有独立存在并拥有共同财产的法人团体。

旧制度下的形势如同今日：在法国所有地方，没有城市、乡镇、村庄或村子（不管多小），没有医院、工厂、修道院或学校，被允许独立地管理自己的私有事务，或者随其所愿地管理自己的财产。那时和现在一样，所有的法国公民在政府监护之下劳作。如果蛮横这个词语那时还没有出现的话，事实本身就已经存在了。

第四章　为什么说行政法院和公共官员的豁免权是旧制度的体制

没有哪个欧洲国家的普通法院比法国的普通法院对于政府更不屈从，但是，出于同样的原因，很少有其他国家比法国更经常地使用特别法庭。这两件事情密切地联系在一起，其密切程度超出了人们的想象。国王实际上对于法官的命运没有影响力。他不能撤换他们、调离他们，或甚至作为一种通行规则，提拔他们。简而言之，他无法控制他们，不管是利用前程或者恐吓。他很快就把这种独立性视作对自己意志的一种妨碍。因此，他被迫比在其他地方更多地否认他们对一些案件的管辖权，这些案件同王室权力直接冲突，并且为了他自己的私人目的，在普通法院旁边创设一种更加顺从的法庭，这种法庭为他的臣民提供一种正义的表象而不会让他恐惧它的存在。

在一些地方，包括德意志的某些地区，普通法庭从未像那个时代的法国法庭一样独立于政府，所以，这样的防范措施没有被采纳，行政法院从来不存在。国王对于法官已经行使足够的权力，所以他不需要**专员**（commissaires）——法国行政法官的称呼。

如果你不惮麻烦，阅读一下君主政体最后一个世纪里所公布的王室法令与公告，还有在同一时间所发布的王室御前会议命令，你就会发现，56政府在采取一项决定后，很少不这样说：由此所出现的任何质疑和所引起的任何争讼都应一律由总督和国王的御前会议处理："国王陛下进而做出规定，由于本法令的执行所导致的任何争端，以及和它有关的或它所产生的任何事情，都应该提请总督的关注，由他来裁决，并接受向御前会议的上诉。我们禁止我们的法庭和法官参与相关的裁决。"这是通常的

套话。

对于一些归古老法律与习俗调整的事务，这样的防范措施没有被采用。在这样的事务中，国王的御前会议经常采取一种叫作**提审**（évocation）的程序加以干预，即政府对于有利害关系的案件，会剥夺普通法官的管辖权，并且把它亲手交给御前会议。御前会议的记录中充满了使用这种特殊程序的法令。渐渐地，例外就变成了常规，实践就变成了理论。在运用法律的那些人的头脑中，而不是在法律中，确立起了一种既定的原则，（似乎）一项国家管理原理，即涉及公共利益的事情或对行政行为进行解释而产生的事情，不能归入普通法官的管辖之下，他们的角色只不过是裁决私人利益相互竞争的案件。在这个领域，我们所做的只不过是发现了一项规则，正是旧制度提出了这个观念。

在那些日子里，有关税收的大部分争议都归入到了总督和御前会议的专有管辖权之下。有关交通、公共运输、公路、河流航运等规则所引起的所有争端，情况也是这样。一般而言，公共权威感兴趣的任何案件都被带到行政法院之前。

总督尽心竭力、无穷无尽地扩张这种特殊管辖权。他们提醒财政总监，督促国王的御前会议。其中一位官员给出了获取提审权的理由，值得关注，"普通法官，"他说，"从属于固定的规则，这迫使他制裁非法的行为，但是，御前会议却总是可以为了有益的目的而违背规则。"

在履行这项原则时，总督和御前会议负责的案件常常和公共行政仅仅具有非常微弱的联系，或者根本没有联系。一位贵族，陷入和他邻人的一场争端中，对于他的法官的裁决感到不快，请求御前会议在这个案件中使用管辖权。总督因之得到求教，他的回答是："尽管这个案件仅仅涉及属于法庭管辖的私人权利，但是，如果国王陛下决定不需要任何解释理由而要求任何案件的管辖权，他就可以这样做。"

通过这种提审权，任何一个底层阶级的人如果由于某一暴力行为扰乱了和平，他常常被带到总督或者警察队长之前接受审判。由于谷物价格飞涨常常引爆的大部分骚乱导致了这种提审权。于是，总督亲自挑选某些具有大学学位的人，作为某种省理事会参与刑事审判程序。我发现，以这种方式所发布的一些判决可以判处人们劳役甚至死刑。总督作为法官所出席的刑事审判在 17 世纪末依然常见。

现代法理学家让我们确信，自从大革命以来，在行政法中出现了巨大的进步，"以前，"他们说，"司法与行政权力是混淆的。从此，差别被确立起来，每一种权力都回到了它的合适位置。"为了正确地理解这些学术权威念兹在兹的进步，人们不能忘记，尽管旧制度中的司法权力反复地超越它本来的权威范围，它却从来没有填满这个范围。任何人如果仅仅看到了这种现象的一个方面，而没有看到另一个方面，他就会对主题得出一种不充分的和扭曲的观点。有时候，法庭被允许发布行政规章，尽管这样做明显超出其管辖权。在其他时候，它们被禁止审判实际上属于私人诉讼的案件，尽管这样做是要把它们从自己的正当范围中排除出去。的确，我们已经将法庭从行政范围内驱逐出去，而在旧制度下，它们不恰当地被纳入这种范围。但是同时，如同我们所见，政府反复地侵犯本来属于法庭的范围，并且我们允许它待在那里，仿佛权力在这一方的混乱没有在另一方的混乱一样危险。或许甚至更加危险，因为，法庭对于行政事务的干预只会损害效率，而行政对于法庭的干预会腐败人民，同时让他们具有革命性与奴性。

在过去的六十年间被法国所长期采纳的九个或十个宪法中，有一个明确地规定，如果没有事先的批准，行政官员不能在普通法庭之前接受审判。这项条款明显是如此高妙，所以，当它作为其中一部分的宪法被抛弃的时候，人们又小心翼翼地把它从废墟中捡起来，并且从此以后，人们又努力地保护它免受革命的影响。行政官员依旧习惯性地把这项条款所给予他们的特权视为1789年的伟大战果之一。但是，在这个问题上，他们也错了，因为旧的君主政府就像今日的政府一样，奋力地保护它的官员，免遭像普通公民一样在法庭中为自己的行动辩护的不快事情。在这两个阶段之间的唯一基本差别是：在大革命之前，政府只能靠求助于不正当的和专断的措施来保护自己的代理人，而从那以后，它拥有了允许他们违背法律的合法权力。

一旦旧制度的法庭试图起诉中央政府的一位代表，国王的御前会议通常就会发布一项法令，把受指控者带离法官之手，并且把他送到由御前会议所任命的专员面前，因为，据这个时代的一位国家顾问所言，受到这种攻击的行政官员会发现，普通法庭的法官对他具有偏见，国王的权威会被危及。这种提审活动不是不常见，而是日常事件。它们不仅涉及政府的高官要员，而且也涉及微末小官。哪怕和行政机关具有最为微弱的联系，就足以让人们除了行政机关自身以外而无所畏惧。一个被桥梁与道路局所雇佣的工头监督具体的义务劳动，被一个受到他虐待的农民所指控。御前会议承接了这项案件的管辖权，并且总工程师送给总督一封私人信函："事实是，这个工头的行为的确应受谴责，但是，没有理由让案件毁掉工程的进度，因为，对于桥梁与道路局最为重要的事情是，普通法庭不应该听取或者接受这些承担义务劳动的人对于工头的抱怨。如果这项先例被允许了，公共工程将会被这种不断的诉讼所妨碍，而公众针对可疑官员的仇恨将会引起这种不断的诉讼。"

另一项案例涉及一个国家承包人从邻人的工地上拿走了建筑材料。在这起案件中，总督亲自向财政总监写信："把行政机关的承包人抛给普通法庭加以审判，我不敢夸大这样将会对行政机关的利益造成多大程度的损害，普通法庭的原则同行政机关的原则从来无法协调。"

这几行文字的确是在一个世纪前所写下的，然而，写下它们的行政官员仿佛就是我们的同时代人。

第五章　中央集权制如何能够渗透到旧的权力中，并且取而代之而不是将其摧毁

现在，让我们简要地概括一下前面几章所讲的内容：王国中心的单独一个团体控制着整个国家的公共行政；同一个大臣负责几乎所有的国内事务；在每一个省，单独一个代理人管理着所有巨细；不存在下属行政机构或任何其他类型的机构可以不需要事先的批准而行动；特别法庭审理同行政机关有关的所有诉讼，并且保护它的所有官员。如果这不是我们所熟悉的中央集权制，还是什么？它的正式机构同今日相比不太容易辨认，它的程序不太规范，它的存在不太活跃，但是，它是同一种事物。在这段时间间隔内，不必为它增加或者减少任何基本东西。如果清除掉它周围所树立的东西，就足以揭示我们今日所看到的东西。

我刚刚描绘过的大部分制度后来在许多不同地方被模仿，但在当时，它们对于法国而言是非常独特的，而且我们很快就会看到，它们对于法国大革命及其后续具有一种巨大的影响。

但是，这样一种新颖的制度设计如何才能在堆满封建社会瓦砾的法国建立起来？

这样一项任务要求耐心、技巧和时间，而非力量与无约束的权力。在大革命爆发之时，旧的行政大厦在法国几乎没有被摧毁。好像是在它的基础之上建立起了另一座大厦。

60 没有什么可以表明，旧制度的政府在从事这项艰难的劳作时，追随着一项深思熟虑的方案。它只是简单地服从某种本能，这种本能驱使所有政府试图垄断所有事物，尽管政府官员多种多样，这种本能却从不变化。它为旧的权力留下了古老的名称与荣誉，却渐渐地剥夺了它们的权威。它不会把它们从各自的权力座席上排挤出去，而是静悄悄地把它们

给引开。它利用了这个人的惰性，又利用了那个人的自私，从而取代他们的位置。它利用了他们所有的缺点，从来不会努力矫正这些缺点，而只是取而代之。到了最后，它实际上以单独一个官员几乎取代了他们所有人，这样一个官员就是总督，当他们出生时，这样一个官衔还不存在。

在旧制度的这项伟大事业中，只有司法权力成为拦路虎，但是在这里，中央政府又一次最终攫取到了权力的实质，而仅仅把权力的影子留给了对手。它并没有把高等法院从行政领域中排挤出去，但是，逐渐地扩张了它自己的活动，直到几乎没有什么空间留给任何其他事物。在某些例外的和短暂的形势中，比如，在食物短缺的时候，民众的激情会被作为野心勃勃的法官的平台，中央政府就允许高等法院暂时地进行统治，激起一片历史还不曾忘记的喧嚣声。但是，不久，它静悄悄地重新占据自己的位置，默默地重新要求它对于所有人与所有物的控制权。

当我们仔细地考察高等法院针对王室权力的斗争时，我们发现，双方几乎总是在政治地带而非行政地带发生冲突。争议通常因为一项新的税收而爆发。换句话说，两个对手争吵的和行政权力无关，而和立法权力有关，在这方面，一方所获取的权力和另一方一样少。

随着大革命的逼近，这些争吵日益常见起来。民众激情越是沸腾，巴黎的高等法院就越是干预政治；同时，由于中央权力及其代理人获得了经验与技巧，同一个高等法院在固有的行政事务中扮演着越来越小的角色。随着每一天的逝去，它越来越不再是一个行政机关，而更像是一个讲坛。

此外，时间也经常性地为中央政府开辟新的活动领域，法庭缺乏进入这样的领域的灵活性，因为这些领域所涉及的新问题没有先例存在，它们和法庭的常规工作格格不入。社会在做出飞跃进步之时，不断地提出新的需求，每一项新的需求都是中央政府一项新的权力来源，只有它才能够满足这些需求。即使法院的行政领域保持不变，中央政府的行政领域却在推移，它跟随着文明自身在稳步扩张。

迫近的大革命开始到处煽动法国人的头脑，激起千百种新的观念，而只有政府才能够加以回应。大革命在推翻政府之前，促进了它的发展。政府自身和所有其他事物一起得到了完善。如果人们研究了档案，这种情况就会显得格外惊人。1780 年的财政总监与总督和 1740 年的总督与财政总监不再有任何相像。行政机关已经被改造了。它的官员是一样的，但是，推动他们的精神已经变化了。随着它变得更加小心谨慎和包罗万象，它也变得更加有条不紊和耳目灵通。随着它对全面控制的要求接近尾声，它的压迫更少起来，它的引导更多起来。

大革命的第一次努力就是摧毁这种重大的制度——君主政体。它在1800年得以复辟。不管如何老生常谈，那时和以后，不是有关公共行政的1789年原则获胜了，而是其反面获胜了：旧制度的所有原则在那时被重新复兴，并且被保留下来。

如果有人问我，旧制度的这个部分如何能够毫发无损地传递下来，并被整合到新的社会中去，我会回答，中央集权制在大革命中没有被破坏的原因就是，它本身就是大革命的开端与标志。并且我会补充，当一个民族摧毁忝列其中的贵族政治时，它自身就在加速走向中央集权制。于是，它控制这种趋势的努力比滑向这种趋势的努力更少。在人民中间，所有权力都有一种成为唯一权力的倾向，只有大量的艺术才能使这些权力分裂。

因此，虽然民主革命摧毁了如此多的旧制度的体制，却必然要巩固这种体制。中央集权制在大革命所塑造的社会中如此自然地找到自己的位置，所以，人们很容易错把中央集权制当作大革命的成就之一。

第六章　旧制度下的行政民情

　　假如我们读到旧制度的一位总督同其上级与下属的通信，不可能不惊讶于在彼时与此时之间的制度相似性使得那个时代的行政官员相像今日的行政官员。他们似乎联手跨过了大革命的鸿沟。对于从属于他们管理的人民，我会说也属于同样的情况。至于立法力量对于人们头脑的影响，不会有比这更好的例证了。

　　大臣们已经获得的一种愿望是，亲自审视政府行动的每个细节，并且从巴黎指导一切事务。随着时间的流逝和行政方法的完善，这种激情也增加了。到了18世纪末，如果在某一偏远省份的一个遥远角落建立一处慈善工场，就不可能不会引起财政总监的关注，他会亲自监督工程的所有支出，起草管理工程的规章，选择它的地址。如果建立了一座济贫院，他就要知道被收容的乞丐的名字以及他们进去与出来的准确日期。到了这个世纪的中叶（1733），达尔让松先生写道："大臣必须处理的细节是庞大的。没有他们什么事情都不能做，除了他们什么事情都不能做。如果他们的知识没有他们的权力广泛，他们就被迫把所有事情留给办事员，办事员成为真正负责的人。"财政总监不仅要求关于政府事务的报告，而且也要求有关个体公民的细枝末节。然后，总督会转向他的助理要求 答案，他不会不把他们所告知他的逐字报告一遍，似乎他已亲自了解了情形。

　　为了从巴黎指导所有事情，并且从这里了解整个国家的事务，成百上千个新的控制手段不得不被发明出来。书面文件已是汗牛充栋，行政程序是如此之慢，以至于我从未发现，一个教区为了重建一座教堂尖塔或维修一座牧师住宅而可以在不到一年内获得批准。通常，在请求获准之前，两到三年已经过去了。

御前会议自己也在它的一项法令（日期为 1773 年 3 月 29 日）中观察到，"行政手续导致了无穷无尽的耽搁，并且造成太常见的无可厚非的抱怨。"它又说，"然而，所有这些手续却是必需的。"

我过去习惯认为，对于统计的爱好是今日的行政官员所特有的，但是，我错了。到了旧制度的末期，总督常常接到简短的印刷表格，所有他们必须做的事情被他们的助理和教区理事填满在这些表格上。财政总监所要求的一些报告涉及土地的性质、种植的作物、产品的类型与产量、牲畜的数量和地方工业与民情。这样所获得的信息，同现在的省长与市长在同样的情况中所提供的信息相比，几乎是更为详尽和更不可靠。在这些场合，总督助理对于他们治下的人民的品性，总是提出相当不客气的评语。他们常常评价道，"农民本性上是懒惰的，如果他不是被迫出于生存的目的就不会工作。"这种经济学信念在行政官员中相当盛行。

甚至就行政语言来说，这两个阶段也惊人地相似。两个阶段的风格是同样的乏味、浅薄、含糊和软弱。每个作者的个性消失，并被湮没在常见的平庸中。如果你阅读了今日省长的文字，你就已经阅读了昨日总督的文字。

然而，到了这个世纪末，当狄德罗与卢梭与众不同的风格缓慢传播并且渗透到通俗语言中的时候，两位作家作品中所充溢的强烈的多愁善感在行政官员甚至金融家中间获得了影响力。行政风格在色彩上通常相当乏味，于是，有时变得温和起来，并且几乎多情起来。一位总督助理向巴黎的总督抱怨，"在他履行职责的过程中，他常常会遭受撕裂心扉的痛苦，这是一个多愁善感的灵魂的心扉。"

政府那时候像今天一样，为教区分配某些慈善救助，条件是，居民本人要做出一定的贡献。如果他们贡献的数额充足，财政总监会在分配清单的边缘写上："好，表示满意。"但是，如果贡献的数额还要多，他会写上："好，表示满意与感动。"

行政官员几乎都是资产阶级，已经构成了一个具有自己的精神、传统、美德、荣誉和自尊的阶级。它是新社会的贵族，已经充分成形，并且在呼吸空气。它只是在等待大革命为它提供位置。

法国行政机关的特征是它对于所有人无差别的仇恨，这些人或者是贵族或者是资产阶级，是企图在其控制之外在公共事务中扮演角色的人。任何独立团体，不管多么渺小，只要表现出不想同它合作而组织起来的迹象，它就会感到害怕。任何自由结社，不管多么渺小和具有什么目的，都是一种苦恼之源。只有成员是根据它的意志挑选的并且它可以加以主宰的那些社团，才可以生存下来。甚至庞大的工业公司几乎也不让它满意。简而言之，它不打算让公民以任何方式干预对于他们自己事务的监督。它偏爱的是贫瘠而非竞争。但是，由于法国人总是需要一点放纵作为对其奴役的慰藉，政府就允许他们在有关宗教、哲学、伦理甚至政治的所有一般与抽象理论上相当自由地辩论。它相当愿意容忍对于那时的社会所依赖的基本原则的抨击，甚至对于上帝自身的讨论，前提是，它的最渺小的官员也不能遭受批评。它认为，这些事情和它完全无关。

尽管 18 世纪的报纸，它们那时被称作加泽特（gazettes），包含的诗歌多于辩论，行政机关也总是以一种相当嫉妒的眼光看待这种微末权力。尽管它对于书籍纵容，对于报纸却相当刻薄。由于它不能完全把它们取缔，就企图为了自己的专有目的而利用它们。我发现日期为 1761 年的一份通告，被发给王国的所有总督，它宣布，国王（路易十五）已经决定，《法兰西报》（*Gazette de France*）此后要完全处在政府关注的目光之下："国王陛下希望让这份报纸生动有趣，并且确保它优越于所有其他报纸。因此，你们要送给我一份简报，包括发生在你们地区的所有事情，或许让公众感兴趣的事情，特别是和自然科学或者自然历史有关的任何事情，还要包括不寻常的和有趣的事实。"这篇通告所附带的一份说明宣称，新的报纸应该比它所取代的报纸更经常地出版，包括更多的内容，然而应该让订户花费更少。

由于有了这些文件，总督向他的助理写信，命令他们加以贯彻。但是，他们的最初反应是他们一无所知。于是，从大臣这里又来了一封信，他对于外省的迟缓大加抱怨："国王陛下命令我告诉你们，他的意图是，你应该以最大的严肃态度对待这件事情，向你的官员发布最明确的命令。"这一次，总督助理们就悉听遵命了：其中一人报告，一个盐贩子被绞死，并且表现出了极大的勇气；另一个人报告，一个妇女一胎生了三个女儿；第三个人报告，发生了一场可怕的暴风雨，可是没有造成损害。

一个人宣称，尽管他做出了最大努力，却没有发现任何值得报告的事情，但是，他本人愿意订阅这样一份有益的报纸，并且将邀请所有可敬的人们这样做。然而，所有这些努力似乎收效甚微，因为我们从另一封信中得知，"国王本人，"据大臣说，"已经充分深入地研究了和报纸改良有关措施的细节，他想给予这份报纸应得的出类拔萃和显赫声名，但是，因为他的期望被如此严重挫伤而表达出了相当不悦。"

显然，历史是一座画廊，在其中，原创很少，复本很多。

此外，必须承认，法国中央政府从来不像南欧那些政府的做法，接管所有事情，然而似乎却到处散布贫瘠。法国政府在它的事业中常常表现出极大的智慧，并且总是极为活跃。但是，它的积极性常常劳而不获，甚至是有害的，因为它试图做的事情超出了它的能力，或超出了任何人的控制。

它极少采取或者很快就放弃最必要的改革，这种改革如果要成功，就需要持续的毅力，然而，它却不停地对规章与法律修修补补。在它的领域内，没有什么事情可以保持安定。新的规则以如此神速被彼此替代，66 以至于政府官员为了服从这样一种经常性的指挥，常常发现难以猜测需要什么种类的服从。市政官员向财政总监抱怨附属立法的极端不稳定性："单单财政规章就改变如此之快，以至于终生任职的城市官员也没有时间研究正在出现的新规章，最终，他要被迫忽视自己的常规责任。"

即使法律没有改变，它的实施方式也每天都在变化。如果你没有在旧制度留下的秘密档案中看到它的行政机关的运作，你就不会想象到在那些以执行法律为业的人的头脑中最终所形成的对法律的蔑视，因为在这样一个时代，没有长期的政治议会或报纸来调节大臣及其僚属反复无常的行动，或者约束他们专断的和轻薄的品性。

人们发现，御前会议的法令很少不提到以前的法律，这些法令常常是最近制定的，它们已经被公布了，但没有被执行。的确，没有一项敕令、王室宣言或庄重登记的专利证书不在实践中遭受屡次的修正。财政总监和总督所发出的信件表明，政府批准了它自己的法令中的无数例外。法律尽管没有被打破，却每天都以这样那样的方式得以变通，以适应特殊的案例和减轻政府自己的任务。

一位总督致函一位大臣，谈到一位国家承包商寻求豁免一项通行费：

"无疑，如果对我刚才引用的敕令与判决逐字地加以严格的诠释，王国中就没有人可以免除这些税费。精通这些事务的那些人知道，这些强制性措施和他们所附带的刑罚是一致的，然而，即使可以在涉及税收制度的所有敕令、宣言与判决中找到这些措施，这种情况也从来不能阻挡对于例外的批准。"

在这里，我们发现了旧制度的真相：僵硬的规则，松懈的实践。这就是它的特性。

任何人若根据对于那个时代的法律实体的考察来判断它的政府，就会跌入最愚蠢的错误中。我发现了一项署期为 1757 年的王室声明，它宣布，任何人若写下或者印制敌视宗教或者既定秩序的文本，就要被施以极刑。出售这样一本书的书商或者在其商品中兜售它的贩子也要受到同样的惩罚。我们或许回到了圣多米尼克（Saint Dominic）①的时代？不，它实际上是伏尔泰的时代。

一种常见的抱怨是，法国人对于法律没有敬意。唉，什么时候他们才能学会尊重它呢？在旧制度之下，法律理念在人们头脑中所占有的位置空空如也。这样说是公正的。每个请愿者都要求为了他的利益违背既定的规则，如此顽强和执著，就好像他在要求规则得到尊重一样。的确，除非是当局拒绝了这个人的请求，否则，法律问题是从来不会被他提出的。人民依旧彻底屈服于权威，但是，他们的服从是习惯的一种结果，而非意志的一种结果。如果由于某一原因他们被唤醒了，最微小的骚动也会马上导致暴力，这种暴力几乎总是被暴力和专断镇压而非法律所扑灭的。

在 18 世纪，法国的中央政府还需要获得它后来才会获得的健全的和有力的政体。然而，它已经摧毁了所有中间性权力（intermediary powers），在它和个体公民之间，已不再留下什么东西，只有一片辽阔的空地，所以，每个公民都远远地把它作为社会机器的主要动力，公共生活唯一的和必需的代理人。

这种现象的最好证据可以在政权诽谤者的文章中发现。随着大革命之前的痼疾开始出现症状，各种崭新的社会与政府理论跳出来了。改革

---

① 圣多米尼克（1170—1221），又译为圣多明我，为知识渊博的天主教圣职人员，创立圣多明我修会。——译者

者的目标是多样的，但他们的方法总是相同的。他们努力谋求中央政府之手扫清一切事物，并根据他们自己所设计的新计划将其加以重建。每个人都觉得，只有国家堪当此任。他们认为，国家权力应当像它的权利一样，不受限制。他们的唯一目的就是，劝说国家正确地使用它的权力。老米拉波（Mirabeau）[①]作为一个贵族，是如此迷恋贵族阶级的特权，以至于他坦率地把总督称作僭越者，并且声称，如果法官的任命权被完全交给政府，法庭将会很快变成"一帮特派员"。正是这样一个米拉波，把他所有的信心都放在中央政府的行动上，以便实现他的迷梦。

　　这些观念并没有被局限在书本中。它们渗入人民的头脑中，同他们的民情混在一起，影响到他们的习惯，并且到处渗透，一直进入每个人的日常活动中去。

　　除非是国家介入，否则，没有人认为任何一项重大工程会获得成功。农民一般是对教导愚顽不化的人，然而，甚至他们都开始认为，如果在农业上得不到改良，要主要归责于政府，它没有给予他们充足的建议与帮助。其中一个人给总督写信，所带的愤怒语气已经预示着大革命的来临："政府为什么不任命巡视员，每年视察一次各省，考察作物的生长，教导农民改良作物，讲解应该如何使用牲畜，应该如何饲养动物以满足市场，它们应该如何被养殖与出售，以及哪个市场行情最好？这些巡视员应该得到优厚的报酬。种田能手应该得到奖励。"

　　巡视员和奖品！萨福克郡（Suffolk）[②]的农民从来不会想到这个主意！

　　在多数人的眼中，实际情况已经是，只有政府才能够维持公共秩序。人民只害怕骑警，而地主也只信任他们。对于两者而言，警察不仅是秩序的主要捍卫者，而且就是秩序本身。吉耶纳省议会这样说："没有人不会注意到，只要骑警队出马，就足以制服那些最为无法无天的人。"因此，每个人都想要一队警察待在自己家门口。总督辖区的档案里充满了这种请求。似乎不会有人怀疑：在保护人背后就隐藏着主子。

　　来自法国的流亡者到达英国后，最为惊讶的发现就是缺少这种民兵组织。这种现象不仅让他们惊讶，而且有时还让他们蔑视英国。其中一

---

　　① 老米拉波（1715—1789），即维克托·德·里克蒂，法国政治经济学家，重农学派经济思想的先驱。为法国大革命家米拉波伯爵奥诺雷的父亲，人称老米拉波。——译者

　　② 萨福克郡，英国英格兰东部的一个郡，东临北海。——译者

个人，是一位值得敬重的人，但他所受的教育没有为他即将看到的做好准备，他写道："千真万确，一位英国人在受到抢劫后会告诉你，起码他的国家没有骑警队，并以此而自矜。另一个人，会对宁静生活被破坏感到气愤，然而却接受扰乱治安的反叛分子从羁押中被释放，依据是，对法律条文的尊重胜过所有其他的考虑。""这些错误的观念，"他又说，"肯定不被所有人接受。有些人是明智的，拥有相反的观点。最终，智慧肯定会获胜。"

他从来不会想到，这些奇异的英国思想或许和英国自由具有某些关系。他倒是愿意以更为科学的术语解释自己的观察："气候的潮湿与和风的缺乏会导致一种阴郁的气质。在这样的一个国家里，人民往往更喜欢严肃的主题。因此，英国人民本性上往往喜欢关注政府事务。法国人则厌倦这样的事务。"

自然，既然政府取代了造物主，每个人就会利用它的帮助以满足自己的个人需求。因此，我们发现，数目庞大的请愿书依然表面上基于公共利益，实际上涉及的只是琐碎的私人利益。这些请愿书的储存箱或许是旧制度社会中所有阶级可以混合在一起的唯一地方。阅读这些请愿书是一件忧郁的事情：农民们请求就他们的牲畜和住宅的损失获得补偿；富有的地主为了更有效地开发他们的土地而请求帮助；工业家们请求总督给予他们特权，以保护他们免于讨厌的竞争。常常可以发现，制造商要总督相信商业不景气，向他乞求来自财政总监的帮助或者贷款。另外，为了这个目的，似乎有款项存在。

贵族自己有时是主要的请愿者。如果他们的乞求不是以如此强硬的语气，他们的贵族身份几乎看不出来。对于他们中的许多人而言，二十分之一税（vingtième），或者百分之五税，是造成他们的依附状态的主要锁链。他们所承担的这项税收份额，每年由国王的御前会议以总督的报告为基础加以确定，因此，通常他们向总督请求延期与减免。我读过无数来自贵族的这种请愿书，他们几乎都有封号，并且很多人是大领主。他们声称，他们收入不足，或者事业不景气。这些贵族一般只是把总督称作"先生"。但在他们的请愿书中，我注意到，就像资产阶级一样，他们总是把他称作"阁下"（我的大人）。

有时，在这些请愿书中，贫困与傲慢以一种可笑的方式混合在一起。

一个贵族这样向一个总督写信："你那善良的心灵绝不会允许我的地产上的一家之长就像平民的一家之长一样，被严格地课以二十分之一税。"

70　　　饥馑在 18 世纪是如此常见，在这个时候，每个地区的人民作为一个整体向总督求助，好像他们期望他一个人喂饱他们所有人一样。的确，每个人都在为他自己所有的痛苦而责备政府。它甚至要为最难以避免的灾难包括恶劣气候而负责。

　　在 19 世纪初的法国，中央集权制轻而易举就被恢复了。这不应该让我们惊讶。1789 年的人们推翻了这座大厦，但是，正是在它的摧毁者的心灵中，它的基础依然毛发未损。在这个基础之上，可以很快把它重建起来，而且比以前更要坚固。

第七章 为什么在所有的欧洲国家中，唯独在法国，首都取得了对于外省的最大优势，并且最为彻底地囊括了整个国家

造成首都针对国家其他地区的政治优势的原因，不是位置、规模或财富，而是政府的性质。

伦敦的人口如同一些王国的人口一样多，但它迄今也没有对大不列颠的命运造成决定性的影响。

美国的公民不会想到，纽约人民能够决定美国联邦的命运。的确，甚至纽约州也没有人想到，唯有纽约城的意志可以决定大政方针。然而，今日生活在纽约的人口和大革命爆发时生活在巴黎的人口一样多。

就是巴黎自身，在宗教战争期间同王国其他部分相比，就像它在1789年一样，也是人口众多。然而，它不能独自决定任何事情。在投石党运动（Fronde）①期间，它依旧只是法国最大的城市。到了1789年，它已经成为法国本身。

在1740年，孟德斯鸠给一位朋友的信中说："在法国，只存在巴黎，还有遥远的省份，因为巴黎还没有时间吞噬这些省份。"米拉波侯爵是一个举止古怪但有时富于智慧的人。在1750年，他谈到了巴黎，但没有提到它的名字："首都是必不可少的，但如果头长得过大了，身子就会中风，所有部分都会毁掉。如果外省被处在一种直接依附的状态，外省人仅仅被视作二等臣民，因为他们没有被给予获得认可的手段，没有事业向他们的雄心开放，以至于所有人才都被诱向首都，那么，将会发生什么情况呢？"他把这种现象称作一场静悄悄的革命，它吸干了外省的领袖、

---

① 投石党运动（1648—1653），西法战争期间发生在法国的反对专制王权的政治运动。Fronde一词在法文中为投石之意，源于马萨林红衣主教的支持者被巴黎暴民以石块破坏窗户。——译者

商业人士和通常被称作"才智之士"的那些人。

认真读过前面几章的读者已经知道了这种现象的原因，因此，在这里重复这些原因将会是对他的耐心的考验。

政府不是没有意识到这场革命，但是，它主要关注的是城市最具体的表现，城市的扩张。它看到巴黎在一天天地增长，害怕难以合理地管理这样一个大城市。我们发现了相当多的皇家法令，主要来自17和18世纪，其目的是阻止这种增长。那个时代的国王日益把所有公共生活集中在巴黎及其市郊，然而，他们却想要首都保持小规模。他们禁止新房屋的建造，或者坚持新的建筑必须使用最为昂贵的手段，并且要局限在最不吸引人的地方。这些都提前做出了具体规定。的确，这些法令中的每一项都注意到：尽管有前面的法令，巴黎没有停止增长。在路易十四统治期间，这位全能的君主曾六次阻止巴黎的增长，都失败了；城市毫不间断地继续扩张，而无视他的法令。它的重要性的增长甚至快于它的城墙的扩张。导致这种主宰地位的与其说是发生在这些城墙内部的事情，不如说是发生在城墙外部的事情。

实际上，在同一个时间，地方自由权（local liberties）到处在消失。独立生活的迹象到处在消散。各省的显著特色变得微弱起来。旧的公共生活的最后痕迹被清除掉了。然而，这并不是因为这个国家沉入到了蛰伏状态。相反，到处都有明显的运动，但是，现在这些运动背后唯一的发动机只能在巴黎发现。在许多例子中我只举出一例。有关书籍销售状况的大臣报告表明，在16世纪和17世纪的开端，在外省城市中曾经有大量的印刷活动，但是后来，印刷业者消失了或者陷入停业状态。然而，73 毫无疑问，各种印刷材料的总量在18世纪末比17世纪末更大。然而，现在看来，它们只能是从中央发布出去的。巴黎已经完全吞噬了外省。

在法国大革命爆发之时，这第一场革命已经充分完成。

著名的旅行家阿瑟·扬离开巴黎时，三级会议刚刚集会，巴士底狱暴动不久就要发生。他在城市所看到的和在它外面所发现的之间形成的对比，让他吃惊。巴黎到处是喧嚣与骚动。每时每刻都有一种崭新的政治小册子问世：每周多到九十二种这样的小册子被出版。杨说，他从来没有看到过这样一种出版洪流，即使是在伦敦。在巴黎外面，他发现的只是死寂与沉闷。很少有小册子被印刷，没有报纸。然而，外省已经被唤醒，并准备行动了，尽管此刻依然保持平静。如果公民们集会了，他们是要听取期待来自巴黎的新闻。在每一个城镇，扬问人们，他们打算干什么。"回答到处都是一样的。"他说。"我们是一个外省的城镇。我们必须等等，看巴黎做了什么。""他们甚至不敢拥有自己独立的观点，"他补充道，"在他们不知道巴黎在想什么之前。"①

制宪会议（Constituent Assembly）能够一举摧毁法国所有古代的外省，其中几个比君主制本身还要古老，并且有条理地把王国划分为八十三个地区，就好像是在对付新世界的处女地。当人们发现它这样做是如此容易的时候，实在令人惊讶。没有什么事情比这更能让欧洲的其他部分感到惊讶甚至恐怖；对于这样一幅场景，它还没有做好准备。"我相信，现在的法国当权者已经获得了随心所欲地处置自己国家的权威，已经决定以这种野蛮方式来肢解它，他们是第一个这样做的公民团体，"伯克写道，"第一次，人们以这样一种野蛮方式屠宰自己的国家。"② 似乎是身体被活剥了，但实际上只不过是尸体被肢解了。

就在巴黎最终获得了在其城墙之外的主导权的时候，在城市内部，另一场变革，不会不值得历史的关注，也在发生。巴黎已经不再仅仅是一个贸易、商业、消费和娱乐城市，已经完成了向一个工业与制造业城市的转变。这第二场变革给予第一场变革以新的和更大的重要性。

74

第二场变革的根源存在于遥远的过去。似乎在中世纪，巴黎就已经是王国最工业化和最大的城市。随着现时代的逼近，这个事实越发明显。随着巴黎成为所有行政事务的活动焦点，工业在那里也得到了飞速发展。随着巴黎日益成为时尚的典范与仲裁者，权力与艺术的唯一中心，国家活动的唯一中心，这个国家的工业生活也退缩到这个城市的城墙里，并且越来越集中在那里。

尽管旧制度的统计记录通常不具有多大的可信度，我也认为，我们可以肯定地说，在通向法国大革命的六十年间，巴黎工人的人数翻了两倍多，而在同一个阶段，这个城市的全部人口仅仅增长了三分之一。

除了在这里探讨的一般原因外，还有几个特殊的原因，吸引工人从

---

① 引自阿瑟·扬《法兰西之旅》（Arthur Young, Travels in France），第 201 页。
② 引自埃德蒙·伯克《法国革命反思录》（Edmund Burke, Reflections on the Revolution in France, in The Works of Edmund Burke，New York:Harper, 1860, vol. 1），第 537 页。

法国各地来到巴黎，并且渐渐地把他们集中在几个周边地区。最终，他们几乎排他性地占据了这些地区。那个时代的财政立法给予工业的镣铐在巴黎同法国其他地方相比，不是那么沉重。没有什么地方比它更能逃脱行会师傅的重轭。某些郊区，比如，圣安托万区和坦普尔区在这方面享受着大量的权利。路易十六大幅度地增加了圣安托尼区的特权，并且尽最大努力在那里安排大量的工人，"希望，"这位不幸的君主在他的一部敕令中这样说，"让圣安托尼郊区（faubourg）的工人获得受到我们保护的新迹象，把他们从一些束缚中解放出来，这些束缚不仅对于他们的利益而且对于商业自由都是有偏见的。"

就在大革命之前的阶段，巴黎的工厂、制造业和高炉的数量增长如此之快，以至于最终政府警觉起来。这种进步图景激起了一些相当具有臆想性的恐惧。比如，1784年御前会议的一项法令声称，"国王担心工厂的增加会导致木材消费的上升，从而影响到城市的木材供应，因此，禁止在半径十五里格（leagues）①的范围内建造此类工业设施。"没有人担忧这样一种集中所产生的真正危险。

因此，巴黎已经成为法国的主人，并且一支大军已经集结起来，将使自己成为巴黎的主人。

我想，今天人们已经相当一致地认为，在过去四十年中，我们已经看到了前赴后继的政府的垮台，而行政的集权和巴黎的至上性在所有这些政府的垮台中扮演着重大的角色。对于我而言，可以不难证明，同样的这两种现象的结合很大程度上要为古老的君主政体的突然与猛烈垮台承担责任；在导致所有其他革命的第一场革命的主要原因中，必须把这种结合囊括其中。

---

① 里格，长度单位，约等于3英里。——译者

第八章　在法国这样一个国家中，人民变得最为相像

任何人如果认真考察了旧制度的法国，都会遇到两种相当不同的景象。

有时，似乎生活在那里的每个人，特别是那些在社会中拥有中层和上层地位的人，即唯一我们可见的人，彼此都是非常相像的。

然而，在这个具有一致性的人群中，留有许多种类惊人的微小障碍，它们把人群分为许多不同部分，而且在每一块这样的飞地中，都出现了一个分离的社会，这种社会关注的仅仅是自己的利益，而不参与整体的生活。

我想到了这种几乎无限的分割，也反思了这样的事实：没有任何地方更像在法国一样，公民们在危机时刻还没有做好共同行动和相互帮助的准备。当我想到这些，我就可以理解，一场巨大的革命如何一举就可以把这样一个社会彻底推翻。我可以想象到，所有这些微小障碍都被这场大动荡所推倒了。当我想到这些情形时，我马上就看到了一个社会实体，它或许比世界已知的社会实体更要紧密和同质。

我已经解释过，在整个王国，各省与众不同的生活如何长期以来就被扼杀。这极大程度上有助于让所有法国人彼此相像。尽管还存在持续的多样性，国家的整合已经是很明显了。立法的一致性让这种情况显而易见。随着我们穿越 18 世纪，我们看到了数量不断增加的法令、王家宣言和御前会议判决，它们以同样的方式把同样的规则用于王国的所有部分。不仅统治者而且被统治者都认为立法是如此具有普遍性与一致性，以至于它可以同样适用于所有地方的所有人。这种立法思想可以在所有

改革工程中发现，这些改革工程是在通向革命的三十年间相继被提出的。更早的两个世纪前，这种思想的（假如我可以这样表达的话）物质基础，还是付之阙如。

不仅各省不断地相像起来，而且在各省内部，不同阶级的人们也变得越来越相似起来，尽管他们的状况还具有特殊性。起码我们在排除了底层阶级之后情况就是如此。

再没有什么比阅读 1789 年由各个等级所提交的陈情表让这个事实更为明显了。显然，起草这些陈情表的人们在他们的利益方面具有深刻的差异，然而，在所有其他方面似乎是相似的。

如果你研究一下三级会议的早期会议情况，你就会遇到一幅完全不同的画面：资产阶级和贵族那时具有更多同样的利益和共同的关注。他们表现出更少的相互敌意，但是依然似乎属于两个不同的种族。

时间维持了并且在许多方面加剧了导致他们分离的特权，也做出了一项让他们在所有其他方面都相似起来的不平凡工作。

在几个世纪中，法国贵族不断地贫穷起来。"尽管贵族阶级享有特权，却每天都在日益陷入破产与衰败中，而第三等级却在攫取财富。"一个贵族在 1755 年哀伤地说。然而，保护贵族财产的法律依然始终如一。在他们的经济状况中似乎没有什么发生改变。然而，他们在所有地方都变得更加贫困起来，同他们的权力的丧失恰好形成正比关系。

人们可能会说，人类的制度就像人本身一样，因为，除了履行各种不同生命机能的器官外，还存在着一种看不见的中心力量，它正是生命的原则。当这种产生生命的火焰熄灭时，器官似乎像以前一样运作，然而却是枉然，因为一切都马上陷入衰败和灭亡中。法国贵族依然拥有限定继承权（entailments）。的确，伯克注意到，在他的时代，限定继承权在法国比在英国更常见和更具有强制性，还有长子继承权，永久性地租，和集中在"用益权"（usage rights）名义之下的各种事物。法国贵族被解除了以自己的支出参加战争的非常沉重的义务，然而，他们的免税权被维持下来，并且实际上得到大幅度的扩张。换句话说，他们保留了补偿，却甩掉了负担。此外，他们还享有几种其他的金钱权利，而他们的祖先从未享有。然而，随着他们丧失了统治的习惯与精神，他们也在渐渐地变得更穷起来。的确，这种逐渐的贫困化必须部分地归责于地产的大肆分割，我们前面提到过。贵族向农民一块一块地让出了自己的土地，只为自己保留了领主地租（seigniorial rents），因而保留了它以前地产的外貌而非实质。几个法国外省，包括利穆赞（蒂尔戈曾经提到过），仅仅拥有一个微小的、贫困化的贵族阶级，他们几乎不拥有土地，几乎完全依靠领主税和地租过活。

"在这个地区，"一位总督早在本世纪开端说道，"依旧还有几千个贵族家庭，但拥有两万里弗收入的家庭还不到十五个。"在1750年，另一位（弗朗什—孔泰地方的）总督在送给他的继任者的一份包括各种情况的简报中写道："这个地区的贵族阶级非常体面但相当贫穷，它的傲慢如同它的贫穷一样严重。它的羞耻同它过去的光荣成正比。让它处在这种贫困状态中，以便让它服务于我们并且让它需要我们的帮助，这是一项不赖的政策。"他又补充道，"这样一个团体仅仅接受那些能够证明四代为贵族的人。这个团体没有得到承认，仅仅被容忍，它只是在总督出席的情况下一年集会一次。在一起吃过饭和做过弥撒后，这些贵族就回家了，一些人骑着驽马，另一些人步行。这种聚会的滑稽场景你不可错过。"

贵族阶级的这种逐渐的贫困化不仅在法国而且在整个大陆也可以或多或少看得到。在这里，像在法国一样，封建体系在接近其终点，但是，还没有被一种新形式的贵族制（a new form of aristocracy）所取代。在沿莱茵河的德意志各邦国中，这种衰败特别明显，并且得到相当广泛的关注。只有在英国却是相反的情况。在那里，幸存的古老贵族家庭不仅保有了而且极大地增加了自己的财富。他们在财富和权力上都保持着首要地位。在他们旁边崛起的新贵家庭仅仅能够模仿他们的富有却不能够超越它。

在法国，贵族失去的所有财产似乎最终到了平民手中。他们所赚得的几乎所有东西都是以贵族为代价。然而，没有法律阻止资产阶级免于破产或帮助他发家致富；他却不断地在发财致富。许多平民像贵族一样富有，一些甚至更为富有。更有甚者，资产阶级的财富和贵族的财富属于同一种类：尽管他通常住在一个城市中，他却常常拥有土地，有时甚至获得领地。

在资产阶级和贵族之间，教育和生活风格已经创造出无数其他的相似之处。前者和后者一样教育良好，尤为注意的是，他们的教育正好具

79

有同一来源。两者都被同一太阳所照亮。两者的教育都同样具有理论性和文学性。巴黎，正在日益成为法国的唯一导师，最终为所有理智施加了一种共同的气质与风格。

到了 18 世纪末，或许依然有可能在贵族阶级和资产阶级的举止之间发现一种差别，因为，没有什么比被称作举止的民情的表层面貌在实现平等时更为缓慢了。然而，实质上，高居普通人之上的所有人都彼此相像。他们拥有共同的观念与习惯，分享同样的品位，沉湎同样的享乐，阅读同样的书籍，说着同样的语言。他们之间唯一残留的差别是权利问题。

我怀疑这种趋同是否以同样的程度发生在任何其他地方，即使是在英国，尽管不同的阶级由于共同利益而被牢固地束缚在一起，在知识与民情方面却常常依然有所差别，因为，政治自由虽然在所有阶级的公民中间有可贵的能力促进必要联系和相互依赖纽带，但在这样做的时候却并不总是让他们相似。最终，只有独夫的统治才总是具有这种不可避免的效果：让人们彼此相似，并且对于同胞的命运漠不关心。

第九章　人们如何如此相似却比以往更加分离，被
　　　　　分割为陌生的小群体，并且彼此漠不关心

　　现在，让我们考虑一下这幅图画的另一面，并且看一下这些同样的法国人在这么多方面相似，然而彼此或许比任何其他地方的人们更为隔离，甚至比以前的法国也更要严重。

　　看起来相当明确的是，当封建体系本身在欧洲得以确立的时候，后来所谓的贵族阶级，还没有马上形成一种**种姓**（caste）；本来，它是由国家中最重要的男男女女们组成，因此，最初仅仅是一种贵族政治（aristocracy）。这个问题，我在这里不想探讨。说明这一点就足够了：到了中世纪，贵族阶级已经成为一种种姓，我给予种姓的意思是，出生是其突出的特征。

　　贵族阶级的确保留了贵族政治的一种基本特征，即一种进行统治的公民团体。但是，唯有出生才能决定哪些人成为这个团体的首领。任何人如果不是生而为贵族，就会被排除在这个封闭的和分离的阶级之外，并且在国家中拥有一种或高或低的地位，但总是保持从属身份。

　　在欧洲大陆的任何地方，只要封建体系得以确立起来，它最后都会成为种姓。只是在英国，它重新成为贵族政治。

　　某个事实将英国同所有其他现代国家区别开来，单单它就可以解释英国的法律、精神和历史的独特性，然而，迄今甚至还没有引起哲学家和政治家更多的关注。我总是认为，这种情况相当奇怪。并且，我也惊讶于习惯最终使得英国人自己几乎对于它也是视而不见。它迄今仍是犹抱琵琶半遮面，在我看来，从来没有得到充分的和明确的认知。固然，孟德斯鸠在1729年游历大不列颠时写道："我现在所置身的国家和欧洲

其他地方几乎没有相似性。"但是，他也仅此而已。

使得那个时代的英国如此不同于欧洲其他地方的，不是它的议会、它的自由、它的政治辩论的公开性和它的陪审体系，而是某种更为特殊和更有影响的东西。英国是唯一一个种姓体系不是被改变而是被有效摧毁的国家。在那里，贵族和平民共同关注同样的事务，进入同样的职业，并且更有意义的是，相互通婚。最大的英国领主的女儿已经同一个新人（new man）结婚，而不会让她的头衔蒙受羞耻。

如果你想知道在任何一个国家，种姓及其必然创造出的观念、习惯与藩篱是否被最终消除了，就请考察一下婚姻。单单在这里，你就可以找到你所需的决定性证据。在法国，甚至在当今，在六十年的民主社会以后，你的搜寻也常常徒劳无益。在所有方面看起来都难以辨别的旧的家庭和新的家庭依然尽其所能地避免在婚姻上的混杂。

人们常常说，英国贵族比其他任何贵族都更加谨慎、精明和开放。严格而言，应该这样说，在英国相当长时期里，已经不存在在其他地方保留着其严格含义的古代意义上的贵族。

这场非凡的革命已经消失在时间的暗夜中，但是，某种现实的标记被保留下来，就在语言中。几个世纪前，单词**贵族**（gentleman）在英国具有了一种全新的含义，而单词**平民**（commoner）不再存在了。莫里哀在 1664 年所写下的《答尔丢夫》中的下述诗句，已经不可能将其逐字译为英文：

> Et, tel que l'on le voit, il est bon gentilhomme.（并且你可以发现，他是一位出色的贵族。）

让我们再一次将语言科学用于历史科学，在时空之中穿越，追踪单词**绅士**（gentleman）的命运。该词来源于法语单词**贵族**（gentilhomme）。你会发现，在英国，随着两个阶级之间的裂缝变窄，**贵族**和平民开始混合，它的含义就扩大了。随着几个世纪的流逝，这个词开始被用于社会阶梯上地位更低的人们。最终，它随着英国人传播到美利坚。在那里，它被毫无区别地用于所有公民。它的历史同民主的历史相重合。

在法国，单词贵族（gentilhomme）一直保留着它最初的严格限定的含义。从大革命以来，它实际上从普通用语中消失了，但其含义从未改变。这个单词，被用来表示贵族种姓的成员，被原封未动地保留下来，因为种姓本身被保留下来了，依然像以前一样和所有其他人相隔离。

然而，我打算将这个观点更进一步。我认为，贵族种姓同这个单词发源的时候相比，已经变得更加孤立了；在法国所发生之事是同英国所发生之事方向相反的一种变化。

尽管在法国，资产阶级和贵族变得更为相似，他们也在日益彼此隔离开来。我们必须极为当心，不要把这两种现象混淆起来。保持这种区别至为重要，因为这两种变化，不是减轻彼此的后果，而是常常强化彼此的后果。

在中世纪，并且只要封建制还存在，任何拥有领主土地的人（因此，根据封建术语，此人被称作领主的**附庸**）经常和领主一起统治领地，即使他常常不是贵族。的确，参与领地的统治是他使用土地的主要条件。附庸不仅必须要在战场上追随领主，而且因为他所享有的财产权利，还要每年在领主的法庭上花费一些时间，确切地说，就是协助分配正义与管理地产的工作。领主法庭是封建统治机器上的主要齿轮。它容纳了所有古老的欧洲法律。在我们自己的时代，我在德国的一些地方发现了这些法律的相当明显的遗迹。艾德姆·德·弗雷曼维尔（Edme de Fréminville），博学的封建法律学者，在法国大革命三十年前，写下了一本有关封建权益和**地籍册**（terriers）（或者土地登记簿）修正的厚重的书。他告诉我们，他发现，"在一些地产的名目之下，附庸必须每两周出席一次领主法庭，在那里，他们和领主或者领主的普通法官坐在一起，听取出现在居民中间的指控和投诉。"他又说，他发现，"在一块领地上，这些附庸有时有八十个，有时有一百五十个，还有时候多达两百个。他们大部分是平民。"我在这里的引用不是作为证据（其他的证据不胜枚举），而是作为例子来说明：起初，以及以后的很长时间里，农村平民中的上层阶级如何同**贵族**（gentilshommes）阶级相接近，并且如何在共同事务的管理上同他们相融合。领主法庭为农村小地主所做的事情，省三级会议和后来的全国三级会议也为城市资产阶级做了。

在研究 14 世纪三级会议的遗留记录时，不可能不惊讶于第三等级所占有的位置和它在这些议会中所行使的权力。

作为个人，14 世纪的资产阶级无疑比 18 世纪的资产阶级地位低下，但是，资产阶级作为一个实体，在那个更早时期的政治社会中拥有一种

83

更高级的和更有保障的地位。它参与统治的权利无可争议。它在政治议会中总是扮演一种重要的并且常常具有压倒性的角色。其他阶级不断地觉得，需要把它的愿望纳入考虑之中。

然而，更为惊人的是，同后来相比，贵族阶级和第三等级那时发现，他们可以更加容易地共同管理事务，共同抵制中央政府。这种情况不仅可以在 14 世纪的全国三级会议中发现，由于那个时代的不幸，它们中有几个具有一种非常规的和革命性的特色。这种情况而且可以在同一时期的省三级会议中发现，它们在运作过程中没有出格，只是表现出了一种正常的和常规性的风格。因此，（例如）在奥弗涅省，我们发现，三个等级共同做出最为重要的决策，并且从所有三个等级中选择特派员监督这些决策的执行。我们在这个时期的香槟省发现同样的事情也在发生。每个人都熟悉某个著名的宣言，凭借这个宣言，许多城市的贵族和资产阶级在 14 世纪初联合起来，捍卫这个民族被给予的自由和各省被授予的权利，反对王室权力对它们的蚕食。在我们历史的这个阶段，人们发现一些这样的插曲，读起来就像来自英国的故事。在随后的世纪中，这种现象就看不到了。

的确，随着领地统治的垮台，随着三级会议集会越发稀少起来或完全停下来，并且随着普遍自由权利的崩溃，把地方自由权利也随之带走，资产阶级和贵族在公共事务的管理中不再相互接触。他们不再觉得有走在一起或者达成共识的需要。随着他们不断变得更加独立起来，他们也变得彼此更加疏离。到了 18 世纪，这场革命完成了：资产阶级和贵族根本不再集会了，除了在私人生活中偶尔如此。两个阶级不再仅仅是对手；他们已经成为敌人。

此外，法国相当独特的一项事实是，即使贵族阶级作为一个等级在失去自己的政治权力，贵族作为个人却在获得一些他以前不曾拥有的特权，或者增加了他已有的那些特权。人们可能会说，肢体在以整个身体为代价而自肥。贵族阶级越来越少地享有指挥的权利，却在越来越多地要求成为主人首要仆人的排他性特权。在路易十四治下比在路易十六治下，平民更容易成为官员。当这种类型的提拔在法国闻所未闻的时候，在普鲁士却司空见惯。每一种权利，一旦获得，就会依附于血统；血统与特权变得不可分离。贵族阶级越是不再成为贵族政治，它就似乎越是成为一种种姓。

就让我们考虑一下所有这些特权中最令人厌恶的一项——免税权。容易发现，在法国，从 15 世纪到法国大革命时代，免税权在稳步增长。免税的价值得以增加，因为公共开支在迅速地增长。在查理七世治下，当军役税达到 120 万里弗的时候，免税权还是一项轻微的特权。当军役税在路易十六治下达到 8000 万里弗的时候，它是一项重大的特权。当军役税还是针对平民的唯一税收时，贵族的免税权还不是特别显眼。但是，当这种类型的税收在许多不同名目之下和以许多不同形式激增时，当四种其他税收被合并到这种基本负担中时，当中世纪闻所未闻的其他索求，比如，在公共工程中的义务劳动、军事服役和其他必需活动被添加到军役税及其附加税中时，贵族的免税权就似乎庞大起来。的确，尽管不平等是巨大的，但其外表要大于实际，由于佃户的原因，贵族常常会受到他本人被免除的税收的间接影响。但是，在这样的情况中，人们所看到的不平等比人们所感受到的不平等更为痛苦。

路易十四在其统治的末期由于饱受财政困难之苦，就确立了两项普遍税，即人头税和二十分之一税（vingtièmes）。然而，就像免税权本身是一项如此值得敬重的特权，以至于即使违背了也要保持恭敬一样，人们小心翼翼地确保，即使是针对所有人的普通税，征收方式也应该有所区别。对于一些人而言，它是可耻的和严酷的，对于另一些人而言，它是宽容的和荣耀的。

尽管有关税收的不平等在整个欧洲大陆被确立起来，很少有国家像在法国一样，它是那样的明显和那样不断地引起痛苦。在德国的大部分地方，大多数税收是间接的。即使当税收是直接的时候，贵族的特权也常常就是支付公共负担中的更小份额。此外，某些税收还完全由贵族阶级承担，作为对不再必需的无偿军事服务的一种替代物。

在所有将人们区别开来并且标出阶级界限的方式中，不平等的纳税最为有害，并且最容易在不平等之上再增加隔阂，使得两种情况都变得无可救药。考虑一下其效果：当资产阶级和贵族不再承担同一税收时，每年的税收评估与征收将会重新确认隔开他们的明显的、强烈的阶级边界。一年又一年，特权的每个受益人所感受到的一种直接的和迫切的需要就是，将他自己同大众区别开来，并做出新的努力使其与之分离开来。

由于几乎每一种和公共利益有关的事务要么来源于税收，要么导致税收，一旦两个阶级不再承担平等的税收，他们实际上没有理由共同审议，并且没有机会感受同样的需要与情感。没有必要再将他们分开了，因为共同行动的机会与愿望某种程度上已经被清除了。

伯克为我们的旧制度描绘了一幅楚楚动人的画面，他赞成法国的贵族制度，因为资产阶级可以轻易地通过获取官职而得到贵族名号。在他看来，这种情况在某些方面类似英国开放的贵族政治。路易十一的确增加了封授贵族的数量。他这样做的目的是贬抑贵族阶级。他的继任者甚至授予了数量更多的贵族爵位，以便募集金钱。内克尔告诉我们，在他的时代，为封授贵族所提供的官员数目高达四千个。在欧洲其他任何地方都不存在这种情况，但是，因为这种情况，伯克在法国与英国之间试图建立的类比是非常不准确的。

86　　如果英国中产阶级没有对贵族制开战，而是同它保持着密切联系，原因主要不是这种贵族制是开放的，而是我们已经注意到的，它的外形不明确和它的边界未知。不是因为有加入贵族的可能，而是因为一个人从来不知道他什么时候成功地加入了贵族。因此，任何接近它的人都有可能相信他是它的一部分，共同和它进行统治，并且从它的权力中获取光彩与利益。

然而，在法国，把贵族阶级和其他阶级分开的障碍尽管相当具有弥散性，却总是固定的和明显的，并且总是通过一些迹象可以辨认出来，这些迹象对于处在外面的那些人而言是明确无误和令人生厌的。一旦这种障碍被跨越，一个人就同他原来所处的环境中的所有人分开了，他是通过特权才从这种环境中跳出来的，而这些人就会认为这些特权是繁重和可耻的。

封授体系，不是消除了平民对于贵族的仇恨，而是无限地增加了这种仇恨。这是一种新贵在他以前的同侪中所激发出的所有嫉妒所加剧的仇恨。这就是为什么第三等级的陈情表总是对封授者而非旧贵族表现出更大的敌意，他们不是要求将跳出普通等级的大门加宽，而是不断地要求将它变窄。

在法国历史上，从来没有像在1789年一样如此容易地获得一个贵族头衔，然而，资产阶级同贵族之间的裂缝也从来没有如此之大。不仅贵族拒绝在他们的选举集会上容忍任何散发出资产阶级味道的东西，而且资产阶级也同样坚定地排斥具有贵族面貌的任何一个人。在一些省份，新贵受到排斥，因为在一方看来，他们不是足够高贵，而在另一方看来，他们已经是太高贵了。据说，这就是著名的拉瓦锡（Lavoisier）①的情况。

当我们从贵族转向资产阶级的时候，我们面对着一幅相似的场景：正如贵族远离资产阶级一样，资产阶级几乎同样远离人民。

在旧制度下，几乎所有的中产阶级生活在城市中。这种现象有两个主要原因：贵族特权和军役税。居住在自己领地上的领主对待自己的农民通常表现出某种熟知的和气，但是对于他的邻人——资产阶级的傲慢却几乎没有限度。随着贵族政治权力的削弱，这种傲慢没有停止增长。的确，因为贵族政治权力的削弱，所以，一方面，贵族由于停止统治，已不再有兴致对可以帮助他完成这项任务的那些人表现出任何宽容，另一方面，人们常常注意到，他喜欢过度使用他表面的权利，以便为他丧失的真实的权利获得安慰。甚至他离开自己的领地，与其说减轻了他邻人的痛苦，倒不如说让他们更加难受。不在地主制（Absenteeism）没有减轻负担，因为特权由代理行使更加不能忍受。 87

然而，我不敢肯定，军役税和其他相关税收不是导致不满的更有效原因。

我想，我可以以寥寥数语来解释，为什么军役税及其关联税收对于农村比对于城市负担更重。但是，这样做或许会让读者认为了无意义。因此，这样说就足够了：聚集在城市中的资产阶级有许多办法可以减轻军役税的负担，常常可以完全规避它。但是，如果他们还居住在领地上，他们个人就无法找到这些可以规避的办法。然而，更重要的是，这样他们就可以避免征税的义务，他们对此的恐惧甚至超出纳税的义务。这样是对的，因为在旧制度下，或者（我认为）在任何制度下，没有什么位置比军役税教区征稽员更要糟糕。后面我会有机会对此加以说明。然而，在乡村中，除了贵族，没有人可以逃避这种负担。富有的平民不是接受这种负担，而是出租自己的土地，逃往最近的城市。蒂尔戈的说法符合我所能够查阅到的许多秘密文献。他告诉我们："军役税的征收把几乎所

---

① 拉瓦锡（1743—1794），法国著名化学家，近代化学的奠基人之一，"燃烧的氧学说"的提出者，作为旧制度的包税员被革命法庭判处死刑。——译者

有非贵族的农村地主转变为生活在城市的资产阶级。"顺便提一下，值得关注的是，为什么和大多数其他欧洲国家相比，法国有更多的城市，尤其是更多的小城市。这就是一个原因。

富有的平民舒适地坐在城市围墙之内，很快就忘记了农村生活的风味与精神。他完全不再接触艰苦的劳动，不再关注继续生活在农村中的他的那些同侪。可以说，他的生活现在只有一个目标：渴望在接纳他的城市中成为一名政府官员。

如果相信，几乎所有的法国人，特别是中产阶级今日对于公共职位所具有的激情是在大革命之后才出现的，这是一种非常严重的错误。它起源于几个世纪以前，并且从那以后，由于得益于许多细心的滋养源头，它在稳步地增长。

88 旧制度下的公共职位并不总是和我们的职位相似，但是，我认为，它们的数目甚至更多。小职位的数目几乎不可胜数。人们计算出，单单在 1693 年到 1707 年间，就设立了大约四万个职位，几乎所有都在最低层次的资产阶级力所能及的范围内。我发现，在 1750 年一个相当小的外省城市中，有多到 109 人参加执行法律，有其他 126 人承担执行他们的判决的任务，所有人都是城市居民。资产阶级担任这些职位的热情实在是无可匹敌。一旦一个资产阶级认为自己拥有了一笔小资本，不是将它投资到贸易中，而是立刻寻求购买一个官位。在法国，这种可鄙的野心同行业行规甚至同军役税相比，更能够阻止农业和商业中的进步。当没有职位存在的时候，求职者就会开动其想象力，很快就会发明新的职位。一位朗贝尔维尔先生发表了一篇论文，证明在某一行业设立一名监察员完全符合公共利益，并且结论是推荐自己担任这项职务。在我们中间，谁不认识这位朗贝尔维尔？任何人，如果粗通文墨和小有资财，不能够担任一个公共官员，就会觉得死不瞑目。一位时人这样说："每个人，根据自己的地位，都想得到王室任命的一官半职。"

在这个方面，在我所描绘的这个时代和我们自己的时代之间的最大区别是，那时的政府是出售官职，而今日的政府是授予官职。今天，为了获得一个官位，一个人不会拿出一笔现金，而是走得更远，将他自己卖出去。

不仅因为居住，而且因为生活方式，更常常是因为利益，资产阶级同农民分离开来。人们抱怨许多有关贵族免税特权的判决，但是，对于中产阶级的特权又该如何呢？成千上万的官职得以让他们全部或部分地豁免公共负担，比如，在军队和各种强制劳动中服役，或者缴纳军役税。当时的一位作家问道，除了贵族和牧师外，哪个教区里没有几个人由于官职或者委任而获得某种免税权呢？为什么资产阶级所属意的某些官职时而被废除，原因之一就是，由于这么多人享有军役税豁免权，使得国家税收更少。我毫不怀疑，给予资产阶级的免税权的数量和给予贵族阶级的一样多，并且常常更多。

这些可恨的特权唤起了不享有它们的那些人的嫉妒，也唤起了享有它们的那些人的最自私的傲慢。在整个 18 世纪，城市资产阶级对于周围农村农民的敌意显而易见，农村邻人对于城市的嫉妒也是如此。"每个城市，"蒂尔戈写道，"被拥有自己特殊利益的人们所居住，已经准备好为了自己而牺牲周围的农村与村庄。"在其他时候，他对他的助理说道："城市倾向于在其地区对农村采取一种专横的和有害的行动，你得常常被迫对抗这种趋势。"

在城墙里面，生活在资产阶级旁边的底层阶级也同他们疏远开来，几乎成为敌人。资产阶级所确立的大部分地方支出被专门用来加重底层阶级的负担。在不止一个地方，我可以证实蒂尔戈在他的作品的其他地方所说的东西：城市资产阶级发现了一种对进入城市的货物征税的方式，而不用自己承担这笔开销。

然而，人们在这个资产阶级的行动中首先看到的是，他们对于和下层社会相混杂的恐惧，以及一种强烈的愿望，这种愿望就是能够逃避这些下层社会可能希望的对于他们的行动所施加的任何限制。

某个城市的资产阶级在给财政总监的一封便函中说道："如果国王愿意允许市长职位重新由选举产生，那么，合适的做法是，要求选举人把他们的选择限制在城市主要人物中，甚至限制在初等法院（presidial）的成员中。"

我们已经看到，我们的国王们如何将相继剥夺城市人民对于政治权利的运用作为自己的政策。从路易十一到路易十五，这种意图在所有王室立法中都显而易见。在许多情况中，城市资产阶级将自己同这种政策勾连在一起，并且有时提供这种建议。

在 1764 年的市政改革期间，一位总督向一个小城市的市政官员们征询，工匠和"其他平民"是否应该保留选举行政官员的权利。官员们回复道，实际上，"人民从来没有滥用这项权利，如果他们在选择那些指挥他们的人时所获得的慰藉能够保留下来，这无疑是一种仁慈，但是，出于良好秩序和公共安宁的缘故，依靠显贵会议（assembly of notables）将会更好。"同时，总督助理报告说，他已经召集"城市最优秀的六名公民"举行了一次秘密会议。这六名最优秀的公民一致同意，最好的行动路线甚至不是把选举权委托给显贵会议，如同市政官员的建议，而是委托给一定数目的代表，这些代表是从构成这种会议的各种团体中挑选出来的。总督助理比这些资产阶级更容忍人民的自由权利，传达了他们的观点，但是补充道："这些工匠支付了他们的同胞强加给他们的金钱，然而却不能控制这笔金钱的使用，对于他们而言太无情了，尤其是当这些同胞自己被豁免了税收，或许对这个问题最不感兴趣的时候，更是如此。"

为了完成这幅图画，让我们现在考虑一下资产阶级本身，把普通人民放在一边，就像我们考察贵族阶级而把资产阶级放在一边一样。在这个远离民族其他部分的微小部分中，我们发现了无穷的分裂。法国人民似乎就像那些所谓的化学元素一样，当现代化学对它们的研究越加严密的时候，就会发现彼此可以分离的新的微粒。我发现，在一个小城市的显贵中，至少有三十六个不同的群体。这些各种各样的群体尽管相当微小，但还在不断努力让自己变得更小。它们天天都在努力从自身清除掉它们中可能包含的任何异质成分，以便只留下最纯粹的成分。一些这样的群体通过出色的努力，成功地将它们自身减少到三到四名成员。结果，它们的特点变得更加突出起来，它们的性情更加好斗起来。每一个这样的群体都以某些渺小的特权而著称，即使是最不诚实的特权也被认为是荣誉的标志。

在它们中间，对于谁应该获得优先权，产生了长期的斗争。总督和御前会议对这种喧嚣的争吵厌烦起来："最终决定，圣水在被给予城市团体之前，首先应该被给予初等法院。高等法院犹豫不决，但是，国王的御前会议对这项案件承担了裁判权，独自做出了决定。是时候了；这起案件让整个城市为之骚动。"如果在显贵的全体会议上，一个团体被给予了针对另一个团体的优先权，失败的团体就会拒绝参加会议。它宁愿完全退出公共事务，也不愿遭受它所认为的对于它的尊严的侮辱。尖 塔市的假发制造商行会"对于将优先权给予面包师们，决定采取这些措施表达它理所当然的痛苦"。某个城市的一些显贵顽固地拒绝履行他们的义务，总督报道："因为某些工匠获准进入了议会，主要的资产阶级认为同他们为伍是一种羞耻。"在另一个省份，总督说："如果市府参事的职位被给予了一名公证员，就会使其他显贵反感，因为这个公证员出身卑微，不属于显贵家族，最初只是办事员。"我在前面提到的六个"最优秀的公民"如此轻易地决定人民应该被剥夺政治权利，但是，当它开始判断谁应该被当作显贵，并且在他们中间应该怎样确立优先顺序的时候，发现自己莫名其妙地困惑起来。在这桩事务中，他们被谦逊所支配，并且充满了疑问。他们说，他们害怕"对于我们的某些同胞造成太过尖锐的痛苦"。

 由于这些专注于自我的小群体之间持续的冲突，法国人的固有虚荣感被得以强化和突出，而公民应具有的正当的自豪感却化为乌有。在 16 世纪，我刚才探讨过的大部分法人团体已经存在，但是，他们的成员在自己中间分派完自己特定团体的事务后，经常加入所有其他居民中，考虑城市的普遍利益。在 18 世纪，这样的群体几乎完全变得内向起来，因为涉及城市事务的活动变得稀少起来，几乎总是被代理人所处理。因此，每一个这样的小社团只是为自己而生存，仅仅关注它自己，不会处理和它没有直接关系的事务。

 我们的父辈没有**个人主义**（individualism）这个单词，它是我们为了自己使用而发明的，因为在他们的时代，没有不属于一个群体并且将自己视为绝对独立的这样一个个人；然而，构成法国社会的许许多多小群体中的每一个都仅仅想到自己。如果我以上述方式加以表达的话，它是一种集体个人主义（collective individualism），已经为我们今天熟悉的真正的个人主义做好了精神准备。

 此外，更为奇怪的是，所有这些人，彼此之间如此疏远，却已经如此相似，以至于假如将他们强制改变位置，就难以将他们辨认出来。不仅如此，如果有人能够探测他们的深度思想，就会发现，所有将这些非常相似的人们彼此分开的微小障碍，在他们看来既有害于公共利益，又对常识充满敌意；在理论上，他们已经在欣赏统一。他们中的每个人都

 91

 92

执著于他自己的特殊地位，仅仅因为其他人依靠其地位搞特殊化。但是，假如没有任何人能够为自己求得任何好处，或者爬到一般人之上，所有人都愿意融入一个单一大众中去。

第十章 政治自由的毁灭和阶级的分离如何导致了 几乎所有对于旧制度致命的弊病

在困扰旧制度的机体并且导致其毁灭的所有弊病中，我仅仅描述一下最致命的弊病。我现在要再次考察一下这种最奇怪和最危险的弊病的根源，并且说明有多少其他的病症也来源于它。

假如从中世纪开始，英国人就已经失去了他们的政治自由（political liberty）和所有地方自由（local freedoms）（没有政治自由，地方自由就无法长期生存），那么，构成他们的贵族政治的各种阶级就很有可能彼此分离，不仅像在法国所发生的，而且某种程度上也像在大陆其他地方所发生的，而同时，这些阶级作为一个群体，也会同人民分离开来。但是，自由迫使所有阶级彼此保持接触，所以，一旦有必要，他们就会找到共同点。

英国贵族阶级被野心所驱使，一旦它发现有必要，就会同它的下属打成一片，并且把他们视为同侪。看到这种现象是有意思的。我在前面引用过阿瑟·扬，他的著作是现存的关于大革命的最有教益的著作之一。他告诉我们，一天，他碰巧到了利昂古尔公爵（duc de Liancourt）在农村的家中，他向公爵提出的一个愿望是，询问一下这个地区一些更加聪明和富有的农夫。然后，公爵就命令他的管家把农夫带给他的客人，于是就导致了这位英国人的评论："在一位英国贵族家中，假如要求三到 四个农夫来见我，他们会同这个家庭一起吃饭，坐在第一等级的贵妇人中间。在我们岛国的第一等级家庭中，我至少见过上百次这种情况。然而，在当前法国的这种风尚中，从加来到巴约纳，也不会碰到一件这样的事。"①

　　诚然，英国贵族本性上比法国贵族更加傲慢，不太愿意同底层阶级搅和在一起，但是，它所必需的条件迫使它那样做。为了保持其指挥权，它准备做一切事情。在几个世纪里，不时为了贫困阶级的利益而实行的那些税收是英国唯一不平等的税收。我请你考虑一下，不同的政治原则能够将相似的两个民族引向何方。在18世纪的英国，是穷人享有纳税特权；在法国，却是富人。在那里，贵族自己承担了最繁重的公共责任，以便获准进行统治；在这里，它始终保持着免税权，作为对它丧失统治权的安慰。

　　在14世纪的法国，像在英国一样，格言"不经同意不得征税"看起来被牢牢确立起来。常常被引用的是：违背它总是暴政作为，遵守它就是接受法治。我们前面提到过，在这个阶段，我们发现了我们的政治制度和英国的政治制度有许多相似性。然而，随后，两个国家的命运分道扬镳，随着时间的流逝，变得越来越不同。它们的命运就像两条线，从相邻点出发，但是稍微有点倾斜度，因此，它们越是延长，就离得越远。

　　我敢于断言，这个国家在约翰国王被俘和查理六世疯癫之后，厌倦了漫无止境的混乱，从而允许国王不需要它的同意就可以征收普遍税，而贵族只要能够保留免税权，就非常胆怯地允许第三等级被课税；从那一天起，几乎所有弊病与祸害的种子就被种下了，折磨着旧制度直到其弥留期，并导致其骤然灭亡。此外，我欣赏科米内（Commynes）②的卓越判断，他说："查理七世赢得了他所希望的不经各等级同意就可以随意征收军役税的辩论，从而给他的心灵和他的继任者的心灵造成了一种沉重的负担，并且给他的王国划开了一道伤口，此后将长久流血不止。"

95

　　的确，请考虑一下，这道伤口如何随着岁月变得更大了。我们就逐步追踪其后果吧。

---

① 阿瑟·扬《法兰西之旅》，第146页。扬在这里指的是作为东道主的拉·罗什富科公爵（the duc de La Rochefoucauld）。

② 科米内（1447—1511），佛兰德斯的政治家和编年史家，为中世纪最伟大的历史学家之一。——译者

福尔勃奈（Forbonnais）① 在其博学的《法国财政研究》（Recherches sur les finances de la France）中正确地说道，在中世纪，国王一般依靠其领地的收入而生存。"而且，"他又说，"由于特殊的需要是由特殊的捐税所提供的，它们平等地落到教士、贵族和人民头上。"

在 14 世纪，由三个等级投票同意的大部分普遍税实际上就是这种类型。在这个阶段实行的几乎所有税收都是**间接的**，也就是说，它们毫无区别地由所有消费者缴纳。有时，税收是直接的；那么，它就不是根据财产而是根据收入征收。例如，贵族、教士和资产阶级被要求每年向国王献出其收入的十分之一。我在这里所说的被全国三级会议投票表决的税收也适用于那些在同一阶段由各省三级会议在其地盘内所设立的税收。

的确，被称作军役税的直接税已经豁免了贵族。提供无偿兵役的义务为他免除了那项义务。但是，军役税作为一种普遍税，在那时很少使用，并且更多地适用于领地而非整个王国。

当国王第一次试图以他自己的权威征税时，他意识到，在开头所选择的税种必须不能直接落到贵族头上，因为在那些日子，他们所构成的阶级是君主政体一种危险的竞争对手，根本不会容忍对他们有害的一种革新。因此，他选择了一种他们可以被豁免的税收——军役税。

这样，在所有已经存在的特殊的不平等中，又增加了一项更加普遍的不平等，它加重和延续了所有其他不平等。从那时起，由于公共财政随着中央政府的特权飞速增长，军役税得以扩大化和多样化。很快，它就增加了十倍，并且所有新的税收都变成了军役税。因此，每年税收的不平等都是在比以往更大程度上分离了阶级和孤立了个人。于是，税收的目的不是对那些最有能力纳税的人征税，而是对那些最不能够保护自己的人征税。从这个时候起，就再也不能逃脱这种可恶的结果了：赦免富人和压迫穷人。有种可靠的说法是，马扎然（Mazarin）② 在需要现金时，想对首要的巴黎家庭征税，但是，当他遭遇那些相关人士的抵制后，他就退缩了，只在普遍征收的军役税上增加了他必需的五百万里弗。他想

---

① 福尔勃奈（1722—1800），法国经济学家，重商学派。——译者

② 马扎然（1602—1661），法国外交家、政治家，法国国王路易十四时期的宰相及枢机主教。为黎塞留的继承者，延续了黎塞留的政策，但自身才能无法与其前任相比，使得贵族们纷纷向中央政权挑战。——译者

对最富有的公民征税，但是，最终却对最贫穷的人征税。然而，国库最终并没有因此而减收。

这种分配不均的税收的收益是有限的，而君主的需要却欲壑难平。然而，他们既不愿意召开三级会议获得补贴，也不愿意对贵族阶级征税，这样会激发贵族要求召开这样的会议。

结果就产生了那种可怕的和有害的理财能力，在君主政体的最后三个世纪中，公共资金管理就具有这样一种奇怪的特色。

人们必须详细地研究旧制度的行政与财政历史，才能理解那些粗暴的和不诚实的做法。如果一个政府是仁慈的，但缺少公众的监督与控制，那么，一旦时间使它的权力神圣化并且让它摆脱革命的恐惧——人民的最终保障，金钱需要就会迫使它产生这些做法。

在君主政体编年史的每一页上，人们都会发现王室财产被出售，然后被充公，理由是，它是不可让渡的。人们看到，契约被撕毁，既定权利被忽视。随着每一场新的危机，国家的债权人都得做出牺牲，公众信任不断受到欺骗。

永久被授予的特权被不断地收回。如果应该同情由于愚蠢的虚荣所造成的窘境，人们可能会同情那些不幸的受封贵族的命运。他们在整个17和18世纪被不时地要求买回无用的荣誉和不公正的特权，他们已经为其多次付款。例如，路易十四宣布前面九十二年所授予的所有贵族头衔无效，其中大部分是被他自己所授予的。只有另外一笔钱到手了，它们才可以被保留下来。据敕令所言，"所有这些头衔都是在我们不知道的情况下获得的。"八十年后，路易十五不会不追随这样的先例。

军事服役禁止通过付款让他人替代，据说是害怕这会抬高国家征兵的代价。

城市、社区和医院被迫违背自己的承诺，因为他们要把办事的费用借给国王。教区被禁止从事有益的工程，因为害怕，如果它们这样分散了自己的资源，就不会照额缴纳军役税。

有一个故事谈到，奥里（Orry）先生和特律代纳（Trudaine）先生，他们分别是财政总监和桥梁与道路局的局长，他们提出的主意是，以每个区（canton）的居民所提供的现金取代强制劳动，以便维修居民的道路。这些聪明的行政官员被迫放弃他们的方案，其原因富有教益：据说，他们担心，如果这样的资金被募集到了，就没有什么可以阻止国库将它们挪为己用，以至于不久之后，纳税人将被迫承受新增税收和义务道路劳动两种负担。我敢说，如果任何人都像伟大国王（great king）①令人赞叹地管理公共财富一样管理自己的财富，就无法避免同法庭发生冲突。

你或者会发现一种对抗时代精神的古老的中世纪机构，当它的缺陷严重起来时还继续生存；你或者会发现某一有害的创新，深入罪恶的根部。一旦你在哪里发现这些东西，你就会在此发现一种财政的权宜之计，后来被转变为一种制度。为了偿还一天的债务而确立起新的权力，却维持了几个世纪。

正是在遥远的过去，向拥有贵族土地的平民征收一种叫作**封地获取税**（droit de franc-fief）的特别税。这种税收既在地块之间造成分裂，也在个人之间造成分裂，并且这两种分裂彼此得到系统性的强化。我不敢肯定，封地获取税在保持平民与贵族之间的分裂时是否比其他所有事情更为有效，因为它通过一样东西让他们不能够彼此认同，而这样东西本来可以非常迅速和有效地消除人们之间的差别，它就是地产拥有。这样，在贵族财产与他的邻人——平民财产之间的裂缝被不时地加宽。相比而言，在 17 世纪的英国，表明封地同平民土地所有制之间差别的所有标记被得以废除，没有什么比这件事情更能够加速这两个阶级之间的整合。

在 14 世纪，封建的封地获取税很轻，并且不经常征收。但是，在 18 世纪，当封建制几乎被摧毁的时候，它却必然每二十年征收一次，这意味着一整年的收入。子承父业，继续缴纳。1761 年，图尔农业协会说： 98 "这种税收对于农业工艺造成了无穷的伤害。在向国王的臣民所征收的所有税收中，肯定没有什么比它的痛楚让农业法国更加难以忍受。"

当时的另一个声音说道："这项税收，最初仅仅一生征收一次，其后变成了一项非常残酷的负担。"贵族本人乐见这项税收被废除，因为它阻止了平民购买贵族土地，但是，国库的需求要求它应该被维持和增加。

工业行会所造成的所有弊端，被错误地归咎于中世纪。所有的证据

---

① 指路易十四（1643—1715 在位），是法国在位时间最长的国王，也是世界上执政时间最长的君主之一。——译者

表明，行会师傅和管事会（juries）仅仅是在从事同一行业的人们之间建立联系的工具，和在每一种工业中确立一种小型自由治理的手段，它的任务既是要帮助工人，也是要约束他们。圣路易（Saint Louis）① 似乎也不想再要更多东西了。

在文艺复兴期间，直到 16 世纪的开端，劳动权利第一次被作为一种国王可以出售的特权。只有到了那个时候，每一个贸易团体才变成了一个小的、封闭的贵族制，直到最终我们目睹了垄断权的确立，它是如此严重地阻碍了工艺的进步和如此强烈地唤起了我们祖先的怒火。亨利三世即使没有造就这项弊端，却将其加以推广，而路易十六废除了它。从亨利三世到路易十六，可以说，行会体系的弊端一刻也没有停止增长和扩展，而正当此时，社会进步让这些弊端变得更加难以容忍，公众理性更加聚焦于它们的存在。每年，新的行业失去自由；每年，旧行业的特权得到增加。再也没有比在通常所谓的路易十四统治的黄金时代中这项弊病更加广泛，因为对于金钱的需求再也不会比此时更大，不去求助民族的决心再也不会比此时更坚定。

勒特罗那（Letrosne）② 在 1775 年这样说是正确的："国家建立起工业团体，仅仅是为了利用它们的资源，有时是靠出售特许状，有时是靠设立新的官职，工业团体被迫购买它们。1673 年的敕令招致了亨利三世所规定的原则的最终后果，它强迫所有的团体购买批准证书。而且，所有仍不属于某一团体的工匠要被迫加入这一团体。这项肮脏的事务产出了30 万里弗。"

99　　我们已经看到城市体制如何被完全推翻，不是出于政治目的，而是希望获取填充国库的资金。

对于金钱的同样需要，加上不愿向三级会议请求金钱，导致了卖官鬻爵的做法，渐渐地转变为某种如此怪异的事情，以至于在世界其他任何地方也都看不到这样的事情。由于这种制度，财政精神的一种产物——第三等级的虚荣心在三个世纪中长盛不衰，排他性地指向政府官职的获取，而且，对于官职的普遍激情被注入民族的内脏中，在那里，

---

① 圣路易，即法国国王路易九世（1226—1270 在位），曾两次领导过十字军东征，不仅仅是国王和圣徒，法兰西国家和民族的建立者，也是封建制度的完美维护者和君主专制的开创者。——译者
② 勒特罗那（1728—1780），法官，重农学派。——译者

它成为革命和奴役的共同根源。

随着财政困难的增加，于是，新的职位被设立，所有职位都被授予免税权和特权。由于它是国库的需要而非相关的行政机关的需要，所以，数目几乎难以置信的职位得以设立，它们完全无用甚至有时有害。1664年，科尔贝尔（Colbert）[1] 发起的一项调查发现，投资到这种可悲的财产形式上的资本总量几乎达到了5亿里弗。据说黎塞留废除了10万个官职。它们马上以不同的名字重新复活。为了得到一小笔金钱，政府放弃了指导、控制和约束其代理人的权利。这样，它逐渐建立起一台行政机器，如此庞大、复杂、笨重和低效，以至于似乎必须允许其徒劳运转，而在其旁边，一台更简单和更易操纵的政府机器被建立起来，以执行所有这些官员仅仅表面上在履行的职能。

的确，如果允许对于这些可憎的机构加以辩论的话，它们中就不会有一个能够持续二十年。如果三级会议受到咨询，或者当它们依旧可以时常集会时它们的抱怨得以被听取，那么，就不会有一个机构被建立或者被扩大。最近几个世纪的少数等级会议不停地抨击这些机构。在几次会议上，我们发现，三级会议指出，国王为自己篡夺的任意征税的权力是所有弊端的起源。或者，以15世纪更有活力的语言来表达，它们责备"国王不经三个等级的同意与审议而靠人民血肉自肥的权力"。它们不止关注它们自己的权利。它们强烈地坚持对于各省和城市权利的尊重，并且常常获得成功。在三级会议的每一次新的会期中，都有声音发出，反对税收的不平等。三级会议反复地呼吁废除行会体系。它们抨击卖官制度，一个世纪比一个世纪强烈。"谁出卖官职，谁就是在出卖正义，"它们说，"这是一件可耻之事。"当卖官制度被确立后，它们继续抱怨官职的滥设。它们大声反对无益的官职和危险的特权，但总是无济于事。的确，这些机构只不过是为反对它们而设立的。设立这些机构就是不想召集三级会议，想在法国人民面前把一项税收伪装起来从而不显示出其真实的外貌。

请注意，最出色的国王和最坏的国王都求助于这些做法。正是路易

₁₀₀

---

[1]　科尔贝尔（1619—1683），法国政治家、国务活动家，长期担任路易十四时期的财政大臣和海军大臣。他按照重商主义经济理论，鼓励发展本国工商业，并且提高关税来予以保护，重商主义因此也被称为"科尔贝尔主义"。——译者

十二最终建立起卖官制度，而正是亨利四世确立了出售官职的世袭制。这种体系的罪恶比利用这种体系的人的美德大得多。

逃避三级会议监管的同样愿望导致了把它们的大部分政治特权交给高等法院。这种做法由于对于公共事务的有序管理非常有害，而不利于司法权力。似乎需要设立新的保障以便取代那些被清除的保障，因为法国人可以颇有耐心地忍受专制权力，只要它不具有压迫性，也从来不喜欢和它对视；他们在专制权力面前明智地设置某些虚假的障碍，这样的障碍不能阻止它，却稍稍能够掩盖它，这样做总是明智的。

最后，正是这种在向国民要钱时阻止他们讨还自由的愿望必然对各阶级保持不断的警惕，以便阻止他们在共同的抵抗中走到一起，并且确保政府在任何时候对付的都是同所有其他人分开的少数人。这段漫长历史目击了如此多的出色君主的涌现，一些因其才智而出色，另一些因其天赋而出色，而几乎所有人都是因其勇气而出色。在这段漫长历史中，我们发现，没有一个君主试图把各个阶级带到一起，并且使它们团结起来，除非是让它们都同样处于依附地位。但是，等等，我错了。一个人，并且只有一个人想这样做，并且以全部心力投身其中。谁能揣测上帝的判断！这个人就是路易十六。

101 　　阶级分裂是旧的君主制的罪恶，后来成为它的借口，因为当这个民族中最富有的和受教育最好的部分不再能够找到共同点并在政府中合作的时候，这个国家就不再可能进行自我管理了，而一个主人就必须介入了。

"国家，"蒂尔戈悲伤地向国王汇报，"是由很少团结的各个等级所构成的一个社会，是由彼此之间很少有联系的个人所构成的一个民族，以至于每个人都只关注他自己的特殊利益。在任何地方找不到一种明显的共同利益。各个村庄和各个城市同它们所属的地区相比，也找不到更多的相互联系。在它们中间，它们甚至不能达成一致，以便承担必要的公共工程。在这场索求与算计的无休止战争中，陛下您被迫要亲自或通过代理人决定每件事情。您的特定命令受到期待，以便人们致力于公共利益、尊重他人的权利，或者在某些情况中使用他自己的权利。"

把几个世纪作为陌生人或者敌人而生活的公民团结起来，并且教会他们为了自己的事务承担共同责任，这绝非一件小事。分裂他们比团结他们更要容易。我们已经为这个世界提供了这种难忘的范例。当构成了旧的法国社会的各个阶级长期被那么多障碍隔离了六十年后，又开始彼此接触的时候，他们首先触碰到彼此最痛的地方，重新相逢只不过是彼此厮杀。的确，他们的嫉妒与仇恨延续迄今。

第十一章　在旧制度下所发现的自由的种类及其对大革命的影响

如果读者现在停止读这本书，他对于旧制度的政府将会留下一种高度不完全的形象，对造就大革命的社会将会有一种不完善的理解。

他看到了公民们如此分裂，并且离群索居，君主制政府是如此规模浩大和力量强大，他或许会认为，独立精神已经连同所有的公共自由（public liberties）消失了，所有的法国人都默许了他们的臣服状态。然而，这根本不是实情。政府对所有公共事务已经取得了唯一的和绝对的控制，但是，它要成为每个人的主人，依然道路漫长。

在已经为专制权力做好准备的许多制度中间，自由生存下来，但它是一种奇怪的自由，今天很难理解。如果我们希望理解它对我们所做下的善与恶，就必须对它密切地加以考察。

当中央政府取代了所有的地方权力，并且日益充满了公共权威的全部空间时，它曾经允许生存的或者自己创立的某些制度，还有旧的习俗，古代的民情，甚至恶习，阻碍了它的活动，在许多人的头脑中维持了一种抵抗精神，让无数人的坚定与勇敢性格完好无损。

中央集权制已经具有今日同样的性质、同样的程序和同样的目标，但是，还不具有同样的权力。由于政府希望把所有事物变现为金钱，将大部分公共职位推出待售，因此剥夺了自己任意批准和废除它们的能力。因此，它的某个激情严重削弱了它的另一个激情，贪婪妨碍了野心。因此，为了采取行动，它被迫不断地依赖不是它制造的又非它可以破坏的工具。因此，它常常发现，它的最绝对的意志消融在执行当中。这种奇怪的和有缺陷的公共职能机构，对于反对全权的中央政府的任何政治保障而言，充当了一种替代物。它是一道不规则的建造低劣的堤坝，分散了政府的力量，并且削弱了它的冲击。

此外，政府还不能任意地支配今天它可以分配的多种多样的恩典、救助、荣誉和金钱。因此，它拥有更少的诱惑与强迫手段。

更有甚者，政府自己对于它的权力的精确范围还只拥有不完善的认识。它的特权还没有得到正当的认可和牢固的确立。它的行动已经范围广泛，但它依然行动谨慎，好像立足于模糊的和不熟悉的理由。对权力限度和所有权利的模糊认识虽然令人不安，鼓励国王攻击他们的臣民的自由，但是，也经常被用来捍卫那种自由。

行政机关由于意识到它的源头较新，出身较低，在它遇到每一种障碍时都心生胆怯。当人们读到 18 世纪大臣和总督的信函时，会惊讶地发现，政府由于拥有毫无疑问的服从，是如此的傲慢和专制，但是，就是看到最小的反抗，它也会被吓呆。最轻微的批评也会让它烦心。最微小的抗议也会吓到它。然后，它就停下来，犹豫不决，深思熟虑，采取温和的步骤，并且常常保持在它的权力的自然界限内。以温和的自我为中心的路易十五及其仁慈的后继者往往采取这种行为。此外，这些君主中的任何一位都没有想到可能会有人梦想废黜他们。他们根本不具有恐惧常常给其后的统治者所带来的暴躁和严酷性情。他们仅仅蹂躏他们看不到的人们。

许多特权、偏见和错误思想严重妨碍了合法的与有益的自由的确立，却在许多臣民中维持了一种独立精神，并且让他们对抗权威的滥用。

贵族强烈地鄙视（就其严格意义上的）行政当局，尽管他们为了恩赐而偶尔向它请愿。即使他们放弃了以前的权力，还保留着他们祖先的某些傲慢，这样一种傲慢对待奴役就像对待法律一样敌视。他们对于一般的公民自由很少表现出关注，并且愿意接受政府对周围公民的更高压手段。但是，他们不会允许它压迫他们自己，为了这个目的，他们准备好了在必要时甘冒极大的风险。贵族阶级最终将同王权一起垮台，但在革命爆发之时，同第三等级相比，它对于国王特别是他的代理人依然采取一种更加傲慢的态度，对他们使用一种更为自由的语言，而第三等级不久将会推翻君主政体。它吵闹着要求几乎所有反对权力滥用的保障，这是我们在三十年的代议制政府期间所曾享有的保障。当我们读到贵族的陈情表时，我们意识到它的精神和某些高贵品质，尽管还带着偏见与错误。我们必然总是感到遗憾的是，君主政体不是让贵族阶级受到法治的支配，而是把它砍倒，甚至连根拔起。这种行动路线从民族肌体上割去了一个必要组成部分，为自由划上了一道永远不能愈合的伤口。这样一个阶级数世纪中行进在民族前列，由于对伟大行为长期的和无可匹敌的爱好，获得了一种心灵上的骄傲，对于自己力量的固有信心和一种关注习惯，这种习惯使它成为社会肌体中最具有抵抗性的部分。不仅它的民情具有男子气概（virile），而且通过它的示范作用，也增加了其他阶级的男子气概。根除它甚至会削弱它的敌人。没有什么东西可以完全取代它。它自身再也不能再生了。它可能会恢复它祖先的头衔和财产，但恢复不了他们的心灵。

从那个时代起，教士们在民事事务中对于世俗统治者常常是如此奴隶般卑躬屈膝，不管统治者是谁，只要施惠教会的表象能够得以维持，就送上最露骨的奉承。而在以前，他们是国家中最为独立的团体之一，是统治者对其特有自由权利唯一不得不加以尊重的团体。

各省已经失去了它们的特权，城市仅仅保留着它们以前的特权的影子。如果得不到国王明确的准许，十个以上的贵族不得集会商讨任何事务。法国教会直到最后一直定期举行会议。在教会内部，对于教权的限制得到尊重。低级教士针对上级的专横，享有真正的保障；主教不会行使无限的权力，让他的下属对于君主被动地服从。我不敢评价教会以前的体制。我仅仅认为，它并没有为教士接受政治奴役做好准备。

另外，许多教士具有贵族血统，把他们那种傲慢精神和强烈的自主意识带入教会中。此外，他们在国家中都享有崇高的地位和某些特权。对于教会的道德权威如此致命的封建权利，把独立精神赋予那些运用这些封建权利的个体教士，以对抗世俗权力。

然而，最有助于给予教士以公民的观念、需要、情感和（常常是）激情的，是土地财产。我耐心地阅读了旧的省三级会议留给我们的大部分报告与辩论，尤其是朗格多克的报告与辩论，还有各省议会在1779年和1787年的会议记录。在朗格多克，教士阶级比在其他地方更多地参与到公共管理的细节中去。在带着来自我们自己时代的观念阅读这种文献时，我惊讶地发现，主教和修道院院长们（几个还因为其圣洁与博学而著称）对于一条道路或者运河的修建提出了报告，以深厚的学识处理了这个主题，以丰富的知识与技艺探讨了提高农业产量、保障公民福利和工业繁荣的最好方式，并且这样做的时候至少同在他们旁边处理同样事务的俗人做得一样好，常常更好。

同一种广泛接受的和根深蒂固的观念相反，我斗胆认为，国家剥夺天主教教士们对于土地所有权的任何享有，把所有的教会收入转变为薪俸，这样做只是为圣座（the Holy See）①和世俗君主服务，从自身切除了一种非常重要的自由成分。

一个人将自己的最好时光献身于一种外来的权威，并且在他所居住的国度里没有家室，只有一种方式才能将他系于土地上，即土地所有权。切除这条纽带，他就再也不属于任何特定地方了。在他碰巧出生的这块土地上，他像一个陌生人一样生活在市民社会中间，几乎没有任何人的利益可以直接影响到他。为了他的良心，他仅仅依赖教皇；为了他的生存，他仅仅依赖君主。他唯一的祖国是教会。在每一个政治事件中，他看到的只是什么有助于或者有损于教会的利益。只要它能够保持自由与繁荣，其他的又有何干呢？他最自然的政治立场就是漠不关心。他是基督之城的一名优秀成员，在他处却是一个平庸的公民。这个人本来是年轻人的导师和整个民族的道德向导，这样的情感与观念在他身上，必然会削弱这个民族在公共生活中的心灵。

身份的变化会在人们头脑中引起革命，如果想对这样的革命获得一种准确的认识，我们就必须阅读来自 1789 年的教士等级的陈情表。

在陈情表中，教士阶层经常表现出不宽容，有时顽固地依恋它以前的一些特权，但是也像第三等级和贵族阶级一样，敌视专制主义，支持公民自由，并倾心政治自由。它宣称，个人自由不仅要受到承诺的保障，而且要受到一种类似于人身保护权（habeas corpus）的程序的保障。它呼吁消除政治监禁，废除特别法庭和司法调审，为所有辩论提供公开场所，所有法官终身任职，所有公民可以担任国家公职，并且必须只对能力开放。它也呼吁，征兵对于人民不太具有压迫性和羞辱性，没有人应该被免除；领主税可以被赎回，它是封建制度的产物，被认为和自由相背离；

106

---

① 圣座，即天主教教廷，为教宗及其幕僚的神职人员们在向全球各地的天主教会发出谕令时所使用的正式名称。——译者

工作自由不受限制；废除国内关税；扩大私立学校，每个教区应该有一所，并且对于学生免费；建立慈善机构，比如，在所有农村地区建立济贫所和慈善工场；对于农业采取多样的鼓励措施。

在严格意义的政治方面，教士阶层比任何其他人都更强烈地呼吁，国民应该具有绝对的和不可剥夺的集会权利，以便不受强制地制定法律和表决税收。它坚称，对于没有通过本人或者其代表加以表决的税收，法国人不得被强迫缴纳。它也呼吁三级会议每年召开，它的成员应该被自由选举，其成员应该在国民面前公开辩论所有议题。被这个团体通过的法律应该是普遍法律，习俗与特殊权利不得与之冲突。三级会议也应该编制预算，甚至监督王室家庭的支出。代表应该享有免于逮捕的豁免权，大臣必须始终向他们负责。教士阶层也呼吁在每个省建立相似的议会和在每个城镇建立市政理事会。没有一句话提到神权。

107　　总的来说，尽管它的成员具有某些明显的缺陷，我不敢肯定是否在世界其他地方有一个比大革命前夜的法国天主教教士阶层更要非凡的神职人员团体。它更为开明，更献身于国家，更不仅仅固守于私人美德，更具有公共美德和信念，对于他们的迫害清楚地表明了这些。我在开始对旧社会进行研究时对于它充满了偏见，但是在结束时充满了敬意。的确，它的缺陷只是任何结合紧密的和组织完善的法人团体所固有的缺陷，不管它是政治团体还是宗教团体，表现为，一种侵略性倾向，一种有点不宽容的精神，一种本能的有时盲目地对于群体特殊权利的执著。

旧制度下的资产阶级也比今日的资产阶级更好地准备表现出一种独立精神。的确，甚至它的构造上的一些缺陷也有助于这种独立。我们已经看到，它甚至比现在占有更多的行政职位，中产阶级对于官方职位也和现在一样充满了热情。但是，请注意那时和现在的差别。由于那时的大部分职位既不是被政府授予的也不能被它所撤销，这样就增加了职位占有者的重要性，不让他受到当权者的支配。换句话说，今天让那么多人臣服的东西，正是那个更早时期最强烈地要求尊重的东西。

各种各样的豁免权如此遗憾地把资产阶级同普通人民分开，往往让前者成为一种虚假的贵族，但这种假贵族也常常表现出真贵族的傲慢与倔强。它被分割为许多小团体，在每一种这样的团体中，人们很容易忘掉普遍利益，但是，却不断地专注于作为一个团体的利益与权利。这个团体的成员有一种共同尊严和共同特权要加以捍卫。没有人会试图逃避于人群中，或者试图把不当的索求隐藏起来。每个人在这个舞台上扮演他自己的角色，舞台很小，但灯光明亮，他总是面对同样的观众，做好了喝彩或喝倒彩的准备。

压制所有对抗声音的艺术那时远非今日之完善。法国还没有成为一个像现在一样可以窒息所有反响的地方。相反，它充满反响，而且，即使没有政治自由的迹象，它也足以让一个人的声音远扬。

在那些日子里，有一种手段可以确保受压迫者有办法为人所知，它就是法庭机构。我们在政治与行政机构中已经成为一个具有专制政府的国家，但是，在司法机构中，依然是一个自由民族。旧制度的司法体系复杂、笨重、迟钝和昂贵。诚然，这些是严重的缺陷，但是，在司法体系中却不存在对于政府的奴性，而奴性是腐败的形式之一，的确是最坏的形式。这种最严重的罪恶，不仅会腐化法官，而且很快会感染整个民族机体，但那时全然不为人知。法官享有终生任期，不会寻求升迁，这是确保他独立的两项必要因素，因为，即使一个人拥有千百种赢得支持的方法却不能让一个法官就范，又有什么紧要呢？ ¹⁰⁸

的确，在几乎所有和公共权威相关的案件中，王权政府也成功地剥夺了普通法庭的管辖权，但是，它依然害怕法庭，即使它已经剥夺了它们的权力。尽管它阻止它们判决案件，它依然不敢阻止它们听取投诉和陈述意见。此外，由于司法语言还保持着古老法语的某些风格，喜欢称呼事物的固有名称，所以，法官常常可以直率地把政府的手段描绘为专制和专断。法庭对于政府的非常规干涉，常常扰乱公共事务的有序处理，因此，有时有利于保护自由。这是一种弊端，却限制了一种更大的弊端。

在法院内部和周围，古老的民情在新观念中保持着活力。无疑，高等法院更专注于自身而非公共利益，然而，无可否认，在捍卫它们的独立与荣誉时，他们总是显得无所畏惧，并且把他们的精神融入他们所触及的所有事物中。

当巴黎的高等法院在1770年被解散时，同这个实体联系在一起的法官遭受了身份与权力的损失，然而，他们中没有人向国王的意志屈服。此外，一些种类非常不同的法庭，比如税务法庭（Cour des Aides），既没有受到抨击也没有受到威胁，却自愿让自己接受同样严厉的处置，即使在那时，惩罚已经确定无疑。更为感人至深的是，在高等法院中出庭的首席律师自愿地选择和它共命运。他们放弃自己的荣誉与财富的基础，让自己归于沉寂，而非不名誉的法官面前出庭。在所有自由民族的历史中，我不知道还有比发生在此刻更为伟大的事情，然而，这种事情发生在 18 世纪，在路易十五的宫廷附近。

司法习惯在许多方面已经成为民族习惯。每一项议题都要提交辩论，每一项判决都要接受上诉。这样的观念来自法庭，就像公共讨论和坚持正式程序的做法一样，两者都会对奴役构成障碍。只有在这一个方面，旧制度对于一个自由民族的教育才有所贡献。行政机关自身从司法语言和习惯中收益良多。国王相信自己有义务为他的所有敕令陈述理由，在做出他的结论之前要阐明原因。在许多御前会议的判决前面都有冗长的序言。总督会派遣执行吏颁布他的法令。在所有具有古代根源的行政机构内部，比如，国家财政官和市政理事会，问题得到公开的探讨，决策在对立的观点在被倾听之后才得以发布。所有这些习惯与形式针对专断的君主统治构成了如此多的障碍。

仅仅人民，尤其是农村中的人民，才发现自己除了暴力手段外，对于抵抗压迫几乎总是毫无准备。

在这里所列举的大部分防御手段实际上超出了普通人的能力范围。要利用这样的武器，人们必须在社会中拥有一个可以被人所见、被人所听的位置。然而，不考虑普通人民，在法国，如果有勇气的话，没有人不会不在服从上讨价还价，在表面打躬作揖时还在对抗。

国王在对国民讲话时像一位首领而非一个主子。在路易十六统治的初期，在一道敕令的前言中，他说道："想起在统率着一个自由而慷慨的民族，我们就感到骄傲。"他的一位祖先已经以更古老的语言表达过同样的思想。感谢三级会议的勇敢抗议，他说道："我们宁愿在对自由人而非农奴讲话。"

18 世纪的人们很少熟悉对于物质福利的激情，在某种意义上，它是奴役之母，一种犹豫不决的然而顽固不化的和难以改变的激情，它可以同任何数量的私人美德轻易地混合在一起，似乎可以同它们交织在一起。这些私德有家庭之爱，常规道德，对于宗教信仰的尊重，甚至对于宗教成规淡然的但勤谨的遵循。这种激情会带来诚实，但妨碍英雄主义，善

于造就彬彬有礼的但唯唯诺诺的公民。18 世纪的人们更好，但也更坏。 110

那些日子的法国人喜欢快乐和崇尚享乐。同今日之法国人相比，他们的习惯更为放荡，他们的激情和思想更为混乱，但是，他们不知道我们今日所看到的有节制的和体面的肉欲主义（sensualism）。在上层阶级中，更多时间被花费在修饰生活而非让生活舒适，花费在追求卓越而非获取财富。甚至在中产阶级中，没有人放纵自己完全沉溺于富足生活的追求中。许多人放弃这种追求，寻找更为崇高和雅致的快乐。每个人都投入除金钱之外的某些善中去。正如当时的一个人用一种尽管奇怪的却不乏骄傲的风格写到："我了解我的民族：尽管它擅长铸造和挥霍珍贵的金银，但是，崇拜它们不是它的本性，它相当愿意回顾它的古代偶像——勇敢、荣耀和（我相信是）宽宏大量。"

此外，我们必须小心，不要根据一个人对于最高权力的服从程度来测量他的卑鄙；这被证明是一种误导性的标尺。不管旧制度中的人们如何服从国王的意志，他们把某种服从视为陌路：如果一个政府很少受尊重，经常被蔑视，但是因为拥有予取予夺的权力而可以自由地让人们屈服，他们不知道对这样一种政府，对这样一种不正当的和有争议的权力而折腰。这种堕落的奴役形式对于他们而言，总是陌生的。国王所激发的情感，即使此后世界上所出现的最专制的统治者也不能唤起，这种情感对于我们几乎难以理解，因为大革命已经在一定程度上将它从我们的心中连根拔起。对于国王，他们既体验到一种对于父亲所体会到的温柔情感，也拥有一种仅仅对上帝才拥有的尊重。在服从他的最专断的命令时，他们更多的是出于热爱而非强迫，即使在最极端的依附状态中，他们也保持一种非常自由的精神。对于他们而言，在服从中，最大的罪恶就是它是强迫的；对于我们而言，它是最小的罪恶。在服从中，最坏的部分是它所产生的奴役情感。我们不要鄙视我们的父辈，我们没有权利这样做。但愿除了他们的偏见和缺陷之外，我们能够找回他们的一点伟大。

因此，相信旧制度是一个奴役与依附的时代，相当错误。那时，自由远比今日更为盛行，但是，它是一种非常态的和断断续续的自由，总 111 是被阶级差别所限制，总是同例外和差别的观念绑在一起，它让人们对抗法律，几乎就像专断权力做得一样多，它极少努力保证给予所有公民最为自然的和必要的权利。尽管自由受到了这样的限制和扭曲，它却依然富有成效。在中央集权制越来越努力迫使一切事物平等，扭曲和丑化所有突出性格的时代，自由保存了许多个人的内在创造性；它赋予他们个性和慰藉，培养他们的骄傲，在很多情况中让他们获得荣誉的愿望高于所有其他愿望。它塑造了这些鲜活的灵魂，这些骄傲的和大胆的天才，我们将会目睹他们的现场表现，他们将会让法国大革命成为一种后代人既赞赏又恐惧的对象。的确，如果这样的美德能够在自由已经被清除的土壤中成长，那才奇怪呢。

但是，如果这种无序的和不健康的自由让法国人做好了推翻专制主义的准备，它或许也让他们比其他民族更不容易在原处建立起和平的和不受束缚的法治。

第十二章　尽管文明取得了进步，何以法国农民的处境在 18 世纪有时比在 13 世纪更糟

在 18 世纪，法国农民不再成为封建小恶霸的牺牲品；他很少成为政府暴力的目标。他享有公民自由（civil liberty），并且拥有部分土地。但是，所有其他阶级都弃他而去，他的孤独或许比世界上任何其他地方都要严重。他遭受的压迫是一种新颖的和奇怪的压迫，其后果值得加以认真的和特别的关注。

在 17 世纪早期，据佩雷菲克斯（Péréfixe）① 说，亨利四世（Henri IV）抱怨道，贵族正在放弃农村。到了 18 世纪中叶，这种遗弃几乎成为普遍现象。当时所有的资料都提到了这个事实，并为此而悲叹：经济学家在他们的书里，总督在他们的信函中，农业协会在它们的报告中都是如此。在人头税记录里可以找到无可辩驳的证据，它是在实际居住点征收的。来自所有上层贵族和一部分中层贵族的人头税都是在巴黎征收的。

除了那些财产太少而不能离开的人，几乎没有贵族居住在农村。这些人所处的同他们的农民邻居相关的位置，我不相信以前任何富有的地主曾经经历过。由于贵族不再是农民的领袖，他不再有兴趣像过去一样，和他们一起共事，救助他们，并向他们指明前进方向。由于他不再缴纳他们所承担的税收，他也就不再对他们的困境感到同情，由于他不再和他们共有这种困境，他也不再感受得到他们的委屈，这种委屈对于他是陌生的。这些人不再是他的臣民，但是，他也不再是他们的同胞：这在历史上是一种独一无二的情形。

---

① 佩雷菲克斯（1605—1670），为路易十四的师傅和巴黎大主教。——译者

这种情况导致了一种所谓的心灵的不在地主制（absenteeism of the heart），一种比通常意义上的不在地主制更常见和更具毁灭性的现象。结果，居住在自己领地上的贵族常常表达的是他不在领地上时他的管家可能所表达的观点与情感。像管家一样，他仅仅把他的佃户视作债务人，坚持勒索根据法律或者惯例他应得的所有东西，所以，在一些情况中，封建残余权利的索取比严格的封建时代还要严酷。

由于常常背负债务和总是身处窘境，在他的城堡中，他通常过着相当拮据的生活，他的每一个念头都致力于积累金钱，以便到了冬天在城市中花费。普通人的词语常常直指事物的本质，把这种较小的贵族称作**燕隼**，或者业余鹰，它们是最小的猛禽。

无疑，人们会发现不符合这种类型的个人，但是，在这里我谈到的是阶级，它应该是历史学家所关注的唯一目标。谁能否认，在那些日子里，也有许多富有的地主关注农民的福利，即使他们没有被迫和农民具有共同利益，并且不和农民共享利益？我愿意说，这些个人成功地对抗了他们的新地位的规则，但是，不管他们自身如何，这种规则导致他们的漠不关心，同样也导致他们以前的附庸的仇恨。

贵族阶级对于农村的遗弃常常被归咎于某些国王和大臣的特定影响，特别是路易十四和黎塞留。的确，在君主制的最后三个世纪期间，君主几乎总是拥抱这样的思想：把贵族同人民分开，把他们引向宫廷和公职。在 17 世纪，这种做法特别明显，那时，君主政体依然害怕贵族阶级。在提交给总督的问题中，我们发现这样的问题："你们省的贵族是希望留在他们的居住地还是离开？"

某个总督对这个询问做了回应，他的信件留下来了。他抱怨，他的省的贵族愿意同他们的农民留在一起，而不是履行他们对于朝廷的义务。值得注意的是，这个省就是安茹，后来被称作旺代。据说，拒绝向国王履行义务的贵族是后来法国唯一拿起武器捍卫君主制的人们，其中一些人死于捍卫其利益的战斗中。此外，他们拥有这种光荣声望仅仅因为一件事情：他们保持了这些农民对他们的忠诚，尽管他们因为选择和农民生活在一起而受到指责。

然而，我们必须当心，把那时民族的主导阶级对于农村的遗弃归因于某些国王的直接影响。这种遗弃的主要的和持久的原因不是某些个人的意志，而是某些制度缓慢的和平稳的运动。这样的证据可以在一件事实中发现：当政府想在 18 世纪对抗这种弊端时，它甚至不能延缓这种进展。由于贵族失去了政治权利而没有获得其它替代性权利，并且由于地方自由的消失，贵族的迁移增加了。不再有必要诱使他们离开自己的家，因为他们不再愿意留在家里。田园生活对于他们了无生气。

我在这里所说的关于贵族的情况应该适用于所有国家富有的地主：中央集权制腾空了农村富有的和受过教育的居民。的确，我或许可以补充道：中央集权制导致农业的低效和创新的缺乏。这样一种观察可以作为孟德斯鸠非常深刻的评论的注解："让土地多产的不是它的肥力，而是生活于其上的那些人的自由。"但是，我不愿偏离我的主题。

在前文中，我们看到资产阶级如何到处都在放弃农村，在城市中寻求庇护。旧制度的文献对于这一点是如此的毫无异议：在农村，我们几乎找不到超过一代的富有农民。一旦一个辛勤的农夫设法积累一点财产，他就会命令他的儿子放下犁头，送他到城里去，为他买一个小官。在这个时期，我们可以追踪到甚至今天还保留着的一种普遍情感：法国农夫对于让他致富的职业常常感受到的奇特憎恶。原因不在了，后果依然存活着。

实际上，唯一教养良好的人，英国人所谓的唯一的"绅士"，继续生活在农民中间，同他们保持着密切的接触，就是神父。因此，尽管伏尔泰有言在先，如果神父没有把自己紧密地和明显地同政治统治集团联系在一起，他或许会成为农村人口的首领。因为他分享了统治集团的许多 115 特权，他招致了它所引起的一些仇恨。

这样，农民几乎完全离开了上层阶级。他甚至离开了他自己阶级的一些人，这些人本来可以帮助和指导他。由于后者获得了教育或财富，就避开了他。他从国民中被筛选出来，并且被分开。

这种现象并没有同等程度上发生在任何其他重要的欧洲文明化国度中，即使在法国，它也是一种新近的现象。14 世纪的农民受到的压迫更多，同时得到的帮助也更好。贵族有时暴虐地对待他，但从来不会抛弃他。

在 18 世纪，一个村庄就是一个共同体，所有成员贫穷、无知和粗野。它的官员和其他人一样没有教养、受人鄙视。它的理事不知道如何读书识字。它的收税官不能够独立记录有关他自己和邻人财产的账目。村庄以前的主人不仅失去了统治它的权利，甚至到了把对于它的治理参与视作丢脸的地步。分摊军役税、征募士兵、安排劳役细节，是低下的事务，适合参事办理。只有中央政府才关注村庄，由于它距离遥远，对于生活在那里的人们尚无恐惧之意，所以，它很少对他们有兴趣，除了从这个地方提取它能够获利的东西。

现在，请考虑一下一个被忽视的阶级的情况吧，没有人想对它实施暴政，但是，也没有人致力于教育和帮助它。

封建体系给予农村人口沉重的负担无疑减轻了或者被消除了，但是，对于取而代之的新负担，我们知之甚少，它们或许还要更为沉重。农民没有遭受折磨他的祖先的所有苦难，但是，他忍受了祖先所不知道的许多痛苦。

我们的确知道，过去的两个世纪中，军役税增加了十倍，几乎完全是由农民承担的。在这里，必须对于这种税种的征收方式略说一二，以便表明，在文明社会里什么野蛮的法律被确立和维持下来，而当时，国家中最有教养的人对于改变这些法律毫无兴趣。

在一封写于1772年的财政总监给总督的机密信件中，我发现对于军役税的如下描述，堪称一小篇精确与简练之杰作："军役税在它的分配上是专断的，作为一项税收，纳税人要共同承担责任。它是针对人而非土地进行评估的。在法国的大部分地方，它在不停地变化，因为纳税人的财产每年都会发生变化。"所有情况都被概括在这三句话中。对于人们以此获利的这种罪恶，难以给出一个比这更加巧妙的描述了。

每个教区缴纳的总额每年都要重新加以确定。如同大臣在其信件中所说，它在不停地变化，以至于没有农民可以预料到每年他必须缴纳多少。在教区内部，一个农民每年被随机选中，充当收税员，在其他人中间划分税务负担。

我答应描绘一下这个收税员的处境。为达此目的，让我们把关注转向1779年贝里的省议会。它的话不应该怀疑，因为它完全是由享有特权的人构成，他们是由国王挑选的，不缴纳军役税。"因为每个人都希望避开收税员的职责，所以，每个人必须轮流担任。这样，军役税的征收每年都被委托给一个新的收税员，而不考虑他的能力或者人品。因此，每年税收清单的制定反映了编制它的人的性格。收税员的恐惧、软弱和缺陷作为印记，都被留下来。此外，他怎么才能做好呢？他在黑暗中工作，因为，谁确切地知道他的邻人有多么富裕呢，或某人的财产同另一个人的财产相比如何呢？然而，这种判断任由收税员来决定，并且他必须以他自己的财产，甚至他的身家性命为担保，为全部税额承担责任。通常，他必须在两年间每天花费半天时间奔走于各种纳税人之间。那些不识字的人被迫找到邻里某人为他们做这项工作。"

更早时候，蒂尔戈谈到另一个省的这种情况："这项任务让那些承担它的人们陷入绝望之中，并且几乎总是陷于破产境地。这样，我们迫使一个村庄中所有富有的家庭一个接一个地走向痛苦。"

然而，这个不幸的人具有巨大的专断权力。他既是一个牺牲品也是一个暴君。当他从事这种让他自己破产的活动时，他在他的手中也握有让所有其他人破产的权力。让我们再次引用这个议会的讲话："对于他的亲属、他的朋友和邻居的偏爱，对于他的敌人的仇恨和报复，对于一个庇护者的需求，对于得罪一个可以提供工作的富有公民的恐惧，这些情感和正义的情感在他的心中相互搏斗。"恐惧常常使得收税员残酷无情：在一些教区，他从来不敢出门，除非是由治安官和执行吏陪伴。"当他没有带执行吏出来时，"一位总督在 1764 年告诉大臣，"纳税人就不愿意交税。"基耶内省的议会注意到，"单单在维勒弗朗什地区，就有 106 个传票送达员和其他治安官的助理在道路上不停地奔走。"

为了逃避这种粗暴的和专断的税收，18 世纪中的法国农民就像中世纪的犹太人一样行动。他装出一副悲惨的样子，即使有时他并非如此。他的富足理所当然让他恐惧。我在一个文件中发现这种确切的证据，我不是从维埃纳而是从一百里格远的地方找到它作为这种例子的。曼恩省的农业协会在 1761 年的报告中宣称，它想到了可以将牲畜作为奖金和激励。"这个念头被放弃了，"报告继续说，"出于其他人的卑鄙嫉妒，获奖者会遭遇风险。他们会马上利用税收评估的专断方式来损害获奖者。"

在这种税收体系中，每个纳税人都有直接的和长远的利害关系侦查他的邻居，向收税员告发邻居财富的任何增加。他们都学会了在诽谤与仇恨中相互竞争。人们不是想要把这样的行径称作在印度某些王侯的领地上才发生的事情吗？

然而，在这个时期的法国一些省，税收是根据常规的和非强制的方式征收的，这就是一些三级会议行省。的确，这些省被授予了自行征税的权利。比如，在朗格多克，军役税只是根据不动产征收的，不会随着地主的财富而变化。它的根据是固定的和可见的：一本认真编制的土地清册，每三十年加以修订，根据土地的肥力把每块土地分为三等中的一种。每个纳税人提前知道他被要求缴纳的税收份额。如果他没有纳税，只有他一个人，或者，只有他的土地承担责任。如果他相信评估是不公正的，他有权要求将他的税率同教区另一个居民的税率加以比较，他可以自行选定另一个居民。因此，这种程序就是我们今天所谓的比例平等制（proportional equality）。

显然，所有这些规则正是我们现在所遵循的规则。从那时到现在，很少对它们加以改良；只是对它们加以推广。值得注意的是，尽管我们将我们的公共管理形式建立在旧制度的政府基础之上，我们却避免在其他方面模仿它。我们不是从旧制度的政府而是从省议会中借来了我们最好的管理方法。我们采用了机器，却拒绝其产品。

农村人民的经常性贫困产生了一些不可能会结束贫困的格言。"如果人民境况良好，"黎塞留在他的政治遗嘱中写道，"他们就难以听从命令。"在18世纪，如此直白的说法不再常见了，但是，许多人继续相信，如果农民不会时常受到迫切需要的刺激，他就不会工作：贫困显然是对抗懒惰的唯一保障。我正好听到有关我们的殖民地黑人的同样理论。这种观点在执政的人们中间是如此流行，以至于几乎所有经济学家觉得必须对此加以反驳。

军役税的最初目的是让国王购买士兵，以减轻贵族及其附庸履行军役的需要。然而，我们已经看到，在17世纪，军役义务被恢复了，是以国民军的形式，而现在它完全落在了普通人主要是农民头上。

考虑到充满了总督档案的大量警察报告都和追捕逃避军役者和逃兵有关，就足以发现，国民军的招募不是一项容易的任务。显然，农民们发现，没有什么公共负担比这一种更具有压迫性。为了逃避征募，他们常常逃进丛林，受到武装士兵的追捕。考虑到今天征兵过程的顺畅，这种情况令人吃惊。

旧制度下的农民非常不情愿在国民军中服役，不是由于法律的原则，而是由于法律的适用方式。首先考虑一下潜在的从军者所遭受的长期心神不宁（直到四十岁之前，他都可以被征募，除非是他已经结婚）；豁免的任意性，几乎让抽取免征幸运数字的好处化为乌有；禁止找人替换；对于一种严酷的和危险的职业不能提供升迁希望的厌恶；但是，尤其是觉得这种负担唯独落到他们头上，他们中最贫困的人头上，所以，士兵命运的严酷性还混有他的地位所带来的侮辱。

在我的手中握有来自许多教区的 1769 年应征抽签的大量抄本。这些抄本指出了那些免于应征的人的名字：他们包括，一位贵族的仆人，一个修道院的警卫，和被认定为资产阶级的某个人的贴身男仆，确切而言，而是一个**过着贵族生活**的资产阶级。只有财富能够带来豁免：如果一个农夫能够年复一年地忝列那些缴纳最大数额税金的人们中间，他就会获得让其儿子免除国民军服役的特权；这种特权被称为"鼓励农业"。重农主义者在所有其他方面极大地支持平等，却没有发现这种特权的坏处。他们只是坚持要把这种做法延伸到其他阶级。换句话说，他们想要把这种落在最贫穷和最缺乏保护的农民身上的负担变得更加沉重。其中一个人这样说："由于士兵工资微薄，宿舍、伙食和衣着差劲，地位完全不能独立，如果不是从百姓的渣滓中征募士兵，那就太残酷了。"

直到路易十四统治的末期，公路都没有得到维护，否则，它们的维护就需要使用它们的那些人承担，包括国家和路旁的土地拥有者。然而，大约在这个时候，仅仅靠强制劳动开始了维护，就是说，单单由农民来承担。这种权宜之计有可能拥有良好的公路而不须为此而付钱，似乎是如此令人激奋，所以，在 1737 年，财政总监奥里发布了一条通令，规定在整个法国采纳它。总督被授予权力监禁任何拒绝工作的人，或者派出治安官的下属搜捕他们。

从那时起，由于商业的增长，对于良好公路的需求与兴趣更加普遍，强制劳动被用在了新的公路上，比以前更加具有压迫性。1779 年送给贝里省议会的一项报告发现，在这个穷省使用的强制劳动的估值有 700,000 里弗。在 1787 年的下诺曼底（Lower Normandy），报告的数字是相近的。没有什么比这更能透露出农村人口的悲惨命运：社会进步让所有其他阶级富裕，却让农村人民绝望无助。文明只是和他们敌对。

在大约来自同一时间的总督的信件中，我发现，拒绝为了农村专用道路而使用强制劳役被认为是合适的，因为这样的劳役要被专门用于主要公路——"国王的公路"，这是那个时候对它们的称呼。向国王最贫困的臣民和那些最不可能出行的人摊派建造公路的成本，这种奇怪思想是一种新颖的思想，然而，它却如此自然地生根于那些从中牟利的人们的头脑中，以至于不久他们就不再想出任何其他完成任务的方法。1776年，¹²⁰一项尝试被用来将强制劳动转变为一项地方税。不平等马上就如影相随，被纳入这项新税种中。

强制劳动曾经是一项领主特权，变成了一项王家特权，渐渐地被扩展到所有种类的公共工程中去。1719年，它被用于建造兵营。"教区必须派出它们最好的工人，"法令说道，"所有其他的工程必须服从这项工程。"强制劳动将因犯送到战舰，把乞丐送到贫民习艺所。一旦军队改变驻地，就要通过强制劳动运送军事用品：在每支军队带着沉重的辎重行军的一个时代，这是一项相当大的负担。大量的马车和牛必须被征用，以运送这些重物。随着常备军规模的增加，这种目的所必需的劳动最初是轻微的，就变成了最为沉重的负担之一。我发现，国家承包人极力要求强制劳役，将木料从森林运送到海军兵工厂。被征召从事这项工作的农民通常被支付工资，但它是任意规定的，并且很低。这种不当分配的负担有时如此可观，以至于让收税员感到忧虑。"道路维修要求农民的费用很快就让他们不可能再缴纳军役税。"他们中一个人在1751年写道。

如果农民旁边有一些富有而开明的人，拥有时尚与权力，即使没有能够保护他，至少能够为了他的利益同共同的主人进行斡旋，这个主人已经控制了穷人与富人的共同命运，那么，所有这些新形式的压迫可以被确立下来吗？

我发现一位大地主在1774年写给他所在省的总督的信，请求他建造一条新的道路。在他看来，这条新路将会为某个村庄带来繁荣，他解释了原因，然后转而谈论要建立一个集市，他说，这个集市将会让农产品的价格翻倍。这位好公民又说，需要少量资助就可以建立一所学校，它将会为国王提供更加勤劳的臣民。他以前从未考虑过这些必要的改良，只是因为一封**密札**（a lettre de cachet）^①把他在自己的城堡中监禁了两年

---

① 为17世纪法国国王路易十四签发的逮捕令，国王可以凭此任意逮捕和刑讯贵族与人民，并经常将这种密札作为赏赐，将签上自己名字的密札赠予亲信，赋予其随意逮捕别人的权力，成为君主专制权力无限扩大以后形成的一个经典附属品。——译者

时间，他才开始意识到它们："过去两年间在我的庄园中的流放让我相信，所有这些事情非常有益。"他坦诚地说道。

然而，尤其在饥馑的年代，曾经把农村大地主和农民联系在一起的庇护与依附纽带已经松弛或者断裂。在这些危机时期，中央政府对于它自己的孤立和软弱感到惊恐。于是，它想临时恢复被它摧毁的个人影响与政治社团。它呼吁他们的帮助，但无人应和。政府经常惊讶地发现，这些人和社团已经死去了，而正是它自己的行动剥夺了他们的生命。

在这些极端情况中，一些最穷的省份中的总督，比如蒂尔戈，签署非法命令，强迫富有的地主养活他们的佃户，直到下次收获之前。我发现来自几个教区教士的日期为 1770 年的信件，他们向总督建议，他应该向他们教区中的大地主课税，包括教会的和世俗的领主，"他们拥有大地产，却不在那里居住，并且从那里获得大笔收入，却在其他地方消费。"

即使在正常的年份，村庄里也是乞丐成灾。正如勒特罗那所言，穷人在城市得到救助，但是在农村的冬季，行乞是一件绝对必要的事情。

这些不幸的贫民周期性地遭受相当粗暴的待遇。在 1767 年，舒瓦瑟尔公爵（duc de Choiseul）①想要毕其功于一役，消灭法国的乞讨现象。人们可以在他同总督的信函中发现，他是如何无情地着手这样做的。警察被命令逮捕整个王国的所有乞丐，而且我们了解到，五万多人被逮捕。体格健全的流浪汉被送到军舰上。超过四十所济贫院被建立起来，收容剩下的人。让富人像过去一样敞开他们的心扉，不是更好？

我已经说过，旧制度的政府是如此温和，有时是如此胆怯，并且如此醉心于正式手续与缓慢程序，一旦涉及地位高的绅士就会恭敬对待，然而，却常常粗野并且总是迅速地逐猎下层阶级，特别是农民。在我考察过的文献中，我没有发现总督为了逮捕某个资产阶级而签发的任何一项命令，但是，农民却由于强迫劳动、军事服役、行乞、扰乱治安和许多其他事情不断受到逮捕。对于一些人来说，有独立的法庭，冗长的辩论和公开的听审。而对于另一些人而言，只有教区长签署草率的判决，且不能够上诉。

在 1785 年，内克尔写道："巨大的距离把人民同所有其他阶级分开，

---

① 舒瓦瑟尔公爵（1719—1785），法国军官，政治家、外交官，任国务大臣期间极大地影响了法国的政策。——译者

转移了人们的视野，使他们不去关注当局用来对付所有默默无闻的人们的方式。如果不是因为仁慈与人道是法国的特色和时代的精神，对于那些能够感觉到沉重的束缚却自己不受这些束缚的人而言，这将会是一种持久的痛苦源头。"

122　　　然而，真正表现出压迫的，不是对于这些不幸的人们所做出的伤害，而是他们受到阻碍不能为自己获取好处。他们是自由的并且拥有土地，然而依然像他们的祖先——农奴一样无知，而且常常更加不幸。在惊人的技术进步中间，他们依然死气沉沉；在一个散发着启蒙之光的世界中，他们依然不学无术。尽管他们保留了自己所特有的智慧与敏锐，却没有学会如何利用这些品质。即使在土地耕耘上，他们也不能获得成功，而这是他们唯一的营生。"在我的眼前，我看到的是 10 世纪的农业。"一位著名的英国农艺学家说道。他们只是在战争行业中表现卓越。至少在这里，他们自然而然地和不可避免地同其他社会阶级发生了接触。

　　　农民所生活的，正是这种孤立与悲伤的深渊。在那里，他们生老病死并且与世隔绝。我惊讶并几乎恐惧地发现，在天主教信仰被毫无抵抗地废除和教会被亵渎之前不到二十年的时候，行政当局希望进一步了解一个区的人口时，有时会诉诸下述方法：教区神父记录下来到教堂参加复活节活动的人数，再加上推测出的非常年幼的孩子和病人的数目，这样，人们就可以获得总人口。然而，时代观念已经从许多源头找到了进入这些粗鄙头脑的道路。这些观念走着曲折的和隐秘的路径，并且在头脑狭隘和晦暗不明的地方，表现出一些怪异的形式。然而，在外表，似乎没有什么已经改变。农民的民情、习惯和信仰似乎始终如一。他唯命是从，甚至充满喜悦。

　　　人们应该当心一个法国人在面对最大的痛苦时所常常表现出的快乐。这并不表明他没有感受到自己的痛苦，而仅仅是因为他相信他的不幸无法避免，试图通过不去考虑它而分散自己的注意力。给他一条摆脱悲伤的出路，它带来的痛苦似乎非常小，那么，他就会迅速地跑去寻求解脱，如果你碰巧挡住了他的道路，他可能会因为看不到你而把你撞倒。

　　　从现在我们所站的地方，我们可以把这些事情看清楚，但是，时人
123 却看不到它们。只有竭尽全力，上层阶级才能够看清楚在人民的灵魂中，尤其在农民的灵魂中所发生的事情。农民的教养与生活方式给予他们一

种关于人类事务的独特观点，这种观点对于所有其他人保持着封闭性。但是，如果穷人和富人实际上无所共享，没有共同利益，没有共同痛苦，也没有共同事务，那么，就会出现一片难以探测的黑暗，使一方的头脑看不到另一方的头脑，并且双方虽然生活在一起，却无法看透彼此的思想。我们看到，在大革命前夜，那些在社会大厦中拥有中上层次的人们生活在古怪的安全状态中，我们听到，当1793年已经迫近时，他们还在自己人中间睿智地谈论人民的美德、温顺、忠诚和快乐无邪，这是多么奇怪呀！这副景象既荒唐又恐怖。

让我们稍作停留，然后借助我刚刚描述过的所有这些微小事实，暂时考虑一下上帝治理社会行动的最伟大法则之一。

法国贵族阶级倔强地坚持让自己脱离其他社会阶级。贵族最终让自己免除了他们所承受的大部分公共负担。他们想象，在避开这些负担的同时，他们可以保持自己的令名，最初，似乎情况就是如此。但是，很快，一种看不到的内在疾病开始同他们的境况联系在了一起，他们的地位在渐渐地降低，尽管没有人对此落井下石。当他们的豁免权变得越来越广泛的时候，他们也变得越来越穷。贵族阶级唯恐同资产阶级搅和在一起，但是，资产阶级在没有贵族阶级的帮助下，并且在对它的反对中，获得了财富与教育。贵族不想要资产阶级作为同伴或者同胞，但是现在，不得不将他们承认为对手，不久是敌人，最后是主人。一种外来的权力让他们摆脱了领导、保护和帮助他们的附庸的义务，但是，由于它留给了他们金钱权利和荣誉特权，他们就认为，没有什么东西失去。由于他们继续行进在每一社会行列之首，他们就相信，他们依然是领导者，的确，他们继续被一些人所簇拥，他们在官方文件中把这些人称作他们的**臣民**。其他人被称作他们的附庸、他们的佃户和他们的农夫。实际上，他们没有追随者。他们是孤单的，并且当人们最终起而反对他们的时候，他们无可选择，只有逃之夭夭。

尽管贵族阶级和资产阶级的生活轨道相当不同，但在一个方面他们是相同的：最终，资产阶级像贵族一样，在生活中同普通大众分开。他们不是走近农民阶级，而是避开他们的痛苦。他们不是同农民结成紧密的联盟，对抗共同的不平等，而仅仅试图创造服务于他自己目的的新的非正义。资产阶级就像贵族维持特权一样，热心地获取特殊利益。本来

124

他出身于农民，但是，农民对于他，不仅成为陌路人，而且成为了完全未知的人。只有在他把武器交到他们手中后，他才意识到，他已经唤起了他毫无所知的激情，对此，他既没有能力约束也没有能力引导，在成为这种激情的推动者之后又成为它的牺牲品。

曾经伟大的法兰西大厦成为一片废墟，惊讶之情将会永远与之伴随。法兰西似乎注定要统治整个欧洲，但是，那些认真研究它的历史的人很容易就理解了它的崩溃。我刚才描绘过的几乎所有不幸的缺陷、失误和偏见，其起源、延续或发展都归咎于我们大部分国王的手法，他们使用它分裂人民，以便更绝对地统治人民。

就这样，资产阶级同贵族分离，农民同贵族和资产阶级分离，并且由于每个阶级内部的一种相似过程，在其内部也出现了完全不同的小群体，彼此之间就像阶级之间一样分离。这个时候，显而易见，整个社会已经被简化为一种均质的大众，没有什么可以把它的各部分整合在一起。没有什么留下来可以妨碍政府，也没有什么可以支持它。这样，当作为整个大厦的基础的社会开始颤动起来的时候，这座大厦中的富丽堂皇的王室转瞬之间全部毁灭。

最后，似乎只有人民才从他们所有主人的过错与失误中有所渔利。尽管他们实际上设法逃避他们的统治者的支配，但是，对于这些统治者强加给他们或者允许他们获取的错误的观念、腐败的习惯和邪恶的偏好，他们却无法摆脱其束缚。有时，我们发现，人民把奴隶的爱好带入到了自由的行使中去，他们不能进行自我统治，就像他们不能原谅自己的老师一样。

影响欧洲近代社会的史诗性变革：
旧制度与大革命
L'Ancien Régime et la
Révolution

第一章 到了 18 世纪中叶，作家如何成为国家的首 127 要政治家，由此所产生的效果如何

我现在把为这场伟大革命铺就道路的长期的与一般的事实放置一边（我的目的就是为了描绘这场革命），转向决定其地位、出生与性格的特定的与更近的事实。

在所有的欧洲国家中，法国长期以来最具有文学能力。然而，作家（men of letters）在以前从来没有展现出在 18 世纪中叶出现的那种精神，他们以前也从来没有占有他们在那个时代所承担的社会地位。这样的事情在法国前所未有，我认为，在任何其他地方也是如此。

在法国，作家并不像他们在英国那样，经常参与国务。的确，他们从来没有这样远离外界事务。在一个充斥着官员的社会中，他们没有被赋予任何权威，没有履行任何公共职能。

然而，不像在德国的大部分同行，他们没有完全避开政治，也没有把自己局限在纯粹哲学或美丽文字中。他们对于和政府有关的主题具有持久的兴趣。实际上，这就是他们自命的专业。如果人们愿意，就可以听到他们阐述社会的起源和原始社会的形式，公民的基本权利和当局的特权，人们之间自然的和人为的关系，习俗的错误或正确和法律的基本 128 原则。他们每天都在深入探究社会的基础，它是如何构成的，他们专注地研究其结构，批判其总体规划。诚然，他们中并不是所有人都可以透彻地和深刻地思考这些重大问题。的确，大部分人对于它们的触及仅仅是表浅的，几乎是娱乐化的。但是，所有人都考虑到了它们。这种抽象的和文学性的政治可以在那个阶段的所有作品中发现，尽管程度不一。从最为沉重的专著到最为轻浮的歌曲，没有什么可以完全摆脱它。

这些作家的政治体系具有广泛的多样性，所以不可能把它们结合到一种单一的政府理论中去。

然而，如果我们忽视了细节而去寻找基本的观念，我们很快就会发现，这些不同体系的作者至少在一个非常普遍的理念上达成了一致，他们中的每个人都认为是他们自己想到的，这种普遍理念先于所有其他的更特殊的观念而存在，并且是它们共同的源头。这个时代的作者彼此之间不管最终分歧有多大，所有人都从一个起点开始：所有人都相信，应当用某些简单的、基本的法则取代支配他们所生活的社会的复杂的传统习惯，这样的法则可以从理性和自然法中推理出来。

仔细地研究可以发现，人们称作18世纪政治哲学的东西，严格而言，就包含在这个单一理念中。

这样一种思想并不新鲜。在三千年间，它周期性地捕获人类的想象力，尽管时间从未长久过。它现在如何控制了这么多作家的头脑？为什么它不像以前一样停留在少数几个哲学头脑中，而是渗透到大众中，赋予政治激情以内容和热情，以至于我们发现，在那些什么也不曾引起他们兴趣的人们中间，关于社会性质的普遍而抽象的理论成为日常交谈的主题，甚至点燃了妇女和农民的想象力？作家没有地位、荣誉、财富、责任或权力，如何实际上成为这个时代的首要政治家——不，唯一的政治家，因为，当其他人参与政务的时候，只有他们在行使权威？我愿意简要地对此加以解释，并且表明，这些事实似乎属于我们的文学史，却对于大革命具有多么异常强大的影响力，并且继续影响到当代。

129　　18世纪的哲学家构思出的理念同作为他们的社会基础的理念如此不相容，绝非偶然。正是看到了这个社会，在他们眼前的这个社会，才会自然地提出这些新的观念。看到这么多腐败的和荒唐的特权，其压迫性日益沉重，其依据却越来越不明显，诱使或者迫使许多思想家拥抱地位自然平等的观念。当面对这么多奇怪的和随意的制度——另一个时代的遗物时，没有人会试图对其加以调和，或者让其适应新的需要；它们已经失去了其价值，却似乎注定要延续下去。当哲学家面对这种情况时，很快就会厌恶古老的事物与传统，自然就想根据一种全新的计划重建社会，这样的计划是他们每个人只根据理性之光制定出来的。

这些作家的处境在他们身上培养了一种对于抽象的、普遍的政府理论的爱好，他们盲目地相信这种理论。由于他们几乎被完全排斥在政治生活之外，所以，他们不拥有可以缓和其自然激情的经验。没有什么可以警告他们，活生生的现实即使对于最可取的改革都有可能构成障碍。他们没有想过，即使是最必需的革命也总是伴随着危险。的确，他们没有预见到它们，因为政治自由的完全缺乏使得他们不仅不能理解外界事务，而且实际上看不到它们。他们对于这个世界无所作为，也不能发现其他人在其中都做了什么。因此，连一个自由社会的景象和自由人所说的话都会带给最少参与政府的那些人以肤浅的教育，但是，他们连这一点教育都没有。因此，他们在自己的创新中变得更加勇敢起来，更加沉迷于普遍观念与体系，更加轻视古代的智慧，对于个人理性更有信心，人们通常在写作政治推理之作的作者身上也看不到这些。

一种同样的无知导致大众对于他们言听计从，敞开心扉。如果法国人依然通过三级会议参与政府，就像过去一样，如果他们依然通过省议会参与日常行政管理，那么，我们可以放心地说，他们不会被这些作家的思想所激发，就像现在一样。他们会对于政府有一定的熟悉度，而这会让他们对于纯理论的危险保持警惕。

如果他们像英国人一样，不是摧毁古老的制度，而是逐渐改变它们的精神，他们或许不会如此轻易地想象出全新的制度。但是，他们中的每个人都觉得，在他的财产、人身、福利或自尊上受到了某一古老法律、某一古代政治惯例、某一古老权力残余的妨碍，并且他看不到有方便的补救办法可以用于他的特有痛苦。看起来，国家政体或者是被完全容忍，或者是被完全摧毁。

然而，在所有其他自由的废墟中，我们还保留了一种自由。我们几乎可以无拘无束地对社会的起源、政府的基本性质和人类的原初权利进行哲学探讨。

被日常立法所妨碍的所有人不久就沉迷于这种文学政治（literary politics）。对于这种事情的爱好甚至传播给其本性和处境通常使其远离抽象推理的人们。几乎没有一个因为不平等的军役税分配而处在不利地位的纳税人不会对人人平等的观念产生好感。一个小地主，如果其财产被他的邻人——贵族的兔子所破坏，不会不乐意听到，理性毫无例外地谴责所有的特权。因此，每一种公众激情都以哲学的面目出现。政治生活被强烈地引入文学中，而作家承担了指导公共舆论的责任，暂时占据了政党领袖通常在自由国家中所拥有的位置。

到了这个时候，没有人能够挑战作家的角色了。

当贵族政治富有活力的时候，它不仅在公共事务中处在主导地位。它还塑造舆论，为作家定调，为思想赋予权威。到了18世纪，法国贵族阶级已经完全丧失了它的这种支配地位。它的信誉遭遇了和它的权力一样的命运。它在思想统治中曾经占有的位置出现了空缺，作家就可以自由地承担这种角色，排斥所有其他人。

进而言之，虽然贵族阶级的位置被作家所占有了，它却鼓励他们的事业。它完全忘掉了，一般理论如果被接受，如何会不可避免地转变为政治激情与行动，所以，它仅仅视为精巧的智力游戏的一些学说，对于它的特权，甚至对于它作为一个阶级的存在充满了最大的敌意。为了消磨时光，它自己参与这些游戏，心安理得地享受自己的豁免权，同时却平心静气地探讨所有既定习俗的荒唐性。

当旧制度的上层阶级这样促成自己毁灭的时候，许多人会对他们奇怪的盲目性表示惊讶。但是，又有谁能够开导他们呢？一个国家的首要公民要了解自己所面临的危险，就像最底层阶级要保障自己的权利一样，自由的制度不可或缺。在法国，在公共生活的最后一点遗迹在法国消失后的一个多世纪里，对于维持旧政体最具有直接利害关系的人们没有收到警告，没有感到震动，没有听到破裂，这些现象本来可以表明，古老的大厦处在崩溃的边缘。由于没有任何外部的变化，他们就认为，所有事情都原封未动。他们继续像他们的父辈一样看待事物。在1789年的陈情表中，贵族阶级似乎依然像在15世纪一样专注于王室权力的僭越。其间，伯克正确地注意到，不幸的路易十六直到在民主革命中死去的那一刻，还把贵族阶级作为王室权力的主要对手。他对于贵族保持着警惕，好像他依然生活在投石党人时代一样。像他的祖先一样，他把资产阶级和人民看作君主政治可信赖的支持者。

我们已经目睹了如此多的革命所造成的废墟，然而，在我们看来甚至更为奇怪的是，暴力革命的概念在我们祖先的头脑中是不存在的。它没有被探讨过；它没有被设想过。政治自由可以不断地为最为牢固的既定社会提供微小的骚动，每天都可以作为对动乱的提醒，从而造就了一种谨慎的公共智慧。可是，在 18 世纪的法国，当社会跟跟跄跄地徘徊在深渊边缘的时候，却依然没有得到形势不稳定的警告。

我仔细地阅读了三个等级在 1789 年开会前所准备的陈情表。当我说到三个等级时，我指的是贵族阶级、教士阶层和第三等级。在某个陈情表，我发现有人请求改变一项法律，在另一个陈情表中，有人要求改变一项习俗，我都做了笔记。当我看完这些大量的文献汇集并且把这些特殊请求放在一起的时候，我惊恐地意识到，他们所要求的乃是，在整个国家同时而系统地废除所有有效的法律与习俗。我马上发现，这将会导致世界上有史以来发生过的最大规模和最危险的革命之一。但是，将成为这场革命牺牲品的那些人对此一无所知。他们相信，在理性的帮助下，并且仅仅依靠理性的力量，就可以毫无破坏地对这样一个古老的和复杂的社会进行全面的和迅速的变革。可怜的傻子！他们甚至忘记了四百年前他们的祖辈以简洁、鲜明的法语所表达过的格言："谁寻求过度的自由与权利，谁就会得到过度的奴役。"

毫不惊奇，由于贵族阶级和资产阶级曾被长期排斥在公共生活之外，表现出这种惊人的无知。然而，更加惊奇的是，正是负责国务的人，大臣、行政官和总督，却表现出更少的先见之明。的确，他们中的许多人在其本职工作中都是非常能干的践行者。他们对于公共管理的细节拥有充分的知识。伟大的政府科学可以教会人们理解社会的一般倾向，判断大众头脑中正在发生的事情，并预测其中将会发生什么事情。但是，当涉及这门科学时，他们自己就像人民一样，相当无知。的确，政治家只有通过自由制度的运作才能够学会治国艺术的这个方面，治国艺术的主要部分。

这一点在 1775 年蒂尔戈提交给国王的报告中看得相当清楚。在其中，除了其他事情，他还建议君主允许整个国家推选出一个议会，然后在国王出席的情况下每年举行六周会议，但不给予这个议会以任何实际权力。它将仅仅关注行政机关但绝不能干涉政府，提供它的意见而非表达它的意志。实际上，它的唯一任务将是讨论法律而非制定法律。"这样，王室权力将会受到启发，而不会受到妨碍，"蒂尔戈说，"公共舆论将会得到满足而不会带来危险，因为这些议会没有权威来反对必要的行动，如果不知何故它们不愿服从，陛下也依然拥有优势。"关于某项措施的意义和某个时代的精神，不可能有谁比蒂尔戈所犯的错误更大了。蒂尔戈所建议的方式是给予自由的影子而没有自由的实质。诚然，根据这种方式采取行动而不受惩罚常常是有可能的。奥古斯都（Augustus）[①]尝试过并获得了成功。如果一个民族厌倦了无休止的辩论时，只要能够给予它平静，它会心甘情愿地接受愚弄。历史教会我们，在这样的情况中，足以从全国征募某些卑微的或恭顺的人，付薪让他们在国民面前扮演一个政治议会的角色。可以援引几个这样的例子。但是，在一场革命的开端，这样的措施总归失败，只会激怒人民而不会满足他们。一个自由国家最卑微的公民尚且知道这一点；蒂尔戈，尽管是一位伟大的行政官员，却不知道。

现在请记住，同样的法国国民如此远离它自己的事务，如此缺乏经验，被它的制度如此妨碍，对于改变它们如此无能为力，然而，也是最具有文学素养的民族，最沉迷于才智的民族。你也会轻易地理解，作家在这个国家中如何成为一支政治力量，并最终成为所有政治力量中最重要的一支。

在英国，研究政府的那些人同统治国家的那些人融合在一起，所以，后者将新思想引入实践，而前者借助事实修正和删减理论。但是在法国，政治世界在某种程度上保持着分裂状态，分裂为两个不同部分，彼此之间没有往来。一个从事管理，而另一个确立应该构成所有管理基础的抽象原则。一个应常规所需，采取特殊的措施；另一个宣布一般法则，而不考虑运用它们的措施。一个负责公共事务，另一个负责人们的头脑。

现实社会的制度依然是传统的、混乱的和无序的，在其中，法律依然多种多样和相互抵触，等级界限清晰，身份得到固定，税负不平等。在这个社会的上面，一个想象的社会被逐渐建构起来，在其中，一切看起来简单而连贯、一致、公正，并被理性所塑造。

渐渐地，大众的想象力抛弃了前者，而沉湎于后者。人们为了梦想到可能是什么而对实际是什么失去了兴趣，在他们的思想中，他们生活在作家所建构的理想城邦中。

许多人把我们的革命归因于美国革命。后者的确对于法国大革命施

---

① 奥古斯都（公元前 63—公元 14），原名盖乌斯·屋大维。古罗马帝国开国皇帝，元首政制创始者，恺撒的甥孙。——译者

加了巨大的影响力，但是，法国大革命多大程度上可以归功于美国事件，比当时法国人所认为的要小。在欧洲的其他地方，美国革命还仅仅是一种新颖的和独特的事件，而在法国，它仅仅让人们认为他们已经知道什么是更显著和更突出的事情。在其他地方，它让人惊讶；在这里，它被人信服。美国人似乎只是贯彻了我们的作家所展望的事情。他们给予我们正在梦想的事情以现实内容。这就好像是费内隆（Fénelon）^①突然发现自己来到了萨朗特（Salentum）。

134

在这种最为罕见的历史形势中，一个伟大民族的全部政治教育是由作家来进行的；这种形势独一无二地导致了法国大革命与众不同的特征，也给予了我们今天所看到的其后果。

作家不仅把观念提供给制造大革命的人民，而且给予了某些他们自己的气质和性格。在他们的长期教育下，由于缺少其他领导者，由于对所有人遭罪的实践存在深刻的无知，国民阅读着他们的作品，并获得了写作者的本能、思想特色、爱好甚至怪癖。所以，当整个国家最终必须行动时，它就把文学的习惯带入政治中。

当人们研究我们的大革命的历史时，他们会发现，引导它的精神正是造就这么多有关政府的书籍的同样精神：对于一般理论、完整的立法体系和精确对称的法律的同样喜爱；对于现存事实的同样蔑视；对于理论的同样信心；对于原创的、精巧的和新颖的制度的同样爱好；对于同逻辑规则和完整计划相一致的整个政体加以重塑的同样热切，而非致力于修正它的缺陷部件。一种多么可怕的景象！因为，在一个作家身上值得称赞的东西在一个政治家身上有时是缺陷，常常导致伟大文学的同样品质也会引起伟大革命。

政治语言自身也具有了作家所说的语言的某些特色，充满了一般性词组、抽象术语、浮夸之词和文学句式。这种风格，被使用它的激情所煽动，渗透到社会的所有阶级中，并且异常容易地深入到他们中的最低层阶级中。早在大革命前，路易十六的敕令就经常提到自然法和人的权利。我发现，农民在他们的请愿书中，把他们的邻居称作同胞，把总督称作可敬的行政官，把教区神父称作圣坛使者，把上帝称作最高存在。

---

① 费内隆（1651—1715），法国哲学家、神学家和宫廷政治顾问。——译者

他们只需要拼写知识，就可以成为有点平庸的作家。

这些新的品质如此充分地同法兰西性格的古老源泉融合在一起，以至于许多观察者把这种仅仅是特殊教育的产物归因于我们的天性。我听到有人说，在过去的六十年间我们在政治事务中所展示出的对于一般观念、体系和大话的爱好或激情来自我所不知道的我们种族的某一特性，或者来自有时被夸大其词的"法兰西精神"，仿佛这种所谓的属性在我们以前的历史中长期隐藏后，突然在 18 世纪迸发出来。

引人注目的是，虽然我们几乎完全失去了以前对于文学的热爱，却依附于我们从文学中所获得的习惯。在我的从政活动中，我常常惊讶地发现，人们很少阅读 18 世纪或者任何其他世纪的书籍，对于作家相当蔑视，然而却相当忠实地保持着在他们出生之前文学精神所滋生的一些主要缺陷。

第二章 非宗教倾向在 18 世纪如何成为一种普遍的和主导的激情，它如何影响了大革命的特色

在 16 世纪伟大革命的余波中，当批判精神被用于在各种基督教传统中辨别真伪的时候，更为勇敢和更为好奇的头脑敢于反复地挑战或者排斥所有这些传统。导致路德时代数百万天主教徒放弃天主教的同样精神也在每年推动一些基督教徒放弃基督教本身：无信仰紧跟着异端。

一般而言，如果说，到了 18 世纪，基督教在欧洲已经失去了它的大部分势力，这是没有问题的。然而，在大部分国家，它受到了漠视，而没有受到强烈的挑战。即使那些放弃信仰的国家也几乎是抱憾弃之。非宗教潮流在国王和才智之士中盛行，但是还没有深深地渗透到中间和下层阶级中去。它只是一种精神上的狂想，还不是一种普通的见解。在 1787 年，米拉波说："在德国普遍认为，普鲁士各邦充满无神论者。真相是，尽管可以在那里发现一些自由思想家，普通人民像在大部分虔诚的国家里一样，献身于信仰，的确，那里甚至不缺少宗教狂热分子。"[①] 此外，深深值得遗憾的是，弗里德里希二世不批准天主教教士的婚姻，不止如此，他还拒绝那些结婚的人保留来自圣职的收入，"这项措施（允许教士结婚），我敢说，配得上这位伟人。"除了法国，在任何地方，非宗教意识还没有成为一种普遍的、热烈的、难以容忍的和压迫性的激情。

在法国，完全前所未有的事情发生了。以前，既定宗教会受到猛烈的攻击，但是，针对它们的狂热总是起源于被某一新宗教所激发的热情。

---

① 这项引述有点不准确。米拉波实际写道："在德国，一种流行偏见是，普鲁士各邦，尤其柏林，住满了无神论者。"第二部分引述被一些文本所隔开，该部分提到"那些狂热分子被称作虔诚派信徒"。参见《弗里德里希大帝时期的普鲁士君主制度》(De la monarchie prussienne sous Frédéric le Grand, vol. 5, London, 1788)，第 22 页。

即使古代虚假的和令人憎恶的宗教在基督教取而代之之前也没有在许多人中间激起大量狂热的敌人。在那之前，古老的宗教在怀疑和冷漠中慢慢地和持续地衰败：可以说是死于年老。在法国，基督教受到某种狂热的攻击，然而，甚至没有人试图用另一种宗教来取代它。宗教的反对者狂热地和不倦地致力于把他们的信仰从灵魂中抽取出来，然后就让灵魂空空如也。一群狂热分子承担起这种徒劳无功的任务。绝对的无信仰是一种和人类的自然本能相违背、为灵魂带来大量痛苦的状态，却对大众产生了某种吸引力。以前仅仅产生病态衰弱状态的东西现在引起了狂热和布道精神。

一些重要作家往往否定基督教信仰，但是，他们的共同表现似乎不足以解释这样一种不平常的事件。为什么所有这些作家毫无例外地转向这一方向而不是其他方向？为什么没有人想到捍卫相反的论点？为什么他们能够超出他们的所有前辈，找到急切的大众倾听他们，并且相信他们的话？只有针对他们所处时代与地方的特有原因才能够解释他们试图做了什么，甚至他们为什么会成功。伏尔泰精神早已在世界上出现，但伏尔泰本人只有在 18 世纪的法国才取得了胜利。

首先我们承认，教会并不是在法国比在其他地方更易遭受攻击。的确，在法国，同宗教混合在一起的罪恶与弊端并不比在大部分天主教国家更为严重。同以前的法国相比，并且同其他地方相比，教会要宽容得多。因此，这一现象的特殊原因不要在宗教状态中而要在社会状态中寻找。

为了理解这一点，必须看到我在前一章所讲的内容：因为由于政府的缺陷所引起的政治反对精神不能在公共生活中得以表达，它就在文学中寻求庇护，而作家就成为致力于推翻国家全部社会与政治制度的重要党派的实际领导者。

一旦这一点得到正确的理解，问题的焦点就变了。要点不是要解释那个时代的教会作为一种宗教机构如何有罪，而是要解释它如何挡住了迫在眉睫的政治革命的道路，因此，必然要招致作为革命推动者的作家的特别厌恶。

正是教会治理的原则同作家希望在世俗政府中流行的原则构成了对立。教会首先是在传统之上建立的；作家对于以对过去的尊重为基础的所有制度表达了完全的蔑视。教会认可一种高于个人理性的权威；作家只依赖个人理性。教会以等级为基础；作家赞成抹杀所有等级特征。为了达成同教会的和解，双方应该承认，因为政治社会同宗教社会在本性上是基本不同的，它们不能被同一原则所统治。但是，在这一点上达成一致性，那时还任重道远；似乎为了攻击国家制度，人们必须首先摧毁教会——作为国家制度之基础与模型的制度。

此外，在那时，教会自己就是首要的政治力量——的确，所有政治力量中最令人厌恶的，尽管不是最具有压迫性的政治力量。因为它自身涉入了政治，当时，它的任务和本性并没有迫使它这样做。它常常将一些罪恶加以神圣化，而在别处它会对其加以谴责，为它们覆盖上它的神圣不可侵犯性。它似乎也想把它自己的不朽赋予其他政治力量。对于教会的任何攻击肯定会同政治激情马上产生呼应。

然而，除了这些一般原因，作家攻击教会还有更为特殊的，可以说更具有个人化的原因。教会代表着政府中离他们最近的、最直接和他们对立的部分。其他权力只会偶尔地强制他们，但是，教会由于具有监管思想和审查作品的特殊责任，就时常干涉他们。当他们捍卫普遍的思想自由，反对教会对它的蚕食时，他们是在为自己的利益而战斗，而他们的第一个目标就是打破最为牢固地束缚他们的枷锁。

此外，教会看起来是，而且的确是他们所攻击的庞大建筑物中最为脆弱的和防卫最差的侧翼。当世俗君主变得越来越强大时，它变得越来越虚弱。教会最初是君主的上级，然后是其平等者，最后被迫成为其客户。某种互惠关系被建立起来：君主们把其物质力量给予教会，教会给予其道德力量。他们强制对于它的戒律的服从，它劝诫尊重他们的意志。当革命逼近时，这是一种危险的交易，对于以信仰而非强制为基础的权力而言，总是不利的。

尽管我们的国王把自己称作教会的长子，他们忽视了对于它的义务。他们在保护它时的热情远远少于捍卫自己的政府时的热情。的确，他们不允许任何人直接对教会动手，但却袖手旁观，允许来自远处的无数支箭刺中它。

那时，强加给教会的敌人的折中措施没有减少他们的力量，反而增加了他们的力量。有时，对于作家的压迫可以阻止思想的运动；在其他时候，它却加速思想的运动。但是，在这个时候对于出版界所尝试的警察制度不可能不百倍地增加其力量。

作家所遭受的迫害足以导致怨恨，但不足以激起恐惧。他们所遭受的限制足以激发对抗，但所接受的沉重束缚还不能制止对抗。他们所遭受的攻击总是一些拖沓的、杂乱的和无意义的事情，其目的似乎不是劝阻他们写作，而是激发他们写作。完全的出版自由对于教会反而不太有害。

在1768年，狄德罗致函大卫·休谟："你认为我们的不宽容比你们的有限自由更有利于思想进步，霍尔巴哈、爱尔维修、莫尔莱和茹亚尔不会同意你的观点。"然而，正是这位苏格兰人言之有理。他生活在一个自由国度里，根据经验懂得这一点。狄德罗具有作家的思考方式，而休谟具有政治家的思考方式。

140　　　当我拦住我遇到的第一个美国人，不管是在他自己的国家还是在其他地方，问他是否认为宗教有助于稳定法律和达成一个秩序良好的社会，他会毫不犹豫地回答，一个文明社会没有宗教就不能生存，更别说一个自由社会。在他看来，对于宗教的尊重是国家稳定和个人安全的最大保障。甚至那些最不通晓政府科学的人也颇知此点。然而，世界上除了美国，没有一个国家更为广泛地运用了18世纪**哲人**（philosophes）最为大胆的政治学说。只是他们的反宗教学说，即使有着无限制出版自由的优势，却没有在那里出现。

我会说，对于英国人来说也是如此。我们的非宗教哲学甚至在我们的大部分哲人出生之前就在英国得以宣讲：正是博林布鲁克（Bolingbroke）①完成了伏尔泰的教育。在整个18世纪，英国出现了不信教的著名倡导者。聪明的作家和深刻的思想家拥护这项事业，然而没有取得像在法国一样的胜利，因为所有对革命有所恐惧的人都匆忙地支持既定信仰。即使他们中一些人深深地涉入了那个时代的法国，并且不认为法国哲人是错误的，也依然认为他们具有危险而加以拒绝。在自由国家中总是这样：伟大的政党发现，将自己的事业同教会的事业联系在一起是有利的。博林布鲁克自己和主教成为盟友。教士阶层被这些范例所激发，从来不会感到孤独，积极地为自己的事业而战斗。英国教会，尽管在其结构上存在

---

① 博林布鲁克（1678—1751），英国政治家和自然神论哲学家。——译者

缺陷，在其内部充满各种弊端，却成功地经受了冲击。作家和演说家从这个阶层中涌现，并且热切地致力于捍卫基督教。对基督教信条充满敌意的理论得到探讨和辩驳，最终被抛弃，这是由于社会自身的努力，而不是政府的干涉。

但是，为什么要在法国外部寻找例子呢？今天法国作家会想到写狄德罗和爱尔维修的书吗？谁想读它们呢？我几乎要说，谁知道它们的标题呢？在过去六十年中我们所获得的公共生活经验尽管是不完全的，却足以毁掉我们对于这种危险文学的爱好。请看一看，在国家的各个阶级中，随着每一个阶级在革命这所严酷的学校中获得了公共经验，对于宗教的尊重如何渐渐地重获其影响。旧的贵族阶级在 1789 年以前曾是最不信仰的阶级，在 1793 年后成为最虔诚的阶级。它是第一个受到攻击的，所以是第一个皈依的。当凯旋的资产阶级觉得自己受到打击时，也更接近信仰了。渐渐地，一旦人们在公共混乱中有所失的时候，对于宗教的尊重增加了，并且随着对于革命的恐惧的出现，不信仰消失了，或者至少隐藏起来。 ₁₄₁

旧制度结束时的形势并非如此。我们完全失去了有关伟大的人类事务的实践知识，我们完全忽视了宗教在各帝国治理中的角色，以至于最初，在那些对于维持国家秩序和人民服从最具有个人与迫切利害关系的人们的头脑中，不信仰得以确立。他们不仅欢迎不信仰，而且还盲目地在那些地位在其之下的人们中间传播。在他们百无聊赖的生活中，不虔诚成为一种消遣。

这样，法兰西教会以前拥有如此多的伟大演说家，但是，现在觉得它已经被所有和它具有共同利益应该拥护其事业的人所抛弃，因此陷入沉默之中。曾几何时，人们相信，只要允许它拥有自己的财产与地位，它就准备承认它在信仰上的错误。

随着那些否定基督教的人提高嗓门和那些依旧信仰的人保护沉默，于是，不仅在宗教中而且在所有其他领域中，我们就常常看到从那个时代以来所发生的事情。依附于旧信仰的人们担心所有其他人不再信仰，并且，由于担心孤立而非犯错，于是，他们就加入大众中，尽管没有共享它的观念。因此，依然只是国民中一部分人所拥有的情感看起来成为所有人的意见，这样，对于创造这种虚假外表的人们看来，这种情感似乎是难以抗拒了。

上个世纪末所有宗教信仰所遭受的普遍怀疑无疑对于我们的整个大革命造成了最大的影响；它表明了其特点。没有什么比这种普遍怀疑更能够为大革命的外貌烙上这样被常常被描绘的可怕印记。

当我试图理解那个时代的法国非宗教运动所产生的各种后果时，我发现，不是让心灵堕落或者让道德腐败，而是让头脑错乱，才导致人们采取这样异常的极端行为。

当宗教抛弃灵魂的时候，并不是像常常发生的那样，它把空虚和疲惫留给了灵魂。曾几何时，灵魂充满了新的情感与观念，一度取代了宗教的位置，阻止了灵魂的暂时消沉。

142　　　如果说造就大革命的法国人比我们更不信仰，他们至少保留着一种我们所不享有的令人敬佩的信仰：他们相信他们自己。他们并不怀疑人的完美性或人的力量。他们热切地追求人类的光荣，对于人类的美德充满信心。他们用傲慢的信心支撑起自己的力量，这种信心常常导致错误，但是没有它，一个民族就只能接受奴役。他们不怀疑，他们是受到了召唤来改造社会并使人类新生。这些情感和激情对于他们变成了一种新的宗教，由于它产生了一些宗教所产生的重要效果，使他们远离了个人利己主义，培养了英雄主义和自我牺牲精神，并在许多情况下让他们对于我们所执著的许多渺小的利益毫不在意。

我研究了大量的历史，才敢于肯定：我没有发现在其他的革命中，在这样多的人数中，一开始就有一种更为真诚的爱国主义，一种更为无私的倾向，或一种更为真诚的伟大抱负。这个民族既展示出了青春期重要的缺陷，但是也展示出了青春期重要的品质：缺乏经验和慷慨大度。

然而，非宗教在公众中造成了巨大伤害。

在大部分以前所发生的伟大政治革命中，那些攻击既定法律的人会尊重信仰，而在大部分宗教革命中，那些攻击宗教的人不会同时致力于改变所有权力的性质与秩序并彻底废除已有的统治结构。因此，即使在最大的社会动荡中，总是存在一种稳定点。

然而，在法国大革命中，宗教法规被废除了，甚至民事法律也被颠覆了，以至于人类头脑完全失去了其方向。它不再知道还有什么可以依靠，或停在什么地方。人们目睹了一种以前从未知道的革命分子的出现，其勇气到了疯狂的境地，没有什么创新可以让他们惊讶，没有什么审慎可以阻止他们，在执行任何计划时他们从不退缩。此外，人们不能认为，这些新的人类是片刻之下古怪的和暂时的创造物，当他们出现后注定要消失。他们从此构成了一个自我存续的种族，蔓延到地球的所有文明角落，到处都保持着同样的面貌，同样的激情和同样的性格。当我们诞生之时，它就在这个世上；今天它依然和我们在一起。

第三章　法国人如何在想要自由之前想要改革

　　一件值得关注的事情是，在所有为大革命铺平道路的思想与情感中，严格意义上的有关政治自由的思想与爱好是最后出现的和最先消失的。

　　在一段时期内，政府的古老大厦已经在晃动了。它已经在步履蹒跚了，而政治自由的问题还没有出现。伏尔泰很少考虑到它：在英国的三年让他看到了自由是什么，但没有让他热爱它。在英国得到自由宣讲的怀疑论哲学让他高兴。英国的政治法律让他无动于衷；他注意到的是缺陷而非优点。他有关英国的信函是他的杰作之一，在其中，他对议会所讲的并不多于其他事情。事实上，他羡慕英国人的主要是他们的文学自由，但很少介意他们的政治自由，好像前者没有后者就可以长久存在一样。

　　在这个世纪中叶，特别关注公共管理问题的作家开始出现，由于他们共同拥有某些相似原则，他们的全体被称作"经济学家"（Economists）或者"重农学派"（Physiocrats）。经济学家在历史上留下的印记没有哲学家多。他们对于大革命发生的贡献或许不是那样多。然而，大革命这个事件的真正性质在他们的作品中可以得到最好的研究。哲学家极少超出有关政府的极一般的与极抽象的观念。经济学家虽然坚持自己的理论，但更密切地深入到了事实。前者描述的是想象的事情，而后者有时能够指出已经发生的事情。大革命永远废除的所有制度是他们所攻击的特殊目标。在他们的眼中，没有一样受到青睐。相反，被大革命所认可的作为大革命所创造的所有制度，他们都提前进行了预告，并且热烈地加以推荐。很难找出其中一项制度，其种子没有播撒在他们的一部作品中。

大革命中所有重大的事情都可以在他们的作品中发现。

　　更有甚者，人们已经在其作品中认出了我们非常知晓的革命与民主气质。他们不仅痛恨某些特权，而且多样化本身也让他们厌恶：他们甚至推崇奴役之中的平等。妨碍他们设计的任何事情只适合被打碎。契约很少得到他们的尊重；私人权利得不到考虑。或者说，在他们的眼中，严格意义上的私人权利已经停止存在了，只有公共利益。然而，总体而言，这些人是性格温厚举止温和的人、踏踏实实的人、可敬的行政官员和能干的管理者。但是，他们作品中所特有的精神让他们忘乎所以。

　　对于经济学家而言，过去是一种无限轻视的对象。"这个国家在几个世纪中被错误的原则所统治。"勒特罗那写道，"每样事物似乎都是偶然造成的。"他们从这个观念出发，开始了工作。每一种制度，不管多么古老和建造良好，只要它轻微地妨碍了他们的计划或破坏了他们的对称体系，他们就会努力加以废除。他们中的一个人建议取消所有旧的领土划分，改变各省的名称，四十年后制宪会议将其付诸实施。

　　在他们知晓自由制度的思想之前，他们已经考虑到了大革命将会完成的所有社会与行政改革。诚然，他们非常赞成商品的自由贸易，工商业中的**自由放任**（laisser faire, laisser passer）。但是，他们从来没有想到过政治自由本身，甚至当这种自由思想偶然进入他们的头脑中的时候，他们最初也是加以排斥。大部分人最初对于评议会、地方与次级权力相当敌视，并且普遍敌视在不同时代的自由国家中处处建立的平衡中央权力的所有制衡力量。"政府中的制衡体系是一种有害的观念。"魁奈说道。他的一位朋友评论道："导致人们设想出一种制衡体系的思考是妄想。"

　　他们所能想到的唯一防止权力滥用的措施是公共教育，因为魁奈说道："如果国民受到启蒙，专制是不可能的。"他的一位门徒评论道："人们震惊于权威的滥用所带来的罪恶，发明了无数完全无用的疗方，却忽视了唯一真正有效的疗方，它就是根据正义与自然秩序的本质所进行的普遍与连续的公共教育。"他们希望以这种文学上的蠢话，满足所有政治保障的需要。

　　勒特罗那如此痛心地悲叹政府对于农村的忽视，并且描述了一种没有道路、没有工业、没有启蒙的农村景观，却从来没有考虑过如果将这些任务交给居民自己，法国农村是否有可能得到更好的管理。

蒂尔戈的伟大心灵和卓越天才让他不同于其他人，即使他也不比他们对于政治自由有更多爱好，不管怎样，直到生命的晚期，并且受到公共情感的推动，他才获得了这种爱好。对于他而言，像大部分经济学家一样，首要的政治保障是根据某些方法和某种精神由国家提供公共教育。他对于这种理智治疗所展示出的信心，或者，如时人所评，对于"有原则的教育机制"所展现出的信心是无限的。他在致国王的一封信函中根据这些路线提出了一种计划，他写道："陛下，我的冒昧回答是，在十年之内，您的国家将变得无法辨认，凭借教育、良好的道德和报效于您与国家的开明热情，它将会远远超出所有其他民族。现在十岁大的孩子们将来会发现自己已经为国家做好了准备，尽忠于他们的国家，不是出于恐惧而是出于理性而服从权威，帮助他们的同胞，习惯于承认与尊重正义。"

政治自由在法国已经被摧毁如此之久，以至于人们几乎完全忘记了它的条件与效果是什么。更有甚者，它所残留的畸形遗物，和似乎被创造出来取代它的制度，让它受到怀疑，并且煽动起许多反对它的偏见。残余的大部分等级议会不仅保留着过时的形式，而且保留着中世纪的精神，远非促进了社会进步，而是阻止了它。只有高等法院占有为政治团体所保留的位置，虽然不能够阻止政府作恶，却常常阻止它行善。

146　在经济学家们看来，在这些旧机构的帮助下完成他们所想象的革命，似乎是不切实际的。把他们的计划的执行委托给一个现在已经可以承担自己命运的民族，这样的想法很少让他们满意，因为，怎么说服整个民族采纳这样一个其组成部分具有如此内在联系的广泛改革呢？对于他们而言，劝导王室政府服务于他们的设计，似乎更为容易和更为适当。

这个新的权力不是来自中世纪的制度，也不带有它们的印记。尽管它具有某些缺陷，经济学家可以发现它的某些潜在特质。它分享他们对于条件平等与一致法律的天然爱好。像他们一样，它强烈厌恶所有来自封建主义并倾向于贵族政治的所有古老权力。人们即使搜遍欧洲其他部分，也找不到同样建构良好的、显赫的和强大的一种政府机器。在法国，这样一种政府的存在让经济学家认为是一种独特的意外好运。如果那时像现在一样盛行一有机会就祈祷上帝，他们或许会将其称作天意如此。"法国的形势，"勒特罗那写道，"绝对比英国更好，因为在这里，人们可以马上执行改变整个国家状态的改革，而在英国，这样的改革总是被党派所阻挠。"

因此，目标不是摧毁这个绝对权力，而是转化它。"国家，"梅西埃·德·拉·里维埃（Mercier de La Rivière）写道，"必须根据基本秩序的规则进行统治，当它这样做的时候，它必须是'全能的'。"另一位作家说："让国家明确理解了它的责任后，然后就让它行动自由。"从魁奈到博多修道院院长都共享同样的性情。

他们并不仅仅指望王室政府改革他们时代的社会。他们还从它那里部分地借鉴他们希望建立的未来政府的观念。看到这一个，他们就会想象到另一个。

根据经济学家的观点，国家不仅有责任统治这个民族，而且有责任根据某种方式来塑造它。国家的工作就是，根据某种事先设定的模型，塑造其公民的思想。它的义务是，以某些观念充实人们的头脑，以某些情感充实他们的心灵，它认为这是必需的。实际上，它的特权是没有限制的，它的所作所为是没有边界的。它不仅可以改良人们，还可以转变他们。把他们转变为某种完全不同于其现在的东西，或许就在它的权力范围内。"国家随心所欲地造就人们。"博多说道。这句格言概括了他们 147
的全部理论。

经济学家所设想的这种庞大的社会权力不仅比他们眼前所看到的任何权力都要更大，而且它在起源和特点上也是不同的。它并不直接起因于上帝。它和传统也没有联系。它是非个人化的。它不再被称作"国王"，而是被称作"国家"。它不是某个家族的遗产。它是所有人的产物和代表，其责任是保证每个个体的权利要服从于所有人的意志。

这种特殊形式的暴政，被称作民主专制（democratic despotism），中世纪对其闻所未闻，但已经为经济学家所熟悉：不再有社会等级，不再有界线分明的阶级，不再有固定的地位；由几乎同一的和完全平等的个人所构成的一群人民，一群面目模糊的大众，被作为唯一正当的主权，却被有意剥夺了所有可以让它进行统治甚至亲自监督其政府的能力；在它的上面，是一个指定的官员，可以以它的名义行动，却不必向它求教；控制这个官员的，是不拥有机关的一种公共理性；阻止他的，是革命而非法律；他在法律上是一个从属的代理人，实际上是一个主人。

由于在他们的附近找不到可以符合这种理想的东西，他们就在遥远的亚洲角落寻找它。如果我说，没有一个经济学家不在他的作品的某处慷慨挥洒对于中国的溢美之词，我不是在夸大其词。当你读到他们的著作的时候，即使遇不到其他东西，也肯定会遇到这样的话。此外，甚至现在对于中国也几乎一无所知，所以，他们对于这个国家所散布的话语没有一句不是胡说。中国无能的与野蛮的政府，一小撮欧洲人就可以操纵其意志，被他们惊呼为世界上所有国家都可以效仿的完美典范。对于他们而言，中国既像所有法国人最初心目中的英国，又像这些人后来心目中的美国。这样一个国家的君主是专制的，但却是公正的，每年举行一次亲耕礼，以奖掖有益工艺；在那里，所有官职是通过文学竞赛获得的，哲学是唯一的宗教，作家是唯一的贵族。对于这样的国家，他们深为感动，并欢呼雀跃。

人们认为，当今冠作"社会主义"的破坏性理论是最近才出现的。这是一个错误：这些理论与最早的经济学家同属一个时代。当他们使用他们所梦想的全能政府作为一种工具改变社会形式的时候，社会主义者希望攫取同样的权力以削弱社会基础。

读了摩莱里（Morelly）①的《自然法典》（Code de la nature），你就会发现，在他的书中，除了所有经济学家有关国家的全能性和无限特权的学说外，还有法兰西最近觉得最为恐惧的许多政治理论，我们认为我们目睹了它们的诞生：公社所有制，工作权利，绝对平等，一切事物的划一性，所有个人活动的死板规则，专横的控制，公民个性对于社会机体的完全融入。

摩莱里法典的第一款规定："社会中没有什么应当属于个人，或者作为财产应当属于任何人。"第二款规定："所有权是令人厌恶的，任何试图恢复所有权的人应该被作为疯子和人类的敌人受到终生监禁。每个人都应该通过公共支出得到哺育、赡养和照料……所有产出都应该在公共仓库中储存起来，以分配给所有公民，满足他们的生活需要。城市应该根据同一规划加以建造。所有私人建筑都应该是一样的。所有儿童在五岁的时候，都应该被带离家庭，以国家开支根据同样的方式来共同养育

① 摩莱里（1700—1780），18世纪法国杰出的空想社会主义思想家，他将对理想社会制度的描述转变为对共产主义理想的阐发，对后来的空想社会主义理论有着重大影响。——译者

他们。"这本书会让你认为是昨天写出的，但是，它已经有一百年了。它出版于1755年，正当魁奈建立自己的学派的时候。因此，明显的证明就是，中央集权制和社会主义是同一土壤的产物。一个同另一个之间的关系就像栽培的水果同野生的品种之间的关系。

在他们那个时代的所有人们中，经济学家似乎是最和我们贴近的人。他们对于平等的激情是如此明确，对于自由的爱好是如此含糊，以至于他们会被我们错认为是同时代的人。当我阅读发动大革命的人们的演说与著作时，我觉得我好像突然被带到了一个我不熟悉的地方和社会，但是，当我披阅经济学家的著作时，我的感觉是，我同这些人生活在一起，并且只是刚刚和他们谈过话。

1750年，整个民族对于政治自由并不比经济学家们更为急切。它已经失去了对政治自由的爱好，并且当它不再运用政治自由时，连这种观念也失去了。它更想要的是改革，而非权利。假如王位上有一个拥有弗里德里希大帝的才华与性情的君主，我毫不怀疑，他将会从事大革命最终取得的某些最为重要的社会与政府改革，而且他这样做不但不会失去他的王位，还会极大地增加他的权力。据说，路易十五最为能干的大臣之一德·马肖尔先生对此略知一二，并且向他的主人解释过。但是，这种事业从来不是根据别人的建议而从事的。它们只能够被那些能够构想到这类事业的人所从事。

二十年后，事情就不同了：一种政治自由的形象深刻地印在了法国人的头脑中，一天又一天，它对于法国人民变得越来越迷人。变革的迹象丰富起来。各省再一次拥有了自我管理的愿望。全体人民有权参与其政府的观念深入人心。对于旧的三级会议的记忆又复苏了。这个民族厌恶自己的历史，却高兴地回忆起了这部分历史。新的潮流席卷了经济学家们，迫使他们用几个自由机构让自己的单一体系精致化。

公众曾经常常被迫忍受高等法院的偏见，可是，当高等法院在1771年被摧毁的时候，同一公众却为它们的垮台深为苦恼。随着它们的垮台，可能约束王室专制主义的最后障碍似乎倒塌了。

这种反对让伏尔泰吃惊和暴怒。"几乎整个王国充满喧嚣，处在惊慌失措之中，"他在给他的朋友的信函中写道，"各省的骚动像在巴黎一样强烈。然而，敕令打动我的是，它充满了有益的改革。结束官员的腐败，实行司法免费，避免诉讼当事人需要从王国边陲来到巴黎所导致的破产，国王支付领主法庭的费用——所有这些对于国家不是大有裨益吗？此外，这些高等法院常常不是野蛮的迫害者吗？说实话，我惊叹于那些谦卑的'法国人'袒护这些傲慢的和不驯从的资产阶级。至于我，我认为国王是对的，既然人们必须要伺候人，我认为最好是在生而比我更强的纯种狮子之下这样做，而不是在两百个和我同类的鼠辈下面这样做。"为了给自己辩解，他又说道，"想想国王为所有领主的法庭所承担的费用而对他们所做出的恩惠，我是多么地高兴。"

伏尔泰已经离开巴黎很久，认为公共舆论还是他离开时的情况。这绝非实情。法国人不再把自己局限于让自己的事务得到别人更有效的指导。他们开始想自我负责，而且显而易见，所有事情都在导向一场伟大的革命，它不仅将在人们的同意下而且将在他们的参与下爆发。

我认为，从那个时候起，这场激进的革命就不可避免了，它将把旧制度中所有最坏的东西和所有最好的东西抛在同一废墟中。人们还没有做好独自行动的充分准备，几乎不能指望在改革所有事情的同时不会摧毁所有事情。一位专制君主会是一个不太危险的改革者。这场革命摧毁了如此多的对自由有害的制度、观念和习惯，也消灭掉了对于自由不可或缺的其他东西。当我想到这些的时候，我往往想到，如果它是由一个专制者完成的，那么，同人民以自己的主权为名义完成这场革命相比，它更有可能让我们做好准备，在某一天成为一个自由国家。

任何一个想要理解我们的大革命的人不可能看不到这一点。

当法国人重新发现他们对于政治自由的热爱时，他们已经获得的某些有关政府的观念不仅和自由制度的存在不相容，而且几乎和它们对立。

在他们所接受的理想社会中，公共官员构成了唯一的贵族，一个唯一的、全能的行政当局控制着国家并且成为个人的监护人。尽管他们希望成为自由人，他们却不打算放弃这种基本观念。他们只是试图把它同自由观念调合起来。

因此，他们着手将无限制的行政集权制同一种占主导地位的立法机关结合起来：官僚制行政与代议制政府。国民作为一个整体享有所有主权权利，但是每个个体公民都卡在最严密的依附状态中。前者要求的是一个自由民族的经验与美德，后者要求的是一个好仆人的品质。

把政治自由引入相异的或相对立的（但我们已经习惯的或者受到吸引的）制度与观念中，这种愿望在六十年里造成了如此多的对于自由政府的徒劳尝试，导致了如此多的悲剧性革命，最终，许多法国人由于被这么多努力搞得精疲力竭，由于反感于这样辛苦的和无效的劳作，放弃了他们的第二个目标以便回到第一个目标，让他们产生了这样的想法：作为一个主子下面的平等人而生活毕竟有某些迷人之处。因此，今天，我们发现自己更接近1775年的经济学家而非我们的1789年父辈。

151

我常常扪心自问，从古至今，导致人类伟大成就的这种政治自由激情的源头是什么。它根植于什么情感？它从哪里获得滋养？

我清晰地看到，当国民受到低劣的领导时，他们容易获得自我统治的愿望。但是，这种对于独立的热爱仅仅产生于专制主义的余波所带来的某些特殊的和暂时的弊端，不可能持续下去。它随着产生它的意外事件而消失。人们似乎热爱自由，但原来他们只是痛恨主子。一个适合自由的民族，它所痛恨的是依附本身的弊端。

我也不相信，真正的自由之爱产生于对于物质利益的唯一期望，因为这种期望常常难以看清。的确，从长远来看，自由总是为那些可以保存它的人们带来舒适和福利，常常还有财富。然而，有时，它会暂时妨碍对于这些好处的享受。有时，只有专制主义才能保证他们转瞬即逝的快乐。那些仅仅为了自由所提供的物质利益而珍视它的人们，从来不能长久地保有它。

总是在某些人的内心深处引燃这样一种强大的自由之爱的，是它内在的迷人之处，是它固有的魅力，和它的利益无关。在上帝和法律的唯一统治下能够毫无束缚地交谈、行动和呼吸，这就是快乐。谁如果在自由中寻求自由之外的其他东西，就会产生奴役。

一些人历尽千辛万苦顽强地追求它。他们爱它的，不是它给予他们的物质利益。他们把自由本身视作一种善，如此宝贵和如此必要，以至于失去它的时候，其他什么都不能安慰他们，而享有它就可以让他们满足于所有其他事情。另一些人在富有之中厌恶自由。他们毫无反抗地让它从自己手中被夺走，害怕抓紧它的任何努力将会损害它所带来的福利，这样的人们要保持自由，还缺少什么呢？正是自由的愿望。不要让我分析这种伟大的愿望；你必须感受它。它发现自己可以自动进入上帝准备好的接纳它的伟大心灵中，它充满这些心灵；它让它们燃烧。对于那些从来不能感受到它的平庸心灵，不要希望它可以得到理解。

第四章　路易十六的统治是旧君主制中最为繁荣的时代，这种繁荣如何加速了大革命的到来

　　无疑，即使路易十四在欧洲其他地方高歌猛进的时候，他统治下的王国已经开始空虚了。在这个国王统治的最辉煌的岁月里，我们已经看到了第一丝这种迹象。在法兰西停止征服之前，她就已经彻底破产了。谁没有读过沃邦(Vauban)[1]留给我们的有关行政统计资料的惊人论文呢？在 17 世纪末，甚至在不幸的西班牙王位继承战争[2]之前，在总督们提交给勃艮第公爵的报告中，都暗示了国家在日益地衰败，而且他们不是把这作为一件最近的事情来谈。一位总督说，他所在地区的人口已经有一段时间在迅速地减少了。另一篇报告说，某一个城市，曾经富有而繁荣，现在已经没有工业了。还有一篇报告写道，在他的省本来有制造业，但现在工厂已经处在弃置状态。在另一篇报告中写道，农民以前从土地中获取的收益比现在多。二十年前，农业还是蒸蒸日上。奥尔良的一位总督在大约同一时候观察到，在大约三十年间，人口和出产已经减少了五分之一。应该让欣赏专制政府的公民和喜欢战争的君主读一下这些报告。

　　由于这些苦难的主要根源在于国家政体的缺陷，无论是路易十四的死亡或者是和平的回归都不能恢复公共繁荣。在 18 世纪上半叶，论述国家行政或社会经济的所有人都认为，外省并没有恢复健康。的确，许

---

　　① 沃邦（1633—1707），法国元帅、著名军事工程师。以其军事筑城方面的天才帮助法国打了许多胜仗。——译者

　　② 西班牙王位继承战争（1701—1714），因为西班牙哈布斯堡王朝绝嗣，法国的波旁王室与奥地利的哈布斯堡王室为争夺西班牙王位，而引发的一场欧洲大部分国家参与的大战。该战争结束了法国在西欧的霸权地位，国力大为削弱，盛极一时的法国开始走向下坡路。——译者

多人相信，它们在继续衰败。他们说，只有巴黎在财富与人口上增加了。只有在这方面上，总督、前大臣和实业家们达成了一致。

我坦诚，在我看来，我不相信18世纪上半叶法国在继续衰败，然而，这样一种观点如此流行，被如此多的见多识广之士所共享，起码表明没有出现明显的进步。在处理我们历史上这段时期的行政文献中，我细阅过的所有文献的确表明，社会已经屈从于一种停滞状态中。政府除了因循守旧外，毫无创新。城市几乎未做任何努力以改善其居民的生活与健康条件。甚至个人也避免所有重大活动。

在大革命爆发前的三十年或四十年，事情开始变化了。在所有社会阶层中，可以发现内部骚乱的迹象，以前却不明显。最初，这些迹象只有经过认真的考察才显而易见，但是渐渐地，它们变得越来越清晰与突出。一年又一年，这种进展得以扩大和加速。最终，整个国家骚动起来，它似乎已经重生了。但是，请认真注意，它不是旧的生命的复活。推动这个民族庞大肌体的精神是一种崭新的精神，它只有将肌体简单解体后才能将其重新复活。

每个人都变得骚动不安，不满其处境，并渴望改变它。对于改善的追求是普遍的，但它又是一种不耐烦的和急躁的追求，导致人们诅咒过去并想象出一种完全不同于其现状的事态。

不久，这种精神影响到了政府自身，从内部转变它，却让其外部毫发未损。法律没有改变，对其适用却有所不同。

我在前文中说过，1780年的财政总监和总督不再像1740年的财政总监和总督。在行政信函中，这一变化表现详尽。然而，1780年的总督具有和他前任同样的权力、同样的下属和同样专横的权威，仅仅他的目标改变了。一方关注的仅仅是，维持本省的服从，征募国民军，首先是征收军役税。另一方有许多其他的关注：他的头脑中充满了无数增加公共财富的计划。公路、运河、工厂和商业是他全神贯注的主要事情；尤其农业吸引了他的注意力。在那个时代的行政官中，茹里（Sully）[1]名噪一时。

正是在这些日子，总督们开始组织我在前文中谈到过的农业协会。

---

① 茹里（1560—1641），法国亨利四世时期重臣。——译者

它们举行竞赛和分发奖金。财政总监发布的通告看起来更像有关农业技术的论文，而不像官方信函。

在充实政府国库的各种税金的征收中，政府官员的态度变化最为明显。税法像过去一样，依然不平等、专断和严酷，但这种法律的缺陷在执行中得到了缓和。

"当我开始研究税法时，"莫里安（Mollien）先生在其回忆录中写道，"我惊骇于我的发现：特别法庭被允许因为简单的漏税施以罚金、监禁和体罚；包税代理人几乎针对所有财产和个人行使专断的权威，等等。幸运的是，我并没有仅仅让自己限于阅读税收法典，我很快就意识到，在法律字面和其适用之间，其差别如同旧的税收官员的习惯和新的税收官员的习惯之间的差别之大。法律当局通常倾向于让罪行最小化并减轻刑罚。"

"税收引起了多少弊端和愤怒！"下诺曼底的省议会在 1787 年观察到。"然而，我们必须承认最近几年来温和的与宽大的做法。"

对于文献的认真研究充分地证实了这种观点。对于人的生命与自由的尊重常常显而易见。尤其是对于穷人的苦难有着明显的真正关切，而在早些时候是找不到这种现象的。税收当局很少针对不幸者使用暴力；税收减免更为经常，救助也更为常见。国王增加了用于农村慈善工所和穷人救济的基金数额，也常常设立新的基金。1779 年，国家为了这些目的，仅仅向一个财政区（généralité）——上基耶内（Haute Guyenne）就发放了 80,000 多里弗。1784 年，图尔财政区有 40,000 里弗；1787 年，诺曼底财政区有 48,000 里弗。路易十六并不愿把政府的这个部分完全留给他的大臣。有时，他亲自负责这项工作。1776 年，一项御前会议法令决定向居住在国王狩猎所附近、田地被国王打猎破坏的农民给予损害赔偿。国王本人亲自起草了前言部分。蒂尔戈告诉我们，这位善良但不幸的君主亲手将其文本交给他，对他说："你看，我也在为此工作。"如果人们要根据处在最后岁月里的旧制度来描绘旧制度，其肖像相当讨人喜欢，却不是非常相像。

当这些变化同样发生在统治者与被统治者的头脑中时，公共繁荣却以前所未有的速度增长起来。有许多这样的迹象：人口增加了，财富增加得还要更快。在美洲的战争并没有减缓这种增长。国家负债累累，但

155

个人继续变得更加富有。他们更加勤劳、更加进取和更加创新。

"从 1774 年以来，"当时一位行政官员说道，"各种类型的工业发展起来，因此扩大了所有消费税的底数。"的确，如果你把在路易十六统治的不同阶段国家与负责收税的金融公司之间所签订的协议加以对比的话，你会发现，每当协议重新签署时，地租的价格就会以一种渐增的税率上涨。1786 年的租金超出 1780 年租金的 1400 万里弗。"人们可以计算出，所有消费税的总收入每年增加 200 万里弗。"内克尔在 1781 年的报告中写道。

阿瑟·扬让我们相信，波尔多在 1788 年的贸易量比利物浦更多。他补充道："最近，海洋贸易在法国甚至比在英国增长更快。二十年内，它已经在那里翻倍了。"

此外，通过对不同阶段的对比，可以很容易让人们相信，从大革命以来，没有哪个阶段的公共繁荣比大革命前的二十年发展更为迅速。在这个方面，只有君主立宪制的三十七年可以同路易十六的统治相媲美，而这三十七年对我们而言，是一个和平与快速进步的时代。

考虑到政府的许多缺陷和工业所遭受的许多束缚，然而，法国的繁荣已经是如此可观，增长如此迅速，有理由感到惊讶。甚至许多政治家否认这个事实，因为他们不能解释它，却像莫里哀戏剧中的医生一样相信，不遵守医嘱的病人不会好转。的确，法国具有不平等的税收、多样的习惯法、国内的关税、封建权利、同业公会、腐败的官员和所有其他东西，却如何能够获得繁荣与成功？然而，尽管存在所有这些弊端，它却开始积累财富并处处发展起来，因为，除了那些制作低劣、啮合不良的齿轮体系似乎可以减缓而非推动社会机器外，两种非常简单却非常强大的暗藏机制已经把整部机器整合起来并把它推向公共繁荣的目标：一个不再专制却到处维持秩序相当强大的政府，一个其上层阶级在欧洲已经最为自由与开明的国家；在这里，任何人想发财致富并保住财富，他就能够做得到。

国王继续像一个主子一样发话，但实际上，他自己要服从公共舆论，它每天都在激发他或者推动他前行，他经常求教它、害怕它和奉承它。根据法律字面他是专制的，却受到了习惯的限制。早在 1784 年，内克尔在一篇公开文件中陈述了下述无可争议的事实："大部分外国人觉得难以想象出公共舆论在当今法国所施加的权威。他们觉得难以理解这种看不见的权威的性质，它甚至在国王的宫殿内也发号施令。然而，这是实际情况。"

没有什么把一个民族的伟大与力量只归结为它的法律机制更为肤浅的了，因为不是工具的完善而是发动机的力量产生了这种结果。请看英国：即使今天它的行政法律看起来也比我们的更复杂、更多样和更不规则。但是，在欧洲，还有哪一个国家，同它相比，其公共财富更多，或者私有财产更全面、安全和多样，或者社会更为富裕和健全？这种成就不是来自某些特殊法律的优良，而是来自给予整个英国立法以活力的精神。因为生命具有强大的力量，器官的不完善不会妨碍机体的功能。

当我刚刚描述过的繁荣在法国进展之时，人民似乎更加不安分和急切起来。公众的不满变得更加严重。对于所有旧制度的仇恨在增加。民族在明显地走向革命。

不止如此，成为那场革命主要中心的法国某些地区正是进步最为明显的地区。如果人们研究了前法兰西岛财政区所留下的档案，就会很容易发现，正是在巴黎周围的一些地区，旧制度对于自身的改革最为迅速和深入。在那里，农民的自由与财产已经比在任何其他财政区行省（pays d'élection）都得到了更为有效的保障。人身劳役 1789 年很久之前就已经消失了。军役税的征收变得比法国其他地方更为正规、更为温和、更为平等。为了理解在那些日子一位总督在影响整个省的繁荣与不幸方面如何作为，你必须阅读改良军役税征收体系的规章。它影响到了这项税收的所有其他方面。每一年，政府都要派遣专员到每个教区。然后，村社在他们面前集合起来。每一份财产的价值被公开地加以确定。每个人的收入在异议与反驳的过程中被记录下来。因此，军役税的基数是在有义务纳税的那些人在场的情况下确定的。理事不再挥舞专横的权力。这里不再有毫无意义的暴力。诚然，不管征收体系如何变化，军役税保留了它内在的所有缺陷。它仅仅被一个纳税人阶级所承担，并且影响到工业和地产。但是在所有其他方面，它同附近地区具有同样名称的税收具有深刻的差别。

相比而言，没有任何其他地方的旧制度比卢瓦河沿岸直到其河口、普瓦图沼泽和布列塔尼荒原对于自身保持得更好。正是在那里，内战突然爆发并得以蔓延，对于大革命最持久和最暴烈的反抗得以发生。因此，人们可能会说，法国人的处境越好，他们越是觉得它难以忍受。

从坏到更坏，并不总是导致革命。最经常发生的事情倒是，一个民族可以忍受最具有压迫性的法律却毫无怨言，好像感觉不到它们，当负担减轻时却反对这些法律。一场革命所摧毁的政权几乎总是比就在它前面的政权更好，并且经验教会我们，一个坏政府最危险的时刻通常是当它开始改革的时候。当经过一场漫长的压迫时期，一位君主着手改善其臣民的命运时，只有一位伟大的天才才能够拯救这位君主。人们可以耐心忍受某种苦难，因为它似乎难以避免，但是，当它的消除指日可待的时候，人们却不能忍受了。那时候，被消除的每一种弊端似乎只是表明其他弊端还保留着，并且让它们的刺痛变得更加痛苦。诚然，弊病被消除了，但是，对于它的敏感度却提高了。全盛时期的封建制在法国人中间所激起的仇恨并没有它濒临灭亡时多。路易十六最轻微的专断统治似乎也比路易十四的专制主义更加难以忍受。对于博马舍（Beaumarchais）的短期监禁比对于新教徒的迫害在巴黎产生了更大的情绪。[1]

在 1780 年，还没有人宣称法国正在衰败。的确，似乎它的继续发展依然不可限量。正在那个时候，有关人的不断与无限完善的理论第一次出现了。二十年前，未来还不能激发希望；现在，没有什么可以畏惧。想象力已经预先宣布了这种前所未有的和迫在眉睫的幸福，让人们对于已经拥有的福利无动于衷，催促他们追求新的事物。

除了和已经发生之事有关的这些普遍原因，还有其他更为特殊的但有力的原因。尽管财政管理已经同其他事务一起得到了改良，它依然拥有和专制政府本身有关的一些缺陷。因为财政管理是秘密进行的，并且不具有保障，从路易十四和路易十五时代以来的一些最坏的做法依然被保留。政府为了促进公共繁荣、分配救济与奖励和实施公共工程所采取的每一项步骤每天都在增加开支，收入却没有得到同样程度的提高。因此，国王每天所陷入的困难比他的任何前任所面临的困难都要深。像前任一样，他不断地让他的债权人陷入灾难。像前任一样，他随处借债，却没有公开的投标和竞标，而他的债权人从来不敢肯定可以收回自己的

---

[1]　指南特敕令被废止后由路易十四发起的对于新教徒控制的城镇的迫害。

利息。甚至他们的本金也要总是取决于国王的善意。

有一位目击者值得信任，因为他亲眼看到了正在发生之事，并且比其他任何人都看得更清楚。他说，在那个时候，"法国人在同他们的政府的交往中，遇到的只是风险。如果他们将资本投资于政府借贷中，他们就不要指望日期固定的利息支付。如果他们为政府建造了船只，为它修建了道路，或者为它的士兵提供了衣服，那么，他们对于自己的垫付没有担保，没有确定的还款日期，被迫指望同大臣签订的契约的运气，就像指望一项高度投机的贷款的运气一样。"他以强大而良好的判断力补充道，"在那些日子，当工业在快速增长，在许多人身上培养了一种对于财产的喜爱和对于财富的热爱与需求时，那些将自己的一部分财产托付给国家的人却因为债务人对于契约法的违背而更加烦恼，而这位债务人最应该认真地尊重契约法。"

法国政府在这里受到指责的弊端实际上并不新鲜。新鲜的是它们所造成的印象。的确，财政体系的缺陷在更早阶段甚至更为明显。但是，从那以来，政府与社会中的变化让它们比过去绝对更加恼火。

二十年来，政府变得更加活跃，忙于它以前从未梦想过的各种事业，因此，成为王国中工业产品的最大消费者和公共工程的最大承包人。同它有业务的、对它的借款有兴趣的，靠它的薪俸生活的，和靠它的契约投机的人们的数目得到了惊人的增长。公共财产与私人财产从来没有如此交织在一起。对于公共财政的粗放管理，长期以来仅仅是一种公共疾病，现在却成为无数家庭的一种私人灾难。在1789年，国家几乎欠债权人6亿里弗，几乎所有债权人本人就是债务人，如同一位金融家当时所言，在他们对于政府的怨恨中，找到了像他们一样的遭受政府不负责任之苦的所有人作为同伙。此外，要注意到，随着这种不满者的人数增加，他们的愤怒也在增加，因为投机的冲动、致富的激情和对于享受的爱好随着商业的发展而蔓延，使得这样的弊端对于一些人更加难以忍受，这些人在三十年前会毫无怨言地忍受这些弊端。

因此，食利者、商人、工业家、批发商和银行家通常构成对于政治创新最有敌意并且对于现存政府最为友好的阶级，对于它所轻视或厌恶的法律也最为顺从。然而，他们却不顾其本性，对于改革最为急躁和最为偏好。的确，它大声呼吁在整个财政体系中的一场彻底革命，但是，它没有停下来考虑一下，在政府那个部门中的彻底变革会导致其他所有部门的倒台。

一场灾难如何才能避免？一方是一个民族，在其中，致富的愿望每天都在更为广泛地蔓延。另一方是一个政府，它不停地刺激这种新的激情，但也抑制它，既点燃它，又扑灭它，在这两个方面加速了它自己的毁灭。

第五章　试图救济人民却如何激起了他们的反抗

　　在 140 年间，人民完全缺席于政治舞台，因此人们只是想当然地认为，他们不可能会再次出场。因为他们看起来无动于衷，他们就被认为是聋子。当他们的命运开始受到关注的时候，别人开始在他们面前大加谈论，仿佛他们不在旁边。显然，只有那些身居人民之上的人才被认为能够听到所谈论的内容，唯一要担心的危险是，那些人可能不得要领。

　　那些最害怕人民愤怒的人当着他们的面高谈阔论残酷的非正义行为，而人民总是这些行为的牺牲品。他们彼此揭发最压迫人民的制度中的可怕缺陷。他们使用修辞技巧描绘人民的苦难和报酬低劣的劳动。他们试图这样救助人民，却让人民充满愤怒。我提到的不是作家，而是政府及其主要代理人和特权者本身。

　　在大革命前十三年，当国王试图废除人身劳役的时候，他在敕令的序言中说："只有少数省（三级会议行省）属于例外，王国几乎所有的道路都是由我们最贫苦的臣民无偿修建的。因此，那些只拥有双手力气、公路对于其只具有次要利益的人们承受了全部的负担。那些对于公路具有真正利害关系的人是地主，几乎所有享有特权的人，他们的财产价值因为公路的修建而得以增值。由于强迫穷人独自维护这些公路，并迫使他们无偿地献出自己的时间与劳动，我们剥夺了他们对抗不幸与饥饿的唯一资源，让他们为了富人的利益而工作。"

　　在同一阶段，当人们着手清除给工人套上枷锁的同业公会体系的时候，以国王名义发布的一项公告宣称："工作权利是所有形式的财产中最神圣的财产；侵犯这种权利的任何法律都违背了自然法，应该被认为是无效的；此外，现存的行会是荒唐的和专横的制度，是自私、贪婪和强暴的产物。"这样的话语是危险的。更危险的是白白地说这些话。几个月后，行会和人身劳役又被恢复了。

据说是蒂尔戈让国王说的这些话。他的大部分继任者也萧规曹随。在1780年，当国王向他的臣民宣布军役税的增加今后要公开宣布的时候，他认真地加上这样的注解："纳税人已经被这种税收的征税方式所困扰，也容易遭受意外的增税，所以，由我们最贫困的臣民所缴纳的税金份额比所有其他人所缴纳的部分增加得更快。"国王还不敢实现税负的平等，但是，当他在已经共同负担的税收中试图实现税收平等时，他说："朕希望，当富有的个人被纳入共同的水准，只是被要求接受他们长久以来就应该以一种更加平等的方式所承担的一种负担时，他们不要认为自己受到了伤害。"

但是，尤其在饥馑的年代里，特权阶级的目标似乎是煽起了人民的激情，而不是满足了他们的需求。一位总督努力激发富人的善心，谈道"这些地主的不仁不义和麻木不仁，他们拥有因为占有穷人劳动而获得的一切东西，然而在穷人因为照顾富人的财产而精疲力竭之后，却任由他死于饥饿"。国王在相似的情况中说："朕愿意保护人民反对让他们遭受必需食品短缺的行动，这些行动让富有者以任意的工资迫使他们提供自己的劳动。国王不会容忍一些人被他人的贪婪所牺牲。"

一直到君主制的末期，不同的行政权力之间的斗争经常导致这样的冲突，在冲突中，争论的每一方都指责另一方造成了人民的苦难。比如，这种情况在图卢兹高等法院和国王之间因为谷物运输在1772年间所爆发的冲突中就很明显。"政府由于其错误的措施，而冒着让穷人饿死的危险。"高等法院说。"高等法院的野心和富人的贪婪要为公众的痛苦负责。"国王回应。因此，争端的双方努力向人民头脑中所灌输的观念是，他们的悲伤总是应该归责于他们的上司。

这些言语不是在秘密信函中而是在公开文件中发现的，政府和高等法院特意将其以大量抄本的形式加以印刷和发行。在这样做的时候，国王对于他自己及其前任使用了尖刻的话语。一天，他说道："国库由于几任统治的挥霍，已经陷于窘境。我们许多不可转让的领地被以极低的价格出租。"在另一个场合，据说国王不是出于谨慎而是出于准确而说了下述话语："同业公会首先是国王在财政上贪婪的产物。"后来，他又评论道："如果开支的浪费是常见的，并且如果军役税被几度地提高，这是因为财政管理部门发现，虽然其他一些税收对于我们的人民不太繁重，但是，由于军役税增税的不公开性使它成为最容易利用的资源，所以要依赖它。"

所有这些言论针对的是国家中有教养的部分，以便让它相信，遭到特殊利益攻击的某些措施是有益的。至于人民，被想当然地认为，尽管他们听到了，却不会理解。

必须承认，即使是出于善心，也存在一种对于不幸者的极大蔑视，其实，人们真心地希望缓解他们的苦难。在某些方面，这让人想起夏特莱（Duchâtelet）夫人；据伏尔泰的秘书记载，她相当轻松地在她的仆人面前更衣，因为不存在男仆也是人的不容置疑的证据。

不要弄错，不只是路易十六及其大臣以我刚才举例的危险方式说话。享有特权的人是人民愤怒的最直接目标，也毫无二致地这样表达。显然，在穷人开始在法国社会的上流阶级中激发恐惧之前，上流社会已经形成了对于穷人命运的一种关注。在他们开始相信穷人的苦难会导致他们毁灭之前，他们对于穷人关切起来。在 1789 年以前的十年中，这一点尤其明显起来。在这个阶段，他们表达了对于农民的怜悯。农民被不断地谈论。他们寻求缓解农民苦难的方式。农民所遭受的最坏的流弊被揭露出来，农民感觉到的最具有压迫性的税法受到谴责。然而，这种新的同情心的表达就像它之前长期的麻木不仁一样，通常缺乏远见。

如果你阅读了 1779 年在法国一些地方后来又在整个王国所召开的省议会的会议记录，研究了一些幸存的公开文件，你就会对其中所包含的美好情感所感动，被这些言论中惊人的不慎重所惊诧。

在 1787 年，下诺曼底的省议会评论道："国王在公路上所投入的金钱常常只是让富人更为舒适，而对于人民没有任何好处。它常常被用来改善一个城堡的通道，而不是让一个城市或者村庄的出行更便利。"在同一个会议上，贵族和教士等级在谴责过强制公路劳役的罪恶后，自愿地为省道的改善提供了 50,000 里弗的捐助，让它们更为畅通而没有增加人民的任何成本。如果以他们可以承担份额的普遍税取代强制劳役体系，或许会让这些享有特权的人花费更少，然而，即使他们愿意放弃不平等税收的收益，他们也要决心维持其外表。在愿意放弃他们的特权中的有利部分的时候，他们坚持保留其令人厌恶的部分。

另一些议会完全由免除军役税的地主组成，他们明确打算维持其豁免权，然而却以最为阴暗的色彩描绘了这种税收对于穷人所造成的苦难。他们根据所有弊端创造出一幅可怕的图画，然后又特意无限地将其加以复制。此外，更为奇怪的是，在他们明确地表达对于人民的关注时，偶尔会公开表达自己的蔑视。人民已经成为他们的同情目标，然而却依然是他们的蔑视对象。

上基耶内省的议会虽然热烈地为农民的事业辩护，却称他们为"粗野和无知的生物，麻烦制造者和粗鲁、任性的人物"。蒂尔戈为人民贡献良多，却也以同样的方式表达自己。

这些尖刻的表达出现在注定要广泛传播并且打算让农民过目的文件中。好像是人们生活在欧洲的一个地区，比如加利西亚，在那里，上层阶级说着不同于下层阶级的语言，并且不被他们所理解。18 世纪的封建律师表现出在他们的前辈中不常见的温和、节制和正义感，然而在某些地方，对于承担**土地税**（cens）和其他封建税的农民，他们依然称其为"讨厌的农民"。显然，这种侮辱性的话语纯粹是形式上的。

随着 1789 年的逼近，这种对于人们痛苦的同情日益变得敏锐和轻率起来。我的手头有几个省议会早在 1788 年致各个教区居民的通告，目的是详细地了解人民的心里有什么委屈。

其中一份通告是由一位神父、一位大领主、三位贵族和一位资产者所签署，所有人都是议会成员，并且以其名义而行动。这个委员会在每个教区任命了一位理事把所有农民召集起来，问他们对于各种税收的评估与征收方式有何意见："我们大概地知道，大部分税收，特别是盐税和军役税，对于农民具有灾难性的后果，但是，我们急切地想知道每一种具体的弊端。"省议会的好奇并没有到此为止。它想知道每个教区中有多少人享有各种税收特权，包括贵族、教士和平民，这些特权具体是什么。这些享有这种豁免权的人拥有多少财产？他们是否居住在他们的土地上？在那里有多少教会财产，或者，如时人所说，有多少属于**永久管业**（mortmain）的或者不能出售的永久持有的地产，它价值几何？所有这些不足以让他们满意。委员会还想知道，如果存在税负平等，必须由特权者所承担的纳税份额的价值，包括军役税、人头税、劳役和其他税收。

这种做法激怒了每个人，因为它列举出了每个人的苦难，指出了那些承担责任的人。由于这种做法指明了一小撮这些苦难的制造者，而让这些受害者无所畏惧，深深刺痛了他们的心灵，让他们燃起了贪婪、嫉妒和仇恨的怒火。仿佛扎克雷起义①、铅垂党人②和十六人委员会③被全然忘记了，仿佛人们意识不到这样的事实：只要法国人保持在他们天性的平静状态中，它就是世界上最温和甚至最善良的民族，一旦暴力的激情将他们从中唤醒，就会成为最野蛮的民族。

遗憾的是，我不能获得所有农民对于这些致命问题的反应，但是，我发现其中一些反应，这些反应足够对他们的精神状态给予一种一般的描绘。

在这些抨击中，每一个特权者的名字，贵族或者资产者，都被仔细地指出来。他们的生活方式有时得到描绘，总是受到批评。人们做出卓绝的努力以判断他们的财产的价值。他们的特权的数目和性质，甚至他们对村子所有其他居民所造成的伤害，都得到了详尽的探讨。作为地租应该缴纳给他们的小麦斗数被指出来。他们的收入在嫉妒中得到计算，据说他们中没有人可以从中渔利。神甫的谢礼，已经被称作"他的薪水"，被认为过多。受到尖刻抱怨的是，教堂的每一项服务都必须付费，穷人甚至得不到免费的埋葬。税收都被认为得到了不公正的估值，并且具有压迫性。没有一个人在农民的眼中找到善意，他们言辞激烈，怒气冲冲。

"间接税令人生厌，"他们说，"没有家庭可以免遭包税人的搜查。在他的眼中或在他的手里，没有什么是神圣的。印花税具有毁灭性的效果。军役税收税员是一个暴君，他的贪婪让他利用一切可以骚扰穷人的手段。执行吏也不会更好。没有诚实的农民可以免遭他的恶意。收税员被迫让他的邻人破产，以免自己遭受这些暴君的吞噬。"

这次调查不仅仅预示着大革命的临近。大革命就在其中。它已经在说着自己的语言，露出了自己的真实面目。

---

① 1358 年的农民起义。

② 1382 年的巴黎抗税运动。

③ 16 世纪宗教战争期间统治巴黎的十六人起义委员会由此而得名。

在 16 世纪的宗教革命和法国大革命之间有许多差别，其中一个引人注目。在 16 世纪，大部分伟大的贵族出于精明的野心或者贪婪，很快改变了信仰。相比而言，人民出于信仰而不是对利益的期望拥抱了改变。在 18 世纪，情况不同了。正是无私的信仰和慷慨的同情感动了开明的阶级，让他们走在了革命的道路上，人民则是被心酸的怨恨和改变自身处境的热烈愿望所激发起来的。前者的热情最终点燃并赋予了后者以怒气与贪婪。

第六章　有助于政府完成人民的革命教育的一些做法

  政府长期以来努力向人民的头脑中灌输一些后来被称作革命的观念，这些观念对个人和私人权利充满敌意，对暴力充满友好。

  国王首先表明了，人们可以对最古老的和根深蒂固的制度多么轻视。路易十五既通过他的创新也通过他的恶行，既通过他的活力也通过他的懈怠，震撼了君主制，加速了大革命。人民目睹了高等法院的垮台和消失，它几乎像君主制自身一样古老，以前被认为坚不可摧。这时候，他们模糊地意识到，一个暴力与危险的时代正在逼近，在这样的一个时代中，万事皆有可能，很少有古老的事情受到尊重，很少有新的事物不能被尝试。

  路易十六在他的整个统治期间，谈到过要尝试进行的改革。在大革命实际上清除一些制度之前，大部分这些制度迫在眉睫的毁灭在他的言辞中都有所预示。在他把其中最坏的一些制度从法律法规中消除之后，又很快将其恢复。仿佛他的意图仅仅是将这些制度连根拔起，而留待他人将其铲除。

  在他亲自从事的改革中，有一些在未经充分准备的情况下突然就改变了古老的和受人尊重的习惯，有时还会侵犯既得权利。这样，这些改革就为大革命做好了准备工作，其做法与其说是通过打倒阻挡其道路的所有事物，还不如说是通过向人民表明，他们自己可以这样做。造就罪恶的正是国王及其大臣的纯洁与无私意图，因为没有什么比善良的人出于好心而行使的暴力更为危险了。

  更早时候，路易十四通过其公开敕令，传授了这样的理论：王国所有的土地都属于国家，是被有条件出租的，所以，国家是唯一真正的地主。所有其他人仅仅是占有土地的佃户，他们对于土地的权利是不完善的，并且有待质疑。这个学说根植于封建法律，但是，只有在封建主义行将灭亡之际它才得以在法国被公开宣布，法庭从来不会接受它。它是现代社会主义得以产生的核心学说。奇怪的是，我们发现，它首先扎根于王室专制主义之中。

在随后的朝代里，行政当局每天都在以所有人更容易理解的更为实际的做法教导人民：轻视私有财产权是正确的。18 世纪后半叶，在对于公共工程尤其对于公路的爱好蔚然成风时，政府毫不犹豫地夺取其工程所需要的任何土地，摧毁阻挡其道路的任何房屋。那时，桥梁与道路局像今天一样，着迷于几何学中的直线美。即使现有道路有一点点弯曲，它也要极力避免，它不是稍微转一下弯，而是宁愿挤入无数不动产中。对于这样被破坏或者被摧毁的财产的赔偿总是姗姗来迟，而且很随意，并且常常分文未赔。

当下诺曼底的省议会从总督手中接管政府时，它发现，在以前的二十年间，为了建造公路而被征用的土地还没有得到赔偿。国家所积累的依然未被偿还的债务，在法兰西的这个小角落里达到 250,000 里弗。这种做法所伤害的大地主的数目是有限的，但是，受到伤害的小地主的数目巨大，因为土地已经被多次分割。他们中的每一个人从自己的经历中学会了，当公共利益要求对个人权利加以侵犯时，它们几乎不值得尊重，并且他们牢记这个教训，为了他自己的利益而将其用到别人身上。

在许多教区，一般设有慈善基金会，其目的正如其创立者所设想的那样，根据创立者所希望的方式帮助教区居民。在君主制的末期，大部分这样的基金会仅仅由于御前会议法令，也就是说，由于完全专断的政府决定，或者被摧毁，或者偏离其最初的目的。通常，这样募集的基金被带给村庄，将其赠予附近的医院。大约在同一时期，这些医院的财产以它们的创建者从来没有设想到的或许不会同意的方式得到了转变。1780 年的一道敕令规定，所有这样的机构必须卖掉它们在更早年代里受赠的可以永远持有的资产；这样出卖的收入要移交给国家，国家根据其数量支付利息。据说，这样可以比捐赠者本人能够更好地利用以前数代人的施舍。人们忘记的却是，教会人们侵犯活人的个人权利的最好方式就是，漠视死人的意志。旧制度的行政当局对于死人所表现出的蔑视，是它之后的任何权力都无法逾越的。而且，这些当局从来没有表现出英国人相当一丝不苟的顾忌心理，英国人把整个社会的力量借给每个公民，帮助他贯彻他最后的意愿，结果是，英国人对于有关一个人的回忆的尊重甚至超出对于他本人的尊重。

征用、强制拍卖和价格控制，所有这些政府措施在旧制度下都有先例。我发现，在食品短缺的时候，行政官员提前对于农民希望在市场上购买的商品确定价格，而当农民害怕被迫以这样的价格出售而没有在集市日出现时，就会收到执行令，迫使他们出现在市场上或者面对罚金。

但是，没有什么教育形式比某些刑事司法形式在人民中的适用更为又害。穷人已经享有超出人们所想象的针对更富裕的人和更强大的公民的安全保障，但是，在他同国家打交道的时候，我以前已经指出过，他没有别的选择，只能同特别法庭、有偏见的法官、草率或假冒的程序和不被允许上诉的损害赔偿令进行搏斗："特此，宪兵司令及其副手接受号令，应对同谷物收成联系在一起的任何骚乱或集会。特此命令，案件应被宪兵司令审判，裁决应被其发布，不允许上诉。国王陛下禁止任何其他法庭管辖这类案件。"这类御前会议的判决在整个 18 世纪都享有法律效力。从警察局局长的记录中，我们得知，在这种情况下，受到怀疑的村庄被连夜包围，黎明之前闯入家庭，指定的农民不需要逮捕证就被逮捕。这些受到逮捕的人常常在监狱中挨上漫长时光才被允许同法官讲话，尽管实际上有敕令规定，任何被控有罪的人应在二十四小时内受到审问。法律的这项规定同今日一样明确，同样也没有受到更多的尊重。

因此，正是一个温和和稳定的政府每天都在传授给人民适合于革命时代的和最有利于暴政的一种刑事法典。它的学校总是在开放。最终，旧制度把这种危险的教育赋予了下层阶级。即使蒂尔戈也在这方面忠心地效仿其前任。在 1775 年，当他的新谷物法律在高等法院遭遇对抗并在农村遇到骚乱时，他说服国王发布一项命令，剥夺普通法院的管辖权，并把叛乱者移交给军事法庭，"其首要目的是镇压民间的动乱，因为它对于立刻树立这样一种典范是有益的。"此外，任何农民如果不经神甫和理事的签字许可而离开其教区，就要作为流浪者被追捕、逮捕并在军事法庭接受审判。

诚然，在 18 世纪的君主政体之下，惩罚的形式是可怕的，但刑罚几乎总是温和的。这样的刑罚更偏好恐吓而非伤害，它出于习惯和冷漠而专断与暴力，但气质上温和。但是，对于即决裁判（summary justice）的爱好却因此更容易被接受。刑罚越温和，宣布判决的方式越容易被忘记，判决的温和掩盖了程序的恐怖。

　　由于拥有这些事实，我胆敢说，被革命政府所使用的许多程序来自于在君主政体的最后两个世纪中被用来针对下层阶级的先例与样板。旧制度为大革命提供了许多其正式程序；大革命只不过增加了其野蛮精神。

第七章 一场重大的行政革命如何发生在政治革命之前，它有何后果

在政府形式中没有什么改变，然而，支配个人生活与行政事务的次要法律已经被废除或者被修改。

同业公会的破坏，及其随后部分的和不完全的恢复，深刻地改变了工人和雇主之间的所有现有关系。这些关系不仅不同于以往，而且变得不确定和紧张起来。控制主日工作的规章被废除。国家监护还没有被牢固确立起来，工匠处在政府和雇主之间的一种为难的和不确定的位置上，想不到两者之中的谁可以保护他或者应该指导他。整个城市下层阶级骤然跌入痛苦与混乱状态中，一旦人民开始回归政治舞台，这种状态就产生了巨大的后果。

在大革命前一年，一纸王家敕令搞乱了司法体系。几种新的管辖权被创立起来，许多其他管辖权被废除了，所有的司法规则都被改变了。我在前面已经提到，那时候在法国，参与审理或者执行司法判决的人数是庞大的。说实话，整个资产阶级都直接或间接依赖法庭。因此，法律的直接效果就是威胁到了成千上万家庭的地位与财产，他们突然发现自己处在一种全新的和不安全的处境中。这纸敕令就其效果而言，对于诉讼当事人是不幸的，身处这场司法革命中间，他们难以确定哪一种法律可以适用于他们和哪一个法庭应该裁决他们。

但是，尤其是政府自身在1787年所遭受的激进改革首先将公共事务抛入混乱之中，然后又在公民中制造了混乱，甚至扰乱了他们的私生活。

我们已经看到，在财政区行省，就是说在几乎四分之三的法国，各个地区是由一个人——总督所统治的，他的行动不仅不受监督而且不受

建议。

1787 年，在总督的旁边设立了一个省议会，这个议会成为该地区真正的行政官员。在每个村子，一个选举产生的市政团体取代了古老的教区议会的地位，并且在大部分情况中，取代了理事的地位。

这种新的法律同以前的法律如此对立，它不仅改变了事务的秩序，而且也改变了个人的相对地位，被它认为几乎可以以相同的方式马上用于所有地方，丝毫不考虑以前的做法或者每个省的独特形势。这说明了大革命的一元精神在某种程度上已经吸引住了旧政府，而大革命很快就要将其推翻。

这样，我们就可以清楚地看到，习惯在政治制度的互动中所扮演的角色如何重要，人们使用长期以来已经熟悉的却模糊而复杂的法律比更简单而新颖的法律要多么地容易。

在旧制度下的法国，有着各种各样的权力，在省与省之间变化无穷，没有哪种具有固定的或清晰可辨的范围，以至于每种权力的行动领域同其他几种相互重叠。尽管如此，一种常规的和相当简化的事务秩序被最终确立起来，而新的权力，尽管在数目上更少，被认真地加以限定，并且彼此相似，却立刻陷入最大的混乱中去，并且常常相互抵消。

此外，新法律包含一种重大的缺陷，单这一种缺陷，尤其在开始就足以使它的适用遇到困难：它所创设的所有权力都是集体权力。

在旧的君主政体之下，仅仅有两种统治方式。在政府被委托给单一一个人的地方，个人在没有任何议会的帮助下采取行动。在存在议会的地方，比如，在三级会议省和城市，行政权力不被委托给任何特定的个人。议会不仅统治而且监督行政机关，也以自己的名义或通过它所任命的临时委员会进行管理。

由于人们仅仅知道这两种方法，一旦一种被抛弃，另一种就会被采纳。相当奇怪，在如此一个开明的社会中，在公共行政长期以来扮演这样一种重要角色的社会中，从来没有任何人想到要把这两种体系结合起来，把执行权力和监督与立法权力区分开来而不是分离开来。这种思想看起来如此简单，却从来没有出现。直到这个世纪它才被发现。某种意义上，它是我们在公共行政领域内唯一可以声称属于我们自己的重大发现。我们马上就可以看到相反做法的后果：国民公会（National

Convention）在把行政习惯带入政治中时，在憎恨旧制度而同时又服从其传统时，所运用的体系就是三级会议省和城市的市镇理事会所遵循的体系，以前仅仅成为官方事务处理负担的东西突然成为恐怖统治的滋生地。

这样，1787年的省议会被授权在大部分情况中独立进行行政管理，在这些情况中，以前是由总督独自行动。在中央政府的授权下，它们被赋予的职责是，分配军役税和监督其征收，决定何种公共工程项目的采纳，并且管理这些项目的执行。它们直接指挥桥梁与道路局的所有代理人，从监工直到劳工。它们应该告诉这些下属做什么，向大臣报告这些下属的工作，并且告诉他这些下属应得什么补偿。对于地方政府的监督几乎被完全置于这些议会之手。比如，他们在所有以前被总督所处理的诉讼中拥有初级裁判权。许多这些新的职能给予一种集体权力是不合适的，它不能为其行动负责，更何况这些责任又是被从前没有行政经验的人们所承担的。

最终让事务更加混乱的是这样的事实：尽管总督因此而变得无所作为，他却被允许保留在自己的岗位上。他被剥夺了随心所欲的绝对权力，仅仅被赋予帮助议会并监督其所作所为的责任，仿佛一个被褫夺权力的官员能够体谅驱逐他的立法精神，并且协助这种精神的实施。

对于总督所做的事情也被用于对待他的助理。在总督助理旁边，在他只是最近还拥有的位置上，设立了一个区议会。它的行动被省议会所指导，并且立足于同样的原则。

我们从1787年所设立的省议会的立法行为与会议记录中所了解到的所有事情都在告诉我们，在它们投入运作不久，就忙于发动同总督之间的秘密的，甚至常常公开的战争，反过来，总督只是利用其老到的经验阻碍其继位者的行动。在某个地方，我们发现，一个议会抱怨需要费尽力气才能从总督手中夺回必需的文件。但在其他地方，总督指责议会成员希望篡夺他认为是敕令留给他的特权。他向大臣申诉，大臣常常不予回答，或敷衍塞责，因为这些事务对于他像对于其他所有人一样新颖和模糊。在一些情况中，议会认为，总督没有尽责，他修建的道路路况糟糕或维护不良。他放任他所监管的共同体的破败。议会常常被罕为人知的晦涩法律所迷惑。它们求教于或远或近的他人，不断收到一系列建议。欧什省的总督声称他有权挑战省议会授权一个社区评估自己的税收。议会声称，在这件事情上，总督此后仅仅可以给出建议，而不是发布命令，它就它的意见征求法兰西岛的省议会。

在这些争吵和磋商中，行政工作常常运作缓慢，有时陷入停顿。此时，公共生活似乎处在中止状况。"事务完全处在停顿状态，"洛林省的议会说道，它这样说只是为了回应许多其他议会的抱怨，"所有优秀的公民都感到悲伤。"

在其他情况中，新的行政机关由于过分的勤勉和自信而犯错。它们全都充满着一种无休止的、纷乱的热情，导致它们想要一举战胜旧的方法，并仓促纠正长期存在的弊端。它们借口它们以后的工作就是监管城市，致力于亲自管理公共事务。总之，在致力于改良所有事情时，它们最终创造出所有地方的混乱。

如果你愿意，请考虑一下公共管理在法国很长时期内所扮演的广泛角色。请考虑一下每天它所影响到的大量利益，这些利益依赖它或者需要它合作。请考虑一下个人以何种方式更依赖它而非依赖本人，以便在自己的冒险中获得胜利，推动自己的工业成功，确保自己的生存，设计和维护自己的道路，保持自己的和平，保障自己的福利。请考虑一下所有这些事情，你就会了解到，无数的人们必然会亲身受到行政机关所遭受的弊端的影响。

但是，尤其在村庄中，新组织的缺陷被感受到了。在那里，它不仅扰乱了权力之间的彼此关系，而且突然改变了个人的相对地位，使所有阶级都进入对抗与冲突中。

当蒂尔戈在1775年向国王建议对农村地区的管理方式进行一场改革时，他所面对的最大困难，也就是他自己告诉给我们的困难，来自于税收的不平等分配。由于一个教区的主要事务涉及税收的评估、征收和使用，如果这个教区的人们根本不是以同样方式缴纳这些税收，而且一些人完全免税，那么，他如何才能把教区的人们召集起来考虑这些事务并且采取共同行动？在每个教区，贵族和教士不用缴纳军役税，一些农民部分地或者完全地豁免军役税，其他人缴纳全部军役税。这样就构成了三个截然不同的教区，每个都要求有它自己的行政机关。困难无法解决。

实际上，没有什么地方的税收比农村的税收差别更为明显了。不同群体的人们之间相互分裂，他们彼此常常敌视，没有比农村更为严重了。

为了给村庄一个共同的行政机构和他们自己的自由政府，首先必需要做的事情是，让所有人承担同样的税收，缩小阶级之间的距离。

直到 1787 年所尝试的改革，也没有这样做。在教区内部，等级之间旧的分离被维持下来，作为其主要标记的和税收有关的不平等也被维持下来，然而，全部行政管理任务被移交给一个由选举所产生的团体。这直接导致了某些相当奇怪的后果。

考虑一下这个应该选择市政官员的选举议会。神父和领主不允许参175加，因为他们属于贵族和教士等级；在这种情况下，主要是为了让第三等级选举它的代表。

然而，一旦市政理事会被选举出来，神父和领主成为当然成员，因为把这两类显要的居民排除在教区政府之外似乎是不适当的。领主虽然不被允许选举市政理事会的成员，他却可以主持这个市政理事会的会议，然而，他却被禁止参与它的大部分决策。比如，当开始评估和分配军役税的时候，神父和领主不允许投票。他们不是都被免除了这项税收了吗？出于同样的原因，市政理事会和他们的人头税没有关系。它依然是由总督决定，为此目的，它依赖特殊程序。

尽管主持会议的领主同他应该指导的团体相隔离，但是，由于害怕他对于这个团体施加间接影响，损害他不是其中成员的等级的利益，所以，一项要求就是，他的农民的投票不应该被计算。就这一点进行征询时，省议会认为这项要求完全合理，完全符合自己的原则。教区的其他贵族不被允许出席这个平民的市政理事会，除非他们是被农民所选举的，在这种情况下，正如规章中所正确注明的，他们仅仅代表第三等级。

因此，领主在理事会中出现时，只不过完全被作为他以前的臣民的一个下属，他们突然成了他的主人。他是他们的囚徒而非他们的领袖。把这些人以此种方式召集在一起的目标似乎不是让他们更加密切，而是让他们清楚地看到，他们如何不同，他们的利益多么对立。

理事是否依然是没有威信的官员，仅仅在受到强迫时才履行其职责，或者他的地位同他依然作为主要代理人的共同体的地位一起提高了？没有人确切知道。我发现来自某一地方的法庭执行官的日期为 1788 年的一封信，他愤怒地发现，他被选为理事。"这样做，"他说，"违背了我的官职所享有的特权。"财政总监回复，必须要改变这个人的想法，"让他理解，被他的同胞所选中，他应该将此视为一项荣耀，不管怎样，新的理事根本不是以前拥有这个头衔的官员，他应该期待来自政府更多的尊重。"

我们也发现，一旦农民成为一种值得考虑的势力时，教区的重要居民甚至贵族会突然寻求同他们之间的更为密切的关系。巴黎郊区一个村庄具有高级裁判权的一个领主抱怨道，敕令阻止他作为一个**普通居民**参与教区议会的运作。其他领主，据其所述，"出于对公共利益的忠诚，愿意甚至在理事的岗位上服务。"

这为时过晚。当来自富裕阶级的人们接近农村人民并且努力同他们混合起来时，人民退回到他们曾经跌入的孤立之中，树立起防卫。一些教区议会拒绝接受领主为其成员。其他人如果碰巧是富人，甚至为了被接纳为平民而求助于各种欺骗手段。"我们了解到，"下诺曼底的省议会注意到，"几个城市议会拒绝接纳在教区拥有土地却不在那里居住的平民，即使毫无疑问，这些人都有议会成员资格。其他议会甚至拒绝接纳不在其范围内拥有土地的农民。"

因此，甚至在涉及国家政府的主要法律被触及之前，和次要法律有关的所有事情就已经具有了新颖、模糊和冲突的特点。依然保留的东西已经在其基础上摇动了，似乎没有一项规章不被中央政府自己宣布要废除或立刻修正。

这种对于所有规则和行政习惯的广泛而突然的大修正，在法国发生在政治革命之前，今日极少被谈到，然而却已经成为在一个伟大民族的历史上所发生的最重大的破坏之一。第一次革命对第二次革命施加了一种巨大的影响，使得后者不同于所有其他类似的事件，正是前无古人后无来者。

第一次英国革命震撼了这个国家的整个政治结构，甚至废除了君主政体，但是，仅仅对次要的法律具有一种表面的影响，对习惯与惯例实际上没有影响。司法与行政在形式上未受挑战，一如既往地从事其事务。据说，在内战如火如荼的时期，英国的十二位法官依然进行一年两次的
巡回法庭活动。革命的效果受到限制，英国社会尽管在其顶端受到骚扰，却保持着其坚实的基础。

从 1789 年以来，我们自己在法国已经看到许多革命自上而下彻底改

变了我们的政府结构。大部分发生得相当突然，通过暴力而取得，公然侵犯了现存法律。然而，接踵而来的混乱持续不久，也没有蔓延。国家中的大部分人几乎感受不到任何影响，有时几乎意识不到，一场革命正在发生。

原因是，从1789年以来，在一堆又一堆的政治结构废墟中，行政结构总是保持原封未动。国家的统治者改变了，或者中央政府的形式变化了，但是，日常国务活动依然未受干扰，毫无间断。在个人所涉及的微小事务中，他依然受到相似规则与习惯的支配。他依赖他长期以来习惯同其打交道的次级权力，通常同同样的官员打交道，因为，尽管每一场革命砍掉了行政机关的头颅，但其身体依然原封未动和生气勃勃。同样的功能被同样的官员所履行。在多样的政治法律中，这些官员延续着同样的精神与方法。他们最初是以国王的名义审判和管理，接着是以共和国的名义，最后是以皇帝的名义。然后，当命运的车轮再次开始一个周期时，他们再次为国王管理与审判，为共和国和皇帝管理与审判，他们依然总是同样的人们，使用同样的方法。因为，主人的名字与他们何干呢？他们的事务不在于成为公民，而在于成为优秀的管理者和优秀的法官。因此，一旦最初的震撼过去了，这个国家中就似乎没有什么变化了。

政府的这个部分尽管是从属的，却每天都在影响着每个公民的生活，对于所有人的福利产生着最为持续和有效的影响。当革命爆发时，它就被完全推翻。公共管理机关的所有官员被突然更换，它的所有原则被改变。最初，这个国家似乎没有受到这场大规模改革的影响，但是，法国的每个人都经历了一场微小的个人动荡。每个人的地位受到扰动，每个人的习惯被打乱，每个人的工作被妨碍。在最为广泛最为重要的事务中，某种常规在持续，但是，在构成社会日常生活的更小事务中，已经没有人知道听命于谁，求助于谁，或者如何去行动。

由于国家的所有部分在其基础上都是不牢固的，最后一击就足以推翻整座大厦，造就历史上最大的动荡和最为可怕的混乱。

178

第八章　大革命如何自然地从以前的事务中出现

　　在结束本书之时，我想把迄今为止分别加以描述的一些特征放在一起，考察大革命怎样从我刚刚描绘过的旧制度中自然地产生。

　　如果我们考虑到，正是在法国，封建体系最为彻底地失去了其保护与服务能力，却没有丧失其危害或骚扰能力，那么，我们就不会感到惊讶，如此猛烈地席卷旧欧洲体制的大革命应该在这里而非他处爆发。

　　贵族阶级已经失去了它以前的政治权利，已经不再管理和领导人民（这种现象比封建欧洲任何其他地方更为严重），然而却不仅保留了而且极大地增加了其金钱豁免权和个人利益。当它成为一个从属阶级时，它却依然享有特权和保持封闭，或者，正如我前面所言，变得越来越不像贵族，而是越来越像种姓。如果我们注意到这些现象，那么，毫不惊讶，它的特权在法国人看来会如此难以理解和令人憎恶，毫不惊讶，民主式嫉妒会在法国人心中如此强烈地爆发，一直燃烧至今。

　　最后，我们观察到，由于这个贵族阶级同它心底所排斥的中产阶级相分离，同它允许其离心离德的人民相分离，所以在民族中完全孤立，表面上位于一支军队的最前列，但实际上是一队没有士兵的军官。如果我们观察到这些，那么，我们就能够理解，它在挺立千年后，如何一夜之间就被推翻。

180　　我讲过，王室政府在废除了省自由和在三分之一的法国取代了所有地方权力后，如何承担了所有公共事务，事无巨细。在其他地方，我讲过，作为这种做法所造成的一种不可避免的后果，巴黎如何让自己成为一个国家的主人，而在以前，它仅仅是其首都，或者，毋宁说，巴黎如何让自己成为整个国家。这两种事实是法国所独有的，自身就足以解释，为什么一场骚乱就能够彻底摧毁一个君主政体，而它在几个世纪里已经经受了如此多的猛烈冲击，并且在其陷落前夕，正是在推翻它的人们的眼中，它看起来还是不可动摇。

由于在欧洲国家中间，法国是公共生活被彻底窒息时间最长的国家之一，它的个体公民最为彻底地失去了同公共事务的接触，失去了阐释事件的能力，失去了对人民运动的熟悉，而且几乎失去了人民这一概念，所以，很容易就可以想到，法国如何突然陷入一场可怕的革命中却没有意识到这一点，而那些最受大革命威胁的人却走在队伍的最前列，并且将大革命视为己任，点亮和拓宽了导致其厄运的路径。

由于不再有任何自由的制度，因此不再有政治阶级，活跃的政治团体，或有组织的和有纪律的政党，并且，由于在缺少这些常规政治力量的情况下，公共舆论一旦复活，就会完全处在哲学家的影响下，所以，可以想得到，大革命不会被某些特定事实所引导，而会符合抽象的原则和相当普遍的理论。人们可以预料到，革命分子不是逐一攻击劣法，而是攻击所有法律，寻求用这些作家所构思的一种全新政府体系取代法国的古老政体。

由于教会当然会同所有要被摧毁的旧制度混合在一起，所以，毫无疑问，大革命在推翻世俗政府的过程中，也会破坏宗教。从这个时候开始，就难以说明，一旦革新者的头脑不受宗教、习惯和法律通常对人们的想象力所施加的限制，他们或许会采取什么非凡的鲁莽行为。

任何人如果仔细研究了这个国家的状况，就会很容易地预见到，没有什么鲁莽行为不能够被尝试，没有什么非凡的暴力行为不能够被接受。

伯克在他的一本雄辩的小册子里大叫："我还没有听说过单独一个人就具有足够的力量或影响为他人抗辩，更别说为这个国家中最小的地区而抗辩了……我们看到，雅各宾派决定逮捕的每个人在他的村子或家中被带走，并被送往监狱，没有丝毫反抗迹象，不管他在开始时被怀疑为保王派、联邦派、温和派、民主保王派还是其他什么名字的宗派。"① 伯克不明白他所哀悼的君主政体留给我们什么条件以面对我们的新主人。旧制度的行政机关事先剥夺了法国人互相帮助的能力和愿望。当大革命到来时，人们在法国大部分地方即使找到十个人习惯上以有纪律的方式共同行动并保护他们自己，也是枉然。只有中央政府被认为承担了保护他们所有人的责任，所以，当王室政府失去了对于这个中央政府的控制，而落入了一个拥有主权的和不负责任的议会之手，并且这个自鸣得意的机关变得可怕起来时，没有什么可以阻挡它甚至暂时延缓它。让君主政体如此容易垮台的同一原因也使得在它陷落后一切皆有可能。

宗教宽容、温和的权力行使、人道，甚至仁慈从来没有比在 18 世纪得到更为广泛的传讲或者显然更为充分的接受。战争法是暴力的最后庇护所，本身已经被减少并且被缓和。然而，从如此温和的民情中，最为不人道的革命马上就要出现了。不过，民情的所有这种缓和并不仅仅是假象，因为，一旦大革命的怒涛减弱，人们就会发现这种同样的缓和马上就散布在整个法律中，并且充溢于所有政治习惯中。

如果任何人观察到，大革命的基础工作是被这个民族中最为文明的阶级所奠定的，并且是被最粗野和最没有教养的阶级所执行的，那么，理论上的温和和行为上的暴力之间的这种反差，作为法国大革命最为奇怪的特征之一，就不会让他感到惊讶。由于前一个群体的人们在他们自己中间不存在事先的纽带，没有达成一种共识的经验，并且没有控制人民，所以，一旦旧权力被摧毁，人民几乎立刻就承担了责任。在人们自己没有进行统治的地方，他们仍然可以把自己的精神给予政府。此外，如果人们考虑到人民在旧制度下的生活方式，就易于想到他们变成什么样子。

人民处境的特殊性给予了他们几种难得的美德。由于很早就从农奴制中解放出来，很久以来就拥有部分土地，孤立而不依赖，所以，他们显得节制而骄傲。他们对于苦难逆来顺受，对于生活中的困难淡然处之，对于最大的不幸置之不理，面对危险毫不妥协。他们构成了一个淳朴的、

182

---

① 埃德蒙·伯克，"对于联盟政策的评价"（Remarks on the Policy of the Allies），《埃德蒙·伯克阁下作品选》（The Works of the Right Honorable Edmund Burke）（Boston: Little Brown, 1869），第 416 页。

雄壮的种族，很快就会填充一支强大军队的队列，让欧洲为之屈服。但是，同样的原因让他们成为一个危险的主人。几个世纪里，他们几乎单独承受全部流弊的重担。他们离群索居，默默孕育着偏见、嫉妒和仇恨，由于命运多舛而顽强起来。他们变得既能够忍受所有痛苦，又能够施加所有痛苦。

正是在这种状况中，人民攫取了政府，致力于完成大革命的工作。书本提供了理论，人民承担了实践，他们改变了作家的思想，以适应自己的盛怒。

那些认真研究过18世纪法国的人在阅读本书时，会看到两种主要激情的开端与发展，它们并不同时存在，也并不总是朝向同一目标。

一种更为古老，植根更深，是对于不平等强烈的和难以熄灭的仇恨。它是被不平等景象自身所激发和维持的，它以持续的和难以抗拒的力量驱使法国人致力于彻底摧毁中世纪所遗留的任何制度，一旦场地被清空，他们就在上面建造一个人道所允许的人人相似和条件平等的社会。

另一种更为新近，植根更浅，让他们不只想作为平等人而且想作为自由人而生活。

在旧制度的末期，这两种激情同样真诚，并且看起来同样具有活力。在大革命的开端，它们走在了一起。它们马上难分难解，融为一体，相互援助，最终点亮了整个法兰西的心脏。这就是1789年，一个没有经验、没有怀疑，却有慷慨、热情、男子气概和辉煌的时代，一个被永远记住的时代，在目击这个事件的所有人和他们之后的我们从地球上长久消失以后，人们将依然以欣赏与尊重之情凝视着它。在那个时代，法国人对于他们的事业和他们自身充满了骄傲，相信他们可以作为平等者在自由之中生活。因此，在民主制度旁边，他们到处创造了自由的制度。他们不仅让陈腐的立法化为烟尘，这些立法把人们划分为种姓、行会和阶级，并且让他们的权利甚至比他们的条件更不平等；他们也一举废除了最近的法律——君主政体的成就，这些法律剥夺了民族对于自身自由的享受，让每一个法国人都处在政府之眼的警惕之下，政府是他们的导师、监护人，必要时还是他们的压迫者。中央集权制和专制政府一起陷落了。

但是，当发动大革命的精力充沛的一代人被摧毁殆尽或者精疲力竭

183

之时，就像在尝试这种事业的代代人身上所通常发生的情况一样，当根据这类事件的自然过程，对于自由的热爱失去人心并在无政府状态和人民独裁中衰弱无力，并且一个困惑的民族开始摸索它的主人之时，出于既是大革命的继承者又是其摧毁者的某个人的天才①，专制政府的重生与重建就显得极为容易。

旧制度实际上包含着许多现代制度，它们对于平等没有敌意，在新社会中很容易地为自己找到了一个位置，然而为专制主义提供了明显的帮助。人们在所有其他制度的废墟中搜寻这些制度，它们就在那里。它们以前培育了让人们保持分裂与顺从的习惯、激情与观念；它们现在又被复苏了，并被投入使用。中央集权从废墟中被拯救出来，并被恢复起来。由于它是被重建的，而曾经制约它的所有事物依然躺在废墟中，于是，从刚刚推翻君主政体的一个民族的内脏中突然出现了一种权力，比国王曾经使用过的权力更要广泛，更要细微，并且更要绝对。这项事业看起来异常地鲁莽，其成功史无前例，因为人们仅仅想到了他们正在看到的东西，而忘掉了他们曾经看到的东西。压迫者垮台了，但他的工作中最本质的东西却长期保持着。他的政府死亡了，他的行政机关继续存活，从那以后，一旦任何人试图推翻专制权力，他就只能把自由的头颅装在一个奴役的躯体上。

184 从大革命的开端直到现在，有好几次，对于自由的激情死亡了，然后苏醒，接着再次死亡，然后又再生。因此，持续了很长时间它才来到：总是没有经验，训练不善，容易气馁、恐惧和退缩，肤浅和易逝。在这同一段时间内，对于平等的激情继续身居在它初次捕获的心灵深处。在那里，它盯上了我们最为珍视的情感。当一种激情作为对事件的回应，在外表上不断变化、减少、增加、强化或衰弱的时候，另一种激情却持续如一，以同样倔强和常常盲目的热忱持续追求同一目标，准备为那些承诺满足它的人牺牲一切东西，这些人使用专制主义进行统治所必需的习惯、观念和法律，为它提供任何可以支持和取悦它的政府。

对于那些不愿放远眼光的人来说，法国大革命必然保持晦暗不明。人们必须关注以前的时期，才能够找到阐明它的光线。如果不能清楚

---

① 指拿破仑。——译者

地看到以前的社会，它的法律、它的缺陷、它的偏见、它的痛苦和它的辉煌，我们就不能够理解六十年间法国人的什么作为导致了它的垮台。但是，如果不能够把握住法兰西的本性，单有这样的理解依然是不够的。

当我考虑法兰西民族本身时，我发现，大革命比它历史上的任何事件都要非凡。有这样一个民族，如此充满对立，在每次行为上如此极端，更受情绪的支配，或者更不受原则指导；它因而比预想的要做得更好或者更坏，有时低于人性的一般水准，有时又远远高于这个水准；这样一个民族，在其主要本能上如此难以改变，以至于我们可以在两三千年之久的肖像画中认出它，然而，在其日常思想和爱好上又是如此易变，以至于在它自己眼中也会成为一幅惊人的景观，外国人看到它刚刚做过的事情，会常常感到惊讶；当它独处之时，比任何其他民族更依恋家庭与常规，但是，当它被人们从壁炉旁和习惯中拉开时，又乐意漫游到地球的尽头和挑战一切；它性情上桀骜不驯，然而更愿意接受一个君主专断的甚至粗暴的统治，而不愿意接受由首要公民所组成的自由与合法的政府；今天对于所有服从不共戴天，明天又具有一种甚至最适合奴役的国家也无法匹敌的一种激情；只要没有人反抗，可以被一根丝线所牵引，只要在某处出现一例反抗，就会难以控制；因此，总是让它的主人上当，主人不是过于怕它，就是怕它不够；从来没有自由到人们必须放弃征服它的希望，也从来没有奴役到不能打碎枷锁的地步；适宜做任何事情，但仅仅在战争上出色；崇拜机遇、力量、成功、光彩和喧闹，多于真正的光荣；更擅长英雄主义而非美德，更擅长才华而非常识；惯于构思庞大的计划，而非完成伟大的事业；欧洲各民族中最为辉煌和最为危险的民族，最有可能依次成为赞赏、仇恨、怜悯和恐惧的目标，但从来不会让人无动于衷。地球上有其他民族像这个民族吗？

只有这个民族能够诞生一场革命，如此突然，如此激进，在其过程中如此冲动，然而，却充满了倒退现象、矛盾事件和对立例子。没有我所陈述的这些原因，法国人就不会制造大革命。然而，必须承认，所有这些原因加在一起也不足以解释法国以外其他地方的这样一种革命。

这样，我已经来到这场值得纪念的大革命的门槛。我暂时还不想跨

185

过去。或许，我很快就可以这样做。那时，我会将其原因放置一旁，仅仅考察大革命本身，并且最终，我将敢于对大革命所产生的社会提供一种判断。

注　释

（该页码为剑桥版页码，即本书边码）

第 22 页，第 11 行

罗马法在德意志的影响——它取代日耳曼法的方式

在中世纪末期，罗马法成为德意志法学家主要的和几乎唯一的研究主题。在那个时候，他们中的大部分人甚至是在德意志外面、在意大利的大学中获得教育。这些学者没有政治权力，但是有责任解释和适用他们社会中的法律。由于他们不能废除日耳曼法，他们就致力于把它塞入罗马法框架中。他们把罗马法运用于德意志制度的所有方面，即使这些制度和查士丁尼法典有一点点相似的地方。他们把一种新的精神和新的惯例引入民族的法律中，这种法律渐渐地变得难以辨认了。到了 17 世纪，没有人可以理解日耳曼法了。它被某种我难以名状的东西所取代了，它名字上是日耳曼法，实际上是罗马法。

我有理由相信，这些学者的工作恶化了旧德意志社会中许多人特别是农民的处境。许多人曾经设法保留他们的一部分或者全部自由和财产，但现在失去了，因为学者们把他们的地位等同于罗马的奴隶或佃户。

民族法律的这种逐渐演变在符腾堡（Wurtemberg）的历史中运作明显，这种历史表明了反对它是无济于事的。

从这个国家在 1250 年的开端，到 1495 年公爵领地的建立，法律完全是土生土长的。它们由习惯法、城市或领主法庭所制定的地方法律和由三级会议所颁布的法律构成。只有教会事务是由外来立法尤其教会法规所调整。

1495 年后，法律的性质发生了变化。罗马法开始攻城略地。**博士**，那些在外国学校中研读法律的人的称呼，进入政府中，并控制了高等法院。在 15 世纪上半叶，政治社会反对他们，正如同一时期它在英国所做的，但是具有非常不同的后果。在 1514 年蒂宾根的议会中，以及随后的各届议会中，封建领主的代表和来自城市的议员反对正在发生的各种事情。他们攻击法律学者，后者已经在法庭中赢得了支配地位，并且已经改变了现有惯例与法律的精神与字面。最初，优势似乎是在反对者一边。他们所赢得的政府的一项承诺是，高等法院的任命今后要限于从公爵领地的贵族中和三级会议中所挑选出来的有名望的和有教养的人，博士被排除在外，由政府官员和三级会议议员所组成的一个委员会要起草一部在整个国家适用的法典。白费功夫！不久，罗马法在许多领域完全取代了民族法律，甚至在它允许民族法律保留的地方也牢固地得以生根。

许多德国历史学家将外来法律针对本土法律的这种胜利归因为两件事情：1.当时转向古典语言与文学的一种普遍理智倾向，结合着这种倾向所引起的对于德意志精神成果的轻视；2.总是让中世纪德意志人着迷甚至影响到他们当时所制定的法律的一种观念，即神圣罗马帝国是罗马帝国的延续，它继承了罗马帝国的法律体系。

然而，这些因素就自身而言，不能够解释为什么罗马法在当时传遍大陆。在我看来，这种现象之所以发生，是因为绝对君主政体到处都是在欧洲古代自由的废墟上建立起来的，因为罗马法，一种奴役的法律，非常适合专制主义者的思维。

罗马法处处把市民社会拔高到一种完美的顶点，也处处毁坏政治社会，因为它总体而言是一个高度文明化的但又彻底顺从的民族的作品。因此，国王们热切地拥抱它，并且在他们建立起统治的地方确立它。在整个欧洲，罗马法的阐释者成为他们的大臣和主要官员。法律学者在国王需要之时提供给他们法律支持，以对抗法律本身。从那时起，他们不断地在许多场合这样做。只要一个君主违背了法律，那么，屡见不鲜的是，一位法律学者就会站出来，向他保证，他所做的是完全正当的，并且在学术上为他证明，暴力是正当的，被压迫者是错误的。

第 23 页，第 33 行

从封建君主制到民主君主制的转变

由于所有的君主政体在大约同一时间成为绝对君主政体，少有证据支持这样的假设：这种变化和在同一时间偶尔发生在各地的某些特殊形势相关。我们必须承认，所有这些当时相似的事件必然是在各地同样和同时运作的某一普遍原因的结果。

这种普遍原因就是从一种社会状态（social state）到另一种社会状态的转变，从封建不平等到民主平等的转变。贵族已经被降低威望，人民还没有崛起；前者还太低，而后者还不够高，所以都不能阻挡国家的行动。结果就是所谓的君主政体的黄金时代，它持续了 150 年，在这段时间内，绝对君主既具有稳定性，也具有全能性——通常这是两种相互排斥的事情：他们既像世袭封建君主一样神圣，又像民主的统治者一样专制。

第 24 页，第 15 行

德意志自由城市的衰落——帝国城市（Reichsstädte）

据德国历史学家所言，这些城市在 14 和 15 世纪达到其辉煌的顶点。那时，它们成为财富、艺术和学术之库，欧洲商业的主人，文明的主宰中心。尤其在德意志的北部和南部，最终，城市中心同附近强大的贵族联合起来，构成独立的同盟，就像瑞士的城市同农民结成联盟一样。

在 16 世纪，这些城市依然繁荣，但衰败已经开始降临。三十年战争完成了这种衰败过程。实际上，没有城市能够逃脱它所带来的毁灭或破坏。

然而，维斯特伐里亚条约将这些德意志城市作为只从属于皇帝的独立国家。但是，它们的主权是相当有限的，一方面被临近的君主所限制，另一方面被皇帝所限制，皇帝的权力在三十年战争后很大程度上被限于帝国的这些小诸侯中。到了 18 世纪，五十一座德意志城市依然保持着独立。它们在议会中拥有两个议席，在这里拥有独特的声音，但是实际上，它们不再左右任何一般政策。

所有城市都负债累累。这种情况部分是因为，它们继续缴纳由它们以前的辉煌程度所决定的帝国税收，部分是因为他们的治理非常糟糕。特别值得注意的是，坏政府似乎是所有这些城市共有的一种秘密疾病，而不管其政体形式如何。不管是在贵族政体下还是在民主政体下，抱怨如果不是一致的，至少同样尖锐。如果是贵族制，政府就被说成是少数家庭的小集团：恩惠与特殊利益主宰城市。如果是民主制，到处都是阴谋与腐败。在这两种情况下，政府都被指责为不诚实和不公正。皇帝被迫不断地干预帝国城邦的事务以恢复秩序。城市人口下降了，城市陷入苦难之中。它们不再成为德意志文明的中心。艺术离开了它们，在新的城市大放光芒，这些城市是由君主建立的，是新世界的典型。商业转到了其他地方。德意志城市旧有的活力和爱国热情消失了。汉堡实际上鹤立鸡群，仍然是财富与学术的一个主要中心，但这是出于它独有的特殊原因。

200

第 31 页，第 7 行

德意志农奴制废除的日期

下列目录表明，德意志大部分地区农奴制的废除发生在相当晚近的时期。农奴制的废除

1. 在巴登直到 1783 年；

2. 在霍亨索伦直到 1798 年；

3. 在石勒苏益格和荷尔斯泰因直到 1804 年；

4. 在拿骚直到 1808 年。

5. 普鲁士。弗里德里希·威廉 1717 年在他的领地上结束了农奴制。我们已经看到，弗里德里希大帝的法典要求在整个王国废除农奴制，但实际上仅仅清除了它最严酷的形式，**人身奴役制**（Leibeigenschaft）。它保留了更为温和的形式，**世袭从属制**（Erbuntertänigkeit）。直到 1809 年它才完全终结。

6. 在巴伐利亚，农奴制消失在 1808 年。

7. 1808 年在马德里发布的一项拿破仑法令废除了贝格大公国和许多其他小领地，比如，爱尔福特、拜罗伊特等的农奴制。

8. 在威斯特法利亚王国，农奴制的终结始自 1808 年和 1809 年。

9. 在利珀—德尔塔蒙德公国，始自 1809 年。

10. 在施姆堡—利珀，始自 1810 年。

11. 在瑞典的波美拉尼亚，也始自 1810 年。

12. 在海塞—达姆施塔特，始自 1809 年和 1811 年。

13. 在符腾堡，始自 1820 年。

14. 在梅克伦堡，始自 1820 年。

15. 在奥尔登堡，始自 1814 年。

16. 在萨克森的卢萨蒂亚，始自 1832 年。

17. 在霍亨佐伦—锡格马林根，仅仅始自 1833 年。

18. 在奥地利，始自 1811 年。早在 1782 年，约瑟夫二世结束了最严酷的农奴制形式，人身奴役制，但较为温和的农奴制形式，世袭从属制直到 1811 年才被终结。

第 31 页，第 7 行

今天德国的部分领土，比如，勃兰登堡、老普鲁士和西里西亚，原来被斯拉夫人居住，被德意志人征服和部分占有。在这些地区，农奴制比在德意志更为严

酷，在 18 世纪晚期，它依然留下了更深的印记。

第 32 页，第 8 行

弗里德里希大帝的法典

在弗里德里希大帝的业绩中，甚至在他自己的国家也最不为人所深知并且最不引人关注的是他下令起草并由他的后继者所颁布的法典。然而，我不能确定，是否还有其他事情更能够理解这个人以及他的时代，或者更好地揭示两者之间的相互影响。

就人们通常给予宪法这一词语的意义而言，这部法典是一部真正的宪法。它的目的不仅是要调整公民之间而且是要调整公民与国家之间的关系；它同时是一部民法典、刑事法典和一部宪章。

它依赖或者似乎依赖以非常哲理化的和高度抽象化的形式所提出的某些一般原则，这些一般原则在许多方面类似 1791 年宪法的《人权宣言》中所包含的那些一般原则。

这部文献宣布，国家及其居民的幸福是社会的目的和法律的界限，法律限制 202 公民的自由与权利仅仅是为了增加共同功利，国家的每个成员必须根据自己的地位与财富为普遍福利而工作，个人的权利必须让位于普遍福利。

法典没有提到君主或其家庭的世袭权利，甚至没有提到不同于国家权利的一种特殊权利。"国家"（state）已经成为唯一用来表示王室权力的词语。

相比而言，法典的确提到了人们的普遍权利：人们的普遍权利立足于寻求自己的利益而不损害他人权利的天赋自由。任何不被自然法或国家的某一人定法所禁止的行动都是允许的。国家的任何居民可以要求捍卫他的人身与他的财产，如果国家不能提供帮助，他有权利靠武力捍卫自己。

在解释过这些一般原则后，立法者不是从它们中引申出自由社会中的人民主权信念与大众政府（popular government）组织，像 1791 年宪法所做的那样，而是突然停下来，转向另一种同样民主的但不自由的结果：他把国王看作国家的唯一代表，并且把刚刚给予社会的所有权利都赋予他。在这个法典中，君主不再是上帝的代表；他是社会的唯一代表，它的代理人和仆人。弗里德里希在他的全部工作中把这一点表现得相当明确。他是它的唯一代表，只有他才能行使所有权力。如导言所述，国家的首领被给予创造普遍福利的所有权力，这种普遍福利是社会的唯一目的，为此目的，他被授权指导和调整所有个人的行为。

在这个全能的社会代理人的主要责任中，我发现了下述责任：维持国内的和平与公共安全，保护所有个人免遭暴力。在国外，他有权缔造和平和发动战争；只有他才可以颁布法律和维持秩序。只有他有权利使用赦免权和撤销刑事诉讼。

为了和平与普遍安全，国内现有的所有社团和所有公共设施都要受到他的监督和指导。为了让国家首领履行这些职责，他需要某些收益和产生收益的权利（**用益权** droits utiles）。因此，他有权力对私人财产、对人身、对他们的职业、商业、生产和消费设立税收。以他的名义行动的公共官员在他们官职范围内的所有事情上，就像服从他本人一样接受人们的服从。

203

在这颗已经出现的相当现代的头颅下面，我们现在就要看到一具相当哥特式的身躯。弗里德里希关注的仅仅是，任何可能妨碍他自己的权力行动的东西都要从这个躯体上清除掉，以便产生一种庞然大物，这就像是从一种创造状态向另一种创造状态的转变。在这个奇怪的产物上，弗里德里希表现出的是，对于逻辑的轻视同对于自己的权力的关切一样多；他也表现出自己的愿望是，不要因为攻击还有力量捍卫自己的东西而为他自己制造不必要的困难。

除了少数地区和地方外，农村居民被置身于世袭奴役中，这种奴役并不局限于因为占有某些土地而产生的强制劳动与服务，我们已经看到，而是延伸到占有者的人身。

地主的大部特权被法典重新神圣化。人们甚至可以说，对它们的神圣化违背了法典，因为有这样的规定，万一地方惯例不同于新的法律，前者应该得到服从。如果没有补偿和正当的司法程序，国家不应该摧毁任何这些特权。这一点得到正式的宣布。

诚然，法典明确地规定，人身意义上的奴役制要被废除，但是，法典文本表明，取代这种奴役制的世袭从属制依然是一种奴役。

同一部法典继续坚持在资产阶级与农民之间进行仔细的区分。在资产阶级和贵族之间的某种中间阶级得到承认：它由非贵族的高级官员、教士和高中、专科学校与大学中的教师所组成。

这些资产阶级尽管同其他资产阶级分离开来，却不能同贵族混同起来。相反，他们处在一种低下的地位。一般来说，他们不能购买骑士的地产，或者在文职政府中获得最高职位。他们也没有**觐见资格**（Hoffähig），就是说，除了少数情况，他们不能出现在宫廷中，也不能同自己的家庭成员前往。像在法国一样，这种低下的地位更伤感情，因为这个阶级日益变得更有教养和更有影响。虽然资产阶级出身的国家官员不拥有显赫的职位，但他们充塞着那些最重要的和最有益的职位。对于贵族特权的愤怒，在法国极大地促进了大革命，在德国，为大革命最初所受到的欢呼铺平了道路。尽管法典的主要起草人是一位资产阶级，无疑，他遵循了其主人的命令。

在德国的这个地区，旧的欧洲政体还未完全摧毁，因为弗里德里希认为，尽管它激起了他的蔑视，彻底清除其废墟尚需时日。总的来说，他将自己限于剥夺贵族作为一个团体集会和管理的权利，而允许每个个别贵族保留其特权。他仅仅对这些特权的使用加以限制和调整。这就是为什么这部法典是根据我们的法国哲人的一位弟子所签署的命令起草的，在法国大革命爆发之后开始生效，却是为封建不平等确立一种法律基础的最新的和最真诚的法律文献，而大革命很快就要从整个欧洲废除这种不平等。

在法典中，贵族阶级被宣布为国家的主要团体。法典规定，贵族优先拥有其有能力充任的所有荣誉职位。只有他们才能拥有贵族土地，设立限定继承权（entailments），并享有贵族地产所固有的狩猎权和司法权，还有对于教堂的赞助权。只有他们才能以自己所拥有的土地为自己命名。资产阶级可以在特殊情况下获得拥有贵族土地的公开授权，但是，只能够享有授权中明确提出的属于所有权的权利与荣誉。拥有贵族财产的资产阶级可以将其留给一位资产阶级继承人，但这位继承人必须是第一级亲属。如果没有这样的继承人，也没有其他贵族继承人，财产就必须被卖掉。

弗里德里希法典中最具有特色的部分之一是附加的适用于政治犯罪的刑法。

尽管在这里所描述的法典具有封建的和专制的条款，弗里德里希大帝的继承人弗里德里希·威廉二世还是认为，他叔父的作品具有革命倾向，因此直到1794年才将其公开。在这个时候，据说他的顾虑是因为这样的事实才被消除的：法典对于刑事处罚的精心罗织，可以矫正其有害原则。的确，法典对于刑罚的全面安排，前无古人后无来者。不仅反叛与密谋受到最严厉的惩罚，而且对于政府行为的无礼批评也受到相当严厉的镇压。危险作品的购买与散发受到严格的禁止；印刷者、出版者和发行者为作者的行为共同地和分别地承担责任。舞会、化装舞会和其他娱乐活动被宣布为公共集会，必须得到警察的批准。甚至在公共场所的进餐也要求批准。出版与言论自由受到严厉的和专横的监督。禁止携带武器。

在这部一半借自中世纪的作品中，人们可以发现一些条款具有如此极端的中央集权制精神，以至于它们接近社会主义。比如，它规定，对于不能维持自己生活和没有权利从某一领主和村庄得到帮助的所有人，国家有责任为其提供食品、工作和工资。这样的人们必须被提供适合其力气与能力的工作。国家必须建立救助穷人的机构。此外，国家有权取缔那些往往鼓励懒惰的慈善机构，并把它们可能拥有的资金分配给穷人。

理论上的大胆与创新和实践上的胆怯，在弗里德里希的这部伟大作品中处处可见。一方面，它宣布了现代社会的一项重大原则，即所有人都必须平等纳税。另一方面，它让那些包含有免税权的省法律继续存在。它宣称，涉及臣民和君主的任何诉讼，都应该根据为其他诉讼所规定的同样程序与规则来审判。实际上，当这项规定同国王的利益与激情发生冲突时，它从来就没有被遵守。无忧宫（Sans Souci Palace）的磨坊① 被骄傲地加以炫耀，而在许多其他情况中，法庭在恐吓中默默地服从。

什么可以证明这部法典在外表上如此创新，在现实中不很创新？如果人们想知道 18 世纪末德意志这个地区的真实社会状况，那么，什么使得它非常值得研究？正是这样的事实：普鲁士民族似乎没有注意到它的出版。只有法学学者才研究它，许多受过教育的人今天还没有读过它。

第 33 页，第 22 行

德国农民的财产

过去常常有许多自由的农民土地所有者，但是，家庭财产受到一种永久的限定继承权的支配。家庭所拥有的任何土地都是不可分割的。某个儿子成为唯一的继承人。他通常是最小的儿子——在英国的某些地区也可以观察到的一种惯例。继承人的唯一义务是提供给他的兄弟姐妹一笔财产。

农民的**世袭财产**（Erbgüter）在整个德意志相当常见。不是所有地方的土地都在封建条件下持有。甚至在西里西亚，虽然贵族对于围绕大部分村庄的广阔地产至今维持着占有，一些村庄被其居民完全拥有并且完全是自由的。在德意志的某些地区，比如，蒂罗尔和弗里西亚，农民世袭财产占支配地位。

然而，在绝大部分的德意志地区，这种类型的所有制是例外，在一些地方比其他地方更常见。在它存在的村庄，这种类型的小土地所有者在农民中间构成了一种贵族。

206

---

① 无忧宫位于德国东部勃兰登堡州首府波茨坦市北郊，宫名取自法文原意"无忧"（或"莫愁"）。宫门外 10 米处一个风车磨坊比皇宫年纪还大。当时弗里德里希二世在修建皇宫时曾经要求磨坊主拆掉或迁开这个挡住皇宫大门的磨坊。但磨坊主认为皇帝的要求是无理的，上告到当时的法院，最后磨坊主胜诉，磨坊得以保留。——译者

第 33 页，第 28 行

莱茵河沿岸贵族阶级的地位和土地的分割

从事件现场和生活在旧制度下的个人那里所收集的资料中表明，比如，在科隆的选帝侯领地中，存在大量没有领主的村庄，被君主的代理人所管理。在贵族阶级不存在的地方，它的管理权力相当有限。贵族的地位（至少作为个人）更显赫，而不是更强大。贵族享有许多荣誉，并且接受君主的任命，但是，并不对人民行使实际的、直接的权力。我也查明了，在这同一个选帝侯领地中，不动产得到了广泛的分割，数量非常多的农民拥有土地，这样一种形势被特别归因于这样的事实：相当比例的贵族家庭长期生活在拮据的或者半贫困的状态中。结果，他们不断地廉价出售小片土地，农民以地租或者现金作为交换获得这些土地。我发现了一件文献记录了 18 世纪之初科隆主教辖区的人口，它列举了当时每片土地的状况。它表明，1/3 的土地已经属于农民。这些形势导致了一系列情感和观念，这些情感和观念让莱茵河地区的人民比生活在德国其他地区的那些人更亲近革命，在那些地区，这些特殊条件还有待发展。

第 34 页，第 3 行

有关有息贷款的法律如何加速了土地的分割

法律禁止有息贷款，不管利率几何，这种法律 18 世纪末依然在实施。蒂尔戈告诉我们，这种法律 1769 年在许多地方依然可以发现。他说，这些法律留在律书上，尽管常常被违反。只要没有资本转让，领事法官允许支付利息，而普通法庭宣告这种做法有罪。人们发现，不诚实的债务人对已经借给他们钱的债权人提起刑事指控，而不用转让资本。

这种立法不可避免地影响一个国家的商业，更一般而言，影响它的工业民情。除此之外，它对于土地和土地所有权的分割具有相当大的影响。它导致了有关土地和其他财产形式的无数的永久租约。古代的土地所有者不是在贫困的时候借钱，而是被迫部分以资产的价格部分以永久租约形式的价格卖掉他们的小片地产。这种情况一方面极大地导致了土地的分割，另一方面导致了由于永久的付费而让小片土地承受负担的现象。

第 36 页，第 23 行

大革命爆发前十年，和什一税已经唤起的激情有关的例子

1779 年，来自吕斯的一位不出名的律师发出了尖刻的抱怨，其风格已经带有大革命的味道：神父和什一税的其他主要接受者对于由于什一税而获得的稻草

207

向农民要价太高，而农民特别需要以稻草为原料的混合肥料。

第 36 页，第 23 行

教士阶层如何由于使用其特权而疏离了人民，其例子

1780 年，拉瓦勒修道院的院长和修士抱怨，维修其建筑需要一些消费品和材料，而这些消费品和材料要缴纳税金。他们声称，因为这种税收和军役税是对等的，而他们可以免除军役税，所以，他们不应该纳税。大臣建议他们向地方当局（财政区）申请，如果不满意就向税务法庭（Cour des Aides）上诉。

第 36 页，第 26 行

教士所拥有的封建税。千里挑一的例子。瑟堡的修道院（1753）

在这个时候，修道院在瑟堡周围的几乎所有教区中拥有以现金或者实物支付的领主税。每个教区缴纳 306 蒲式耳的小麦。修道院拥有圣日内维耶的领地、巴斯—杜—鲁尔的领地与领主磨坊和那维劳—普莱恩的领地，它们至少离它十里格远。此外，它还收到布列塔尼半岛的十二个教区的什一税，其中几个教区离它有相当距离。

第 38 页，第 22 行

在农民中间，被封建税尤其教士所拥有的封建税所激起的愤怒

在这里，有一封大革命即将发生前由一个农民写给总督的信。它并没有为它所声称的事实提供权威证据，但它准确地描绘出了这封信的作者所属阶级的精神状态（state of mind）。这封信如下：

尽管这个地区很少有贵族，但我们不认为这里的地产在地租上负担更小。相反，几乎所有的封地都属于大教堂、大主教、圣马丁的牧师会教堂、努瓦尔穆捷斯与圣朱利安本笃修道会和其他教会，款项不停地流向他们，他们不停地拿出上帝才知道的人所捏造的古老发霉的羊皮卷！

整个地区被地租所侵扰。大部分土地每亩每年要缴纳小麦收成的七分之一，而其他土地要缴纳葡萄酒。一片果园向领地缴纳它所出产水果的四分之一，另一片缴纳五分之一等，这是从什一税中推算出来的；还有其他的果园缴纳十二分之一，或者十三分之一。这些税收的种类如此多样，我可以举出从四分之一到四十分之一的例子。

所有这些地租，以各种形式缴纳，包括谷物、蔬菜、现金、家禽、劳力、木材、水果和蜡烛，对此做何感想呢？我知道其他更为不寻常的缴纳方式，比如，面包、蜂蜡、鸡蛋、去头的猪、玫瑰花环、紫罗兰花束、镀金马刺和诸如此类的

东西。还有大批其他的领主税。为什么没有人让法国从所有这些过度的征税中摆脱出来呢？最终，人们会开始睁开自己的眼睛，从当前政府的智慧中期望甚多。政府将会对遭受古老的财政制度压榨的贫困的牺牲者伸出一只帮助之手，这种财政制度被称作领主税，它从来不能被转让或出卖。

对于被称作土地转让金的专横压榨，又会怎么想呢？一位买家费尽心力地完成一项交易，却要为了评估、契约、结账、副本、印花、权利登记、百分之一便士、每里弗八个苏等支付高昂的费用。除了所有这些，他必须把他的契约拿给他的领主，领主将要求他根据他的交易的本金缴纳土地转让金。一些交易要价十二分之一，另一些要价十分之一。一些要价五分之一，另一些要价五分之一再加上五分之一的五分之一。一些交易是根据全部价格要价的，我甚至知道一些根据本金的三分之一要价。不，甚至世界上最凶残、最野蛮的国家也不会想到这样的压榨，而我们的暴君大量将其堆放在我们的祖先头上。（这篇具有哲学与文学风格的长篇大论在写作时没有考虑拼写规则。）

什么！前任国王允许减少城市财产的租金，却不包括农村财产？他应该从后者开始。为什么不允许贫穷的农民打破其枷锁，让自己减轻并摆脱大量的领主税和地租，它们对于臣民造成了那么多的伤害，而对于他们的领主带来如此少的利润？在减税的时候，城市和农村之间或领主和平民之间不应当有所区别。

在每次产权变更中，对教会财产拥有权利的管家对于佃户掠夺成性。我们可以提及非常近的一个例子。我们新任大主教的管家向大主教的前任弗勒里先生的佃户发出他要驾临的通知，弗勒里就要离开了。他宣布，他们同后者所签署的所有租约完全无效，把所有不愿将租金翻倍和缴纳大笔贿金的人赶走，而他们已经向弗勒里先生的管家这样做过了。因此，他们被剥夺了租约上公开同意的还剩下七年或八年的租期，被迫在圣诞夜马上离开，这是一年中最关键的时间，因为此时难以喂养牲畜，他们不知道何去何从。就是普鲁士的国王也不会做得更糟。

的确，对于教会财产，这种情况似乎是真实的，由前面的权利持有者所签署的租约不会对他的继任者产生法律约束。这封信的作者说得很对，封建地租在城市中而不是在农村中得以减少。到处是农民被遗弃的证据，同在他上头的每个人都设法关照本人的利益形成对比。

第 38 页，第 22 行

任何长期居统治地位的制度，在它固有范围内确立起自身后，都会将其影响力延伸至自身范围之外，直到最终，将其巨大影响力施加至它并不占据至高无上地位的一些法律结构中。尽管封建体系首先归于政治法律（political law）的标题下，它也转变了所有的民事法律，并且在和私人生活有关的所有事情上，深刻地改变了财产和人的地位。它通过不平等的地产划分，影响到了继承关系，这样一种原则在某些外省（诺曼底作为证明）中向下延伸到中产阶级中。它包抄了所有的土地所有权，因为几乎没有任何不适用它的土地，或其所有者不受封建法的影响。它不仅影响到了私人财产，而且也影响到了自治体的财产。它通过对工业征税而对其有所触及。它通过不平等的征税而影响了收入，并且在几乎所有类型的人类事务中影响了一般的金钱利益：土地拥有者付出税金、地租和劳役；农民以无数方式受到影响，这些方式有专卖权、地租、土地转让金等；批发商支付市场费；零售商支付通行费，等等。由于大革命击倒了封建主义，可以说，就使得它的存在可见和可触了，在各种情况下，个人利益都感受到了它。

第 45 页，第 27 行

由国家所分配的公共慈善。恩宠

在 1748 年，国王同意给予 20,000 磅的稻米（这是一个悲惨与饥馑的年成，它在 18 世纪如此之多）。图尔的大主教声称，是他获得了这次救济，上述救济只能由他并在他的管区内分配。总督坚称，救助是被给予整个税收区的，应该由他向所有教区分配。在经过长期斗争后，国王为了平息争端，将给予这个地区的稻米增加了一倍，以便大主教和总督可以各自分配其中一半。此外，两人都同意，分配应该由教区教士完成。领主和理事都不能涉入。总督和财政总监的通信透露出，据前者所言，大主教只想在他的受庇护者中间分配稻米，他尤其想把大部分稻米在属于罗什舒瓦尔公爵夫人的教区中分配。此外，同一包文献也包括来自大领主的信件，他们特意为他们的教区请求稻米，还有一些信件来自财政总监，他提出了某些个别的教区。

211   不管在何种体系下，法律慈善总会引起弊端。但是，就像在这个案例中一样，如果它是由来自远方的中央政府所处理的，没有公共监督，它就难以运作。

第 45 页，第 2 行

有关这种法律慈善的处理方式的例子

1780 年，在一篇提交给上吉耶纳省议会的报告中，我们读到："从 1773 年慈善工程被建立到 1779 年，在陛下总共给予这个地区 385,000 里弗中，单是蒙托邦选举区，总督先生的驻地和居住地，就收到了 240,000 多里弗，大部分都被花费在蒙托邦自己的共同体中。"

第 45 页，第 38 行

总督在管理工业上的权力

总督们的档案中充满了和管理工业有关的文件。

在那些日子，工业不仅受到国家机体、同业公会等给予它的束缚，而且遭受政府的奇思怪想的影响，这种奇思怪想的形式通常表现为国王的御前会议所发布的一般规则，或者表现为总督对这些规则的特殊运用。人们发现，总督们在不停地关注布匹的测量、材料的选择、使用的方法和在生产中避免的错误。在他们下面服务的，除了总督助理，是地方的工业检查员。在这个方面，中央集权制在那时所做的比今天更为广泛。它更为变幻莫测和独断专行。它导致了公共官员数量的快速增长，造就了各种服从与依附的习惯。

请注意，这些习惯首先被灌输到很快就要得胜的资产阶级、商人和商业阶级中，而不是被灌输到马上就要被打败的阶级中。因此，大革命不是破坏了有关的习惯，而是保证了其主导地位，并且将其到处传播。

前面的评价来自我对于许多信件和文献的阅读，这些信件和文献被归类在"生产与工场、布匹、化学制品"的标题之下。这些东西可以在法兰西岛总督档案馆的报纸中发现。同样的档案包括检查员送给总督的经常性的和详细的报告，这些报告涉及他们对于制造厂的访问，以便保证为生产所制定的规则得到服从，还涉及应总督所请发布的各种御前会议命令，以便禁止或者批准在某些地方以某些材料或使用某些方法进行生产。

检查员相当蔑视制造商，在他们的评价中引人注目的是这样的观念：不仅为了公共利益，而且为了制造商本人的利益，国家有权利和责任迫使制造商竭尽所能。因此，他们觉得有义务迫使制造商采纳最好的方法，探讨他们的工艺中最小的细节，同时挑出大量违规行为，并且实施巨额罚款。

第 47 页，第 9 行

路易十一政府的精神

没有什么文献比路易十一同意给予城市的许多政体更能理解其政府的真实精神。我有机会相当仔细地研究了他同意给予安茹、曼恩和都兰的大部分城市的那些政体。

所有这些政体都或多或少以同样的模式为基础，表现出了具有完美清晰性的同样设计。从这些政体中所浮现出的路易十一的形象相当不同于我们所熟悉的形象。这个国王通常被看作贵族的敌人，但是，同时被视作人民的一位真诚的然而

212

有点无情的朋友。在这里，他被看作无论是对于人民的政治权利还是对于贵族的政治权利，都怀有同样的仇恨。他也使用资产阶级削弱在它之上的阶级，压制在它之下的那些阶级。他同时是反贵族的也是反民主的：卓越的资产阶级国王。他把大量特权给予城市显赫的市民，努力扩大他们的影响力。他慷慨地给予他们贵族头衔，因而削弱了贵族的重要性，同时又破坏城市管理所具有的人民的、民主的特色，并且把政府限于几个家族的小圈子内，这些家族依靠他的改革，并且由于他们可以从他的权力中得到广泛利益而依附于他的权力。

第 47 页，第 24 行

18 世纪一个城市的行政管理

我从 1764 年的城市行政管理调查中找到属于翁热的档案。在这里，我们发现，这个城市的政体被初等法院、市政委员会、总督助理和总督轮番地分析、批判和捍卫。由于同样的观点在许多其他地方也可以发现，从这个档案中所浮现出的图画只能被看作一种个人化的描绘。

初等法院对于翁热市政结构的当前状况以及对于所颁布的改革的报告。"由于翁热的市政委员会即使就最重要的工程，也从来不会咨询普通人口，除非由于特殊命令迫使它这样做，所以，这种行政管理对于所有不是市政委员会成员的人来说，都是不了解的，包括暂时的市政参事，他们对于城市事务仅仅具有表面的了解。"（的确，所有这些限于资产阶级寡头的市政委员会往往尽可能少地咨询这里所谓的"普通人口"。）

根据 1681 年 3 月 29 日的一项规章，市政委员会由二十一个官员组成：

一位市长，根据职权，要求他是贵族，他的任期是四年。

四位暂时的市政参事（aldermen），他们服务两年。

十二位市政委员会委员（aldermen councilors），一旦选中终身服务。

两位城市公诉人。

一位因世袭权利得到职位的公诉人。

一位法庭办事员。

他们享有各种特权，包括如下：他们的人头税是固定的和中等的；他们免于为军队提供住宿、装备、补给和给养的义务；他们免于两份分割或者三份分割住宅的税收，旧的和新的地方税，以及关于食物的增补税，甚至免于"赠品"税。据初等法院报告所言，他们相信自己因为其个人权威有资格免税。此外，他们可以获得灯烛津贴，他们中的一些人被给予一笔薪水和免费住宿。

在这个时代，这些细节清楚地表明，在翁热成为一名终身任职的市府参事是一件好事。请注意，这种体系在所有时代与所有地方如何授予最富有的个人以纳税豁免权。在同一篇报告的后面，我们读到："这些位置被最富有的居民所觊觎，他们希望因此在人头税上获得大幅减税，这样，人头税的重负就可以落在其他人头上。当前有几位委市政官员，他们的人头税被固定在 30 里弗，但是，他们应该缴纳 250 到 300 里弗。有一个人，就其财产而言，至少要缴纳 1000 里弗的人头税。"在这篇报告的其他地方，我们发现："在最富有的居民中，我们发现有四十多位官员和官员（官职的拥有者）的遗孀，其地位所带来的特权是不缴纳城市所负担的可观的人头税。这种人头税的负担落在无数贫穷的工匠身上，他们认为他们的负担过重，并不断地抗议他们必须缴纳的重税，然而，这些抗议几乎总是没有正当理由，因为在留给城市的义务的分配中没有不平等现象。"

全民议会（general assembly）由七十六个人[①]所组成：

市长。

牧师会的两位代理人。

教会理事。

一位警察总监。

四位市政参事。

两位市政委员会委员。

一位从属于初等法院的王室公诉人。

一位城市检察官。

两位水资源与森林局的代理人。

两位来自选举区。

两位来自盐库。

两位来自海关。

两位来自铸币厂。

两位来自律师公会。

两位领事裁判官。

两位公证人。

两位来自商人团体。

最后，十六个教区中每个教区有两位代表。

---

① 实际上他们仅仅达到七十四人。

后面的成员被认为代表严格意义上的人民，尤其同业公会。显然，事情的安排是为了确保同业公会永远处在少数地位。

当市政委员会的某个位置出现空缺时，全民议会选择三个对象填充空缺。大部分市政厅职位不能分配给特定的团体，我在其他城市政体中看到过这种情况；就是说，投票人不能选择地方行政官或检察官此类官员。初等法院的成员们认为这样一种体系不值得推荐。

同一个初等法院似乎受到了对于市政委员会的极端嫉妒的影响，我强烈怀疑它向城市政体找碴只是因为它认为它自己的特权不够多。据它所言，"全民议会太大了，某种程度上是由很不明智的个人构成，只应该在涉及公共地产的转让、贷款、税收的设立和市政官员的选举上受到咨询。所有其他事务可以在只有显贵组成的一个更小的议会中审议。这个议会中的成员资格可以限于警察总监、王室公诉人和选自六个团体的其他十二个显贵，这六个团体是教士、行政官、贵族、大学、商业和资产阶级，还有其他不属于上述团体的人。显贵的选择最初留给全民议会，随后留给显贵议会，或者留给每位显贵所来自的团体。"

所有这些国家官员作为官职的所有者或者显贵加入旧制度的市政委员会中，在他们所行使的职能的名称上类似今天的官员，有时甚至在这些职能的性质上类似，但是在地位上有着深深的差别，这样一种状况必须总要加以仔细的观察，以便避免得出错误的结论。实际上，几乎所有人在被赋予公共职能之前都是城市的显贵，否则他们就会觊觎公共职能，以便成为显贵。他们没有想到离开自己的官职，也不希望升迁到更高职位。单单因为这两个事实，他们相当不同于我们今天所熟悉的官员。

市政官员的报告。从这篇报告中，我们得知，市政委员会是由路易十一于1474年创立的，它是在城市旧的民主政体的废墟上，根据前面所描述的模式创立的，因为大部分政治权利被限于中产阶级，人民成分被排除了或者被削弱了，官员的数目众多，以便更多的人们对于这场改革产生利害关系，参与市政管理的资产阶级被慷慨地授予世袭贵族的权利和各种特权。

同一篇报告收入了路易十一的继承人所签署的专门特许证，他接受了新的政体，并进一步限制了人民的权力。我们得知，1485年，路易十三为了这个目的所签署的专门特许证在高等法院中受到了翁热居民的抨击，他们所使用的方式正是在英国一项争端涉及城市宪章时人们在英国法庭上可能采取的诉讼方式。在1601年，高等法院的又一项判决解释了由王室特许证所设立的政治权利。然而，从这时开始，报告仅仅提到了国王的御前会议。

报告表明，不仅市长的职位，而且市政委员会里的所有其他职位都是由国王安排的，他根据 1738 年 6 月 22 日一项御前会议法令的条款，从全民议会所提出的三个候选人中进行选择。它也表明，根据 1733 年和 1741 年的御前会议法令，城市商人有权利拥有一个市政参事的职位或一个市政委员会委员的职位（我们知道，是作为永久的市政参事）。最后，我们得知，在那些日子，市政委员会被赋予的责任有，对从人头税、军事装备税、军队住宿税中所征集的金额加以分配，和对贫民救济、军队、海岸警卫队和孤儿院的花费加以评估。

在这后面，有一个有关市政官员职责的很长的单子，在市政官员的眼中，完全可以证明他们的特权与终生任职的合理性。我们可以看到，他们唯恐失去这些好处。他们为自己的活动给出的理由相当奇怪，包括这样一个："他们最基本的工作是审查越来越多的金融问题，它们同销售税、盐税、印花与登记费、非法征收的登记费和免税采邑的不断扩张联系在一起。因为金融公司的活动对各种税收造成了不断的挑战，市政官员被迫在各种管辖权包括高等法院和国王的御前会议面前，为了城市的利益对案件加以辩论，以便对抗他们所遭受的压制。三十年的经验与服务已经教给他们，税收公司的各种代理人为了维持自己的佣金不停地为公民设下重重陷阱，一生的时间也不足以学会避免这些陷阱。"

奇怪的是，所有这些东西是写给财政总监本人的，为了赢得他对于写信人的特权的支持，他们习惯上把具有收税责任的公司看作对手，所以，可以从各种角度对其加以攻击，而不会增加任何人的愤怒。随着这种批评习惯的蔓延和强度的增加，它最终对准了王室国库，将其视作一个可憎的和骗人的暴君，不是所有人的代理人，而是所有人的公敌。

报告继续写道："所有官员根据 1694 年 9 月 4 日的一项御前会议法令，以 22,000 里弗作为交换，第一次被合并到市政委员会中。"意思是说，这些官职那时是因为这笔钱被重新赎回。根据 1723 年 4 月 26 日的一项法令，1722 年 5 月 24 日的敕令所创立的市政官职被加入市政委员会中。换句话说，城市被允许购买它们。然而，1723 年 5 月 24 日的另一项御前会议法令允许城市借入 120,000 里弗以获得上述官职。1728 年 7 月 26 日的另一项法令允许城市借入 50,000 里弗购买城市登记员和秘书的官职。根据报告，"城市支付这些金额以保持自己的自由选举并保证它的民选官员可以享有同他们的官职联系在一起的各种特权，在一些情况中可以享有两年，在另一些情况中可以享有终身。"因为一些市政官员是被

1733 年 11 月的敕令重新设立的，御前会议应市长和市政参事的请求，在 1735 年 1 月 11 日发布了一项法令，根据此项法令，赎回价被确定在 170,000 里弗，城市为了支付这笔款项，被允许以十五年为期，扩大地方税的征收。

这是旧制度中城市行政管理的一项合适的样本。城市受到举债的诱惑，然后，被授权征收特别的临时税，以清偿这笔债务。我常常发现，于是，后来，这些临时税成为永久税，当然，中央政府要求从中分得自己的一杯羹。

报告继续写道："在王室法庭没有被设立之前，城市官员没有被剥夺路易十一给予他们的重要的司法权。在 1699 年之前，他们对于雇主和工人之间的争端拥有裁判权。地方税收入的账簿被提交给总督，这是在设立和增加地方税费的所有御前会议法令中规定的。"

这项报告也表明，前面谈到的参加全民议会的十六个教区的代表，是被公司、同业公会和社区挑选的，是选择他们的团体的严格代表。他们在每个议题上接受强制性指示。

最后，整个报告表明，在翁热像在所有其他地方一样，所有种类的开支必须得到总督和御前会议的批准。显然，如果一个城市的行政管理被给予某些个人，作为他们自己的财产，这些人不是根据他们服务的具体数量得到报酬，而是被给予某些特权，这些特权可以让他们作为个人免遭他们的行政管理可能为他们同胞的私人财产带来的后果，那么，行政监督就被视为一种必要。

整个报告，除了制作低劣之外，也揭示了，当官员们看到现存事态发生变化时所具有的异常恐惧。为了维持现状，他们提出了一堆理由，不管是正当的还是不正当的。

总督助理的报告。总督在收到这两个矛盾的报告后，寻求他的助理的建议。助理也准备了一篇报告。

"市政委员的报告不值一提，"他写道，"它的唯一目的是论证这些官员所享有的特权的合理性。初等法院官员的报告包含有用的信息，但是，没有理由把这些法官所要求的全部特权都给予他们。"

据这位总督助理所言，这座城市的政体长期以来都需要改良。除了翁热的市政官员所拥有的我们已经熟悉的免税权，他告诉我们，市长在当政时，有资格居住租金最少为 600 法郎的房屋，加上 50 法郎的薪水和 100 法郎的邮费特权，另外还有与会费。公诉官员和市政委员一样，也可以获得住处。为了让自身免于销售税和地方税费，为每个市政官员确立了经过评估的消费水平。他们中所有人都可以每年购入很多桶啤酒，而不用支付任何税费，同样的特权也用于所有其他的消费名目。

总督助理没有建议，市政委员应该被剥夺免税权，但是他的确建议，总督应该每年确定他们的人头税的数额，而不是把它固定在一种非常低的水平上。他也觉得，同样的官员应该像其他公民一样，缴纳"赠品"税，他们也不知道根据什么先例使自己免除了这项税收。

报告继续主张，市政官员应当为城市居民人头税名单的拟定承担责任。因为他们在履行这项任务时漫不经心和独断专行，每年都有大量要求救济的请愿，总督对此苦不堪言。如果在未来，这种评估是由每个公司或社区的成员根据他们自己的利益并按照固定的一般规则所做出，那么，这是可取的。市政官员应该保留的责任仅仅是，评估资产阶级和其他并非有组织团体成员的人（比如某些工匠和所有特权者的家庭仆人）的人头税。

总督助理的报告确认了市政官员已经说过的事情：城市在 1735 年以 170,000 的金额重新赎回了它的市政官员。

总督致财政总监的信件。带着手头所有这些文件，总督给大臣写信。"重要的是，"他说，"为了居民和公共福利减少市政委员会的规模，其成员的人浮于事由于他们所享有的特权，对于公众是一种巨大的负担。"

"我震惊的是，"他补充道，"在不同时代为了重新赎回翁热的市政官员而支付的庞大金额。如果这些金额被用于生产性目的，它们就会有利于城市的利益，而现在，城市所感受到的仅仅是这些官员的权威与特权所带来的负担。"

"行政管理的这种国内弊端值得御前会议充分考虑，"总督继续说，"与会费和灯烛津贴每年总共要花费 2127 里弗（这是在常规预算中对这些类型的支出所指明的金额，这种预算是国王定期向城市提出的要求）。除了这些费用，公共资金在这些官员的异想天开中被浪费和秘密投入使用。王室公诉人在过去的三十年或者四十年中拥有这个职位，完全支配着行政管理，其内部运作只有他知道，居民在任何时候都不能获得有关公共收益的一点点信息。"因此，总督请求大臣把市政委员会减少到，一名服务四年的市长，六名服务六年的市政参事，一名服务八年的王室公诉人和一名长期服务的办事员兼收税员。

此外，同一位总督建议图尔市采取同样的政体。在他看来，下述步骤是必需的。

1. 保留全民议会，但仅仅作为一种选举团体，被赋予选举市政官员的职责；

2. 建立一种特别的显贵委员会，其将会履行根据 1764 年的敕令似乎被分派
给全民议会的所有职能。这个委员会由十二名成员组成，它不是被全民议会而是
被十二个所谓的显贵团体选出（每个团体选出自己的代表），任期六年。他列出
了下述显贵团体：

初等法院。

大学。

选举区（它每年到所有地方巡视，确保公平估税）。

水资源与森林局的官员。

盐库。

收税员。

铸币厂。

律师与公诉人。

领事裁判官。

公证员。

商人。

资产阶级。

显然，几乎所有这些显贵都是公共官员，所有公共官员都是显贵，从中可
以推断出，中产阶级比今天还要渴望公共职位，很少愿意到其他地方寻找谋生之
道，从来自许多其他地方的档案中也看得很清楚。我在行文中提到过，唯一的差
别是，那时的人们购买的是很少有重要性的工作，而现在的求职者要求的是免费
给予的工作。

这个建议表明，所有真正的市政权力被给予特殊的委员会，它让一个非常
小的资产阶级集团拥有城市政府。普通人唯一拥有发言权的议会除了选举市政官
员外没有其他职能，不被允许向这些官员提供建议。也要注意，总督比国王更有
局限性和更不考虑民意，国王在其敕令中似乎把政府的主要功能赋予了全民议
会，而总督比资产阶级更具有自由主义精神和更具有民主性，至少根据我在行文
中引用的报告可以得出这样的判断，在这样的一个报告中，另一个城市的显贵甚
至致力于把人民从市政官员的选举中排除出去，国王和总督都愿意给予这样一种
权力。

读者也许会注意到，总督使用资产阶级（bourgeois）和商人（merchants）
称呼不同的显贵类型。或许值得稍作停留，给这两个单词以精确的定义，以便表

明资产阶级被切割为许多小的碎片，并被许多渺小的虚荣心所困扰。

单词资产阶级有一种一般的含义和一种更为狭隘的含义：它表示中产阶级的成员，此外，它指这个阶级中的某一个人群。"资产阶级是那些由于出身与财富不用忙于盈利职业就可以体面生活的人们。"据1764年的调查所产生的一篇报告所言。报告的剩余部分表明，"资产阶级"并不被用来表示一个工业公司和同业公会的任何一名成员，但是，准确地说明它可以适用于谁，更为困难。"因为，"同一篇报告评说，"在那些声称拥有资产阶级头衔的人中间，人们常常发现它被用于某些仅仅无所事事的个人，而在其他方面，他们没有财产，过着没有教养的、卑微的生活。相比而言，资产阶级应该总是根据财产、出身、才能、风度和生活方式加以区别。"

除了资产阶级，商人是不属于一个公司或同业公会的第二种类型的人。这个微小阶级的界限是什么呢？报告继续写道："我们应该把出身低下和从事零售商业的商人和批发商归为一类吗？"为了解决这些困难，报告建议要求市政参事每年列举一个显贵商人的清单，这个清单然后可以被送给他们的领袖或者理事，以便他可以只邀请那些被包括在清单中的人在市政厅中共同议事。要当心，确保这个清单不能包括任何家庭仆人、小商贩、马车夫或忙于低贱贸易的其他人。

第50页，第20行

18世纪城市最突出的特色之一，不是全部废除公众对城市事务的代议和干涉，而是其政府所遵守的规则的极端多变性。因为权力以无数的方式不断地被给予、被废除、被归还、被增加、被减少和被修正。没有什么比法律的不停变动更能说明这些地方自由被如何地贬低，似乎没有人注意到这一点。单是这种变动就足以排除制度中任何与众不同的地方思想，对于过去的依恋和任何地方爱国主义（local patriotism），而制度最容易培养出这些思想与情感。对于大革命将会采取 222
的对于过去的大规模摧毁，这种做法奠定了基础。

第50页，第27行

18世纪的一个乡村政府，资料来自法兰西岛总督区的信件

我要谈到的事情是从许多事情中挑选出来的，它可以作为一个例子来说明教区行政所采纳的一些形式，以便理解教区政府运转如此之慢的原因，并说明18世纪中一个教区的全民议会的具体表现。

这件事情是维修法兰西岛伊夫利的牧师住宅和农村教堂的尖塔。人们找谁要求这样的维修？费用的分配是如何决定？必要的金额如何募集？

1. 教区牧师向总督请愿，向他通告，尖塔与住宅迫切需要维修，由于他的前任为住宅增加了无用的装潢，已经完全改变和损毁了它的外观，所以，既然村庄居民允许他这样做，他们理应承担恢复原貌的花费，除非他们从前任牧师的继承人那里收集到了资金。

2. 总督阁下签署了一项命令（1747 年，8 月 29 日），命令理事召集全民议会商讨请求维修的必要性。

3. 居民经过适当的商讨后宣布，他们不反对维修牧师住宅，但反对维修尖塔，因为它立在祭坛之上，牧师作为什一税的接受者，有责任维修祭坛。（来自上一世纪末（1695 年 4 月）的御前会议法令的确把维修祭坛的责任交给有资格享受教区什一税的人，教区居民只负责本堂的维修。）

4. 总督考虑到这起事件中相互矛盾的事实，发布了一项新的命令，派一位工程师科尔迪耶阁下检查住宅和尖塔，对所需维修进行了评估，并进行了调查。

5. 这些活动后的一篇报告指出，一些在伊夫利拥有土地的人来到总督代表面前。在他们中间，显然有贵族、资产阶级和村庄农民，他们希望表明态度，支持或者反对牧师的要求。

6. （原文如此）来自总督的又一项命令指出，由代表他的工程师所起草的维修评估应当被提交给一次新的全民议会，由理事召集，由土地所有者和居民组成。

7. 作为这项命令的结果，一次新的教区议会被召集起来，在会议期间，居民们坚持他们以前所说过的话。

8. 由总督阁下签署的一项命令做出如下规定：（1）为了完成评估中指明的工程，合同应该进行招标，在教区牧师、理事和主要居民在场的情况下，由他在科贝伊的助理在其官署中，做出中标裁定；（2）考虑到教堂坍塌的危险，应该对所有居民征收一项税款，不包括那些依然认为尖塔属于祭坛的组成部分应该通过什一税的收入加以维修的人，他们可以在普通法院中对这项决定进行上诉。

9. 为了合同的招投标，各方都被召集到总督助理在科贝伊的家中。

10. 教区牧师和几个居民请求，这项行政程序的费用不应该被分配给承包人，像通常所做的那样，因为这些费用太高了，将不可能找到一个承包商。

11. 总督下令，发生在合同招标中的费用由总督助理来计算，这笔费用可以包括在契约费用和税款中。

12. 某些显要的居民同意 X 先生有权监督合同的招标，让他在同工程师的评估保持一致的情况下表示同意。

13. 理事要确保通知与告示的正常发放。

14. 合同的一份复本：

要完成维修的金额·······················487 里弗。

合同招标中的费用·······················237 里弗 18 苏 6 第纳尔。

15. 最后，一项御前会议法令被发布（在 1748 年 7 月 23 日），批准一项满足这笔花费的税收。

读者或许注意到，在这个过程中，教区议会被几次召集。这里就是其中一次议会的会议记录，可以说明这样的会议一般是如何举行的。它是一份著名的文件：

今天，应教区群众的要求，在通常的和习惯的地方，在铃声响过之后，在被上述教区的居民所召集的议会中，在两个人（一个人是 X，科贝伊的公证人，负责签字，另一个人是指定的证人米肖先生，一位酒商）在场的情况下，上述教区的理事出现了，他向议会宣读了总督的命令，并要求命令中的指示必须被遵守。

在这时，上述教区的一位居民出现了，他声称，尖塔树立在祭坛之上，因此属于牧师的责任。几个其他居民也出现了（这几个人准备同意牧师的要求，他们的名字列出来是不合适的）……然后，十五个农民、工人、石匠和酒商站出来支持前面的证人所说的话。朗博先生，一位酒商，也出现了，他说，他完全准备接受总督阁下的决定。X 先生，索邦神学院的博士和牧师，也出现了，坚持他以前在自己的请愿书中的所述与所求。当会议正在进行时，当值的人记下笔记。在伊夫利，上述教区公墓的对面，完成会议并宣布结束，签字人在场，他从上午 11 点到下午 2 点忙着起草现在的文件。

我们发现，这种教区议会只是一种行政质询，却具有一种司法质询的形式与成本。它从未导致投票，因此也不会是对教区意志的表达。它仅仅包括个人意见，绝不会约束政府的意志。的确，我们从许多其他文献中得知，教区议会被用来传达总督的决定，而不是阻挡它，即使议题仅仅涉及教区自己的利益。

同样的文献告诉我们，这种事务导致三种不同的质询：在公证人面前的一种质询，在工程师面前的另一种质询，和在两个公证人面前的第三种质询，以判断居民是否坚持他们以前的观点。

根据 1748 年 7 月 23 日的法令，524 里弗 10 苏的税收要被所有财产所有者承担，不管是特权者还是无权者，都是一样，这种类型的支出几乎总是这样，但

是，用来决定每个群体数额的基础是不同的。承担军役税的这些人以他们的军役
225 税为比例纳税，而特权者是以他们的推测的财产为基础纳税，这给予后者相对于
前者的极大优势。

最后，在这同一个案例中，524 里弗 10 苏的估价是由两个征税员——村庄
里的两个居民做出的，他们既不是选举的也不是轮流选择的，就像通常情况一
样，而是由总督助理和总督挑选的。

第 51 页，第 25 行

路易十四常常用来破坏城市自由（liberty of the towns）的借口是，它们糟
糕的财政管理。然而，蒂尔戈正确地指出，在国王引入自己的改革后，同样的管
理继续存在，且变得更糟。他补充道，大部分城市现在都负债累累，部分是因为
它们借给政府资金，部分是因为市政官员管理他人的金钱时铺张浪费，不用向任
何人报账，也不用接收任何人的指导，大肆挥霍，让自己招摇过市，并在某些情
况中自肥。

第 54 页，第 24 行

国家既是修道院也是村庄的监管者。这种监管的例子

在批准总督支付给托钵僧修道院因维修所欠下的 15,000 里弗时，财政总监
建议，他要确保这笔资金得到明智的使用。可以引用许多相似的例子。

第 59 页，第 14 行

为什么正是在加拿大，可以最为准确地判断旧制度的行政集权制

正是在殖民地，才有可能最准确地判断宗主国政府的特点，因为在那里，那
个政府的特色被放大了，因此最容易看到。如果我想判断路易十四行政管理的特
点并发现其缺陷，我必须到加拿大去。在那里，人们像在显微镜下面一样看到这
个物种的变形。

在加拿大，政府思路的发展不会受到大量障碍的阻挡，这些障碍可能会被过
去的形势或前面的社会状态公然或暗中放置在其前进道路上。在那里，实际上没
226 有贵族，至少贵族在那里没有根基。教会不再享有支配地位。封建传统消失了或
者默默无闻。司法权力不再植根于旧的制度和惯例。中央政府可以自由地放纵自
己的本来倾向，它的主导精神可以塑造所有的立法。在加拿大，没有城市体制或
外省制度的遗迹存在；没有正当的集体力量和得到允许的个人首创性。总督比法
国他的同侪享有更大的权力。中央行政在加拿大比在宗主国涉及更多事情，它坚
持从巴黎管理所有事情，尽管首都和殖民地远离 1800 里格。它从不接受可以使

一个殖民地人口众多和物产丰富的重要原理，而是依赖无事生非的、矫揉造作的程序和渺小的、专断的规定增加和散布人口：它规定某些作物的种植；要求对发生在转让土地上的所有诉讼行使专属行政管辖权，排斥地方管理；规定种植技术；强迫公民生活在这个地方而不是那个地方，等等。所有这些情况都发生在路易十四治下。这些敕令是由科尔贝尔副署的，但是，人们易于相信，它们是（比如，在阿尔及利亚运作的）一个成熟的现代集权政体的作品。的确，在加拿大所做的是对于我们长久以来已经目击的在阿尔及利亚所发生之事的一种忠实翻版。在两个地方，我们都发现一个行政机关，其全体职员和人口一样多，自负、活跃，往往规定、限制和计划所有事情。政府为所有发生之事承担全部责任，对于它的臣民的利益比他们本人知道得还多。它的努力孜孜不倦，正如它的效果徒劳无益。

在美国，相比而言，英国的分权体系被运用到了极致：乡村几乎成为独立的自治市、民主共和国。共和成分构成了英国政体的核心，可以说，它和英国的民情在美国得到了毫无阻挡的发展。在英国，政府本身做得很少，而个体公民所为甚多。在美国，政府似乎不再做任何事情，而个人联合在社团中做任何事情。由于缺少上层阶级，使得个体加拿大人比同一时期的个体法国人更服从政府，同一情况却使得英属各州的公民日益独立于中央政府。

在两个殖民地，一种完全民主的社会被建立起来，但在加拿大，至少就它属于法国时期而言，平等和专制政府结合在了一起；在美国，它同自由结合在了一起。至于两种殖民地方式的物质后果，我们知道在1763年，即征服时期，加拿大的人口是60,000人，而英属各州的人口是300万人。 227

第60页，第16行

御前会议不断做出的许多一般规则在整个法国具有法律效力，设立了只能由行政法院判决的特殊犯罪。一个例子

我将采用手头的第一个例子：1779年4月29日御前会议的一项命令规定，今后，在整个王国，任何喂养或出售绵羊的人必须在该动物身上做上某种标记，否则支付300里弗罚金。国王陛下命令他的总督监督这条法令的执行，这意味着总督有权对违反行为施加处罚。另一个例子：御前会议1778年12月21日的一项法令禁止搬运工或者马车夫将其货物搬至仓库，否则支付300里弗罚金。陛下命令警察总监和总督执行这项法令。

第68页，第23行

上吉耶纳的省议会大声呼吁建立新的骑警队，其呼吁方式如同今天的阿韦龙省或洛特省的议会呼吁建立一支新的宪兵队一样。观念是一致的：警察部队象征秩序，而秩序只能伴随来自政府的警察。该报告补充道："农村地区缺少警察的抱怨每天都可以听到（其他地方会如何呢？贵族对于该问题置之不理，资产阶级生活在城市，而乡村被某些粗野的农民所代表，无论如何都没有权力），必须承认，只有在少数区，公正和仁慈的领主对他们的附庸使用着来自他们地位的声望与权力，阻止农村居民由于其举止的粗野和性格的朴实所自然导致的暴力行为，在这些区之外，几乎没有其他方式约束这些无知的、粗野的和愤怒的人。"

228　　　　这就是省议会的贵族让自己采取的谈话方式，这就是单独构成议会一半的第三等级成员在公开文件中谈到普通人民时所采取的方式。

第 69 页，第 14 行

烟草许可证在旧制度下就像在今天一样，被狂热地追逐。重要人物为自己的受保护人恳求它们。我发现一些是在上流社会的女士们的推荐下获取的。还有一些是应主教的请求而获得的。

第 69 页，第 36 行

地方层次公共生活的灭绝远远超出人们可能的想象。从曼恩到诺曼底的一条道路无法通行。谁提出维修要求？是都兰地区吗？道路要通过那里。是诺曼底省或者曼恩省吗？它们的牲畜贸易要依靠该道路而产生利害关系。或者某些被这种糟糕的道路状况而格外伤害的区？地区、省和区没有声音。使用这条道路并深陷泥泞的商人不得不独自让中央政府意识到这条道路的状况。他们向巴黎的财政总监写信，乞求他前来帮助他们。

第 78 页，第 6 行

领主税或地租的重要性取决于省

蒂尔戈在他的作品中写道："我应该指明，这些税种在大部分富有的省份，比如，诺曼底、皮卡第和巴黎地区，是又一重要的税种。在这些地方，财富主要由土地自身的出产所构成，小块土地结合成大的农田，其所有者从中获取相当多的地租。最大庄园的领主税只占收入非常小的部分，这种税收几乎可以被认为是出于敬意的缴纳。在不太富有的省份，耕作原则有所不同，领主和贵族几乎不拥有自己的土地。继承的土地被广泛地分割，承受非常重的实物地租的负担，由合租人共同承担。这些地租常常吸走土地的大部分出产，地主的收入几乎完全来自这个源头。"

共同讨论事务的反种姓效果

18 世纪农业协会相对不太重要的活动让我们知道共同讨论共同利益的反种姓效果。尽管这些活动发生在大革命前三十年，旧制度的鼎盛时期，尽管它们仅仅关注理论，单是这样的事实——对不同社会阶级感兴趣的问题共同加以辩论与探讨，就可以让我们意识到将不同阶级的人们带到一起并混合起来的方法。我们发现，理性改革的思想如何同样吸引着特权者和无权者，即使要讨论的问题仅仅是保护与开垦。

我相信，旧制度的政府从来不去寻求自身之外的支持，总是一次一对一地对付个人，只有这样的政府才能维持存在于大革命时代的荒唐和无意义的不平等。同自治（self-government）（在英国为原创）的最小接触也会深刻地改变并迅速地转变或摧毁这种政府。

第 83 页，第 34 行

当外省自由是古老的，并且同习惯、民情和记忆联系在一起的时候，即使在民族自由不存在的情况下，它也可以维持一段时间，而专制主义是新的。但是，如果一般自由受到压制，人们还可以随心创造出地方自由，甚至长久地维持它，那么，这种想法毫无道理。

第 84 页，第 32 行

蒂尔戈在一篇致国王的报告中，在我看来相当准确地概括了贵族特权在税收方面的真实范围：

1. 特权者可以要求完全免除一块四犁农田的军役税，它在巴黎地区一般要缴纳 2000 法郎的税收。

2. 同样的特权者完全不必为树林、牧场、葡萄园或池塘，或者临近他们城堡的附属土地缴纳税收，不管它们是多么广阔。在一些区，其主要产品来自牧场或葡萄园，在这种情况中，不在地主可以免除所有税收，其负担落在那些缴纳军役税的人们头上。这第二种好处是巨大的。

第 85 页，第 44 行

在税收上的间接特权：甚至当税收是共有时在征收上的差别

蒂尔戈也描绘了某种情况，在读过该文件后，我认为这种描绘方式是正确的：

特权者在人头税上享有极大的优势。人头税本质上是一种独断专行的税收。

230 它只能够在所有公民中间盲目地分配。使用军役税名册作为基础被认为更为便利，这些名册易于获取。为特权者造了一个特殊的名册，但是，由于他们能够保护自己，而没有人为军役税的承担者说话，所以，在外省，前者的人头税被逐渐减少到一种相当少的金额，而后者的人头税几乎等同于军役税的本金。

第 85 页，第 4 行

在普通税征收上的另一个不平等例子

我们知道，地方税是向所有人征收的。御前会议法令在规定这种费用时说："上述金额要对所有臣民征收，包括，拥有豁免权的和不拥有豁免权的，特权者和无权者，毫无例外，同人头税相一致，或者根据它的比例。"

请注意，由于那些缴纳军役税的人的人头税（人头税同军役税本身具有联系），总是在相对价值上比特权者的人头税更高，所以，甚至在似乎最排斥不平等的那些税收中，不平等也被复制出来。

同样的主题：来自 1764 年的一项被建议的敕令打算确立平等税收，在其中，我发现，在和征收相关的方面，各种措施都有意地在维持特权者的特殊地位。在其它敕令中，我发现，在涉及特权者的地方，只有他们在场或者他们的授权代理人在场时，用来评估纳税价值的所有措施才能得以适用。

第 85 页，第 6 行

政府自己如何承认，即使税收是普通税的时候，特权者也在征收上得到优惠

"我发现，"大臣在 1766 年写道，"最难以征稽的税收总是那些被贵族和其他拥有特权的个人所负欠的税收，因为军役税的征收者觉得被迫要为他们的利益做
231 出调整，并且因为这样，他们在人头税和二十分之一税（vingtièmes）（他们和其他人共同缴纳的税收）上，长期以来拖欠甚多。"

第 94 页，第 13 行

在 1789 年的《阿瑟·扬游记》中，人们发现了一小段描写，在其中，这两个社会的状态得到了如此轻快的描绘和如此细微的构思，所以，我禁不住要把它放在这里。

杨，在紧随着对占领巴士底狱的最初反应中，游历法国。他发现自己被一群人拦在某个村庄中，他们注意到他没有戴帽章，建议把他投到监狱中去。为了挽救自己，他突然想到要发表下述简短的发言：

我根本不习惯我现在的情况，特别是听到他们中某人说，我应该被关起来，

直到有人出面为我做出解释。我在客栈的台阶上，乞求他们允许我说几句话；我向他们保证，我是一个英国旅行者，为了证明这一点，我愿意向他们解释英国的征税情形，这是一番令人满意的评论，针对修道院院长院长先生对他们所讲的话中我不赞成的要旨。他宣称，税收必须像以前一样缴纳。税收必须缴纳，这是肯定的，但是不能像以前一样，应该像在英国一样缴纳。先生们，我们在英国有很多税收，你们在法国根本不知道；但是，**第三等级**（tiers état）——穷人，不用缴纳它们；它们对富人征收；一个人房子的每个窗子要纳税；但是，如果他只有六个窗子，他不用缴纳；一个诸侯，有大量地产，缴纳二十分之一税和军役税，但是，拥有一个花园的小所有者不用缴纳；富人为他们的马匹、车辆、仆人甚至猎杀他们自己的山鹑的自由而纳税，但是，贫困的农夫根本不用为这些纳税，甚至，在英国，我们有一项为了救济穷人而由富人缴纳的税收。因此，修道院院长先生的声明，即因为税收在它们应该存在的时候就已经存在，根本不能证明它们应该以同样的方式存在；我们英国的方法似乎更好。这段发言中没有一个字他们不赞成。他们似乎认为，我可能是一个诚实的人。我通过高呼，**第三等级万岁，不要税收**（vive le tiers, sans impositions），坚定了他们的看法。这时，他们给我一丝赞许，并且不再打断我。我的蹩脚的法语和他们的方言不分轩轾。①

第 95 页，第 34 行

肖莱区的 X 教堂沦为废墟。应该根据 1684 年（12 月 16 日）的法令所指出的方式进行维修，即使用向所有居民征收的税款。当征税人打算征收这项税款时，X 侯爵——教区的领主声称，因为他独自承担了维修祭坛的责任，所以，他不愿分担这项税收。其他居民以相当正当的理由回应，作为领主和什一税（他无疑有资格享受这项封建税）的主要接受者，他不得不以自己的花费维修祭坛，所以，这项责任不能让他免除普通税。这时，总督签署了一项命令，拒绝了侯爵的要求，并且授权征税人征收这项税款。档案中包含不止十封来自侯爵的信件，每一封都比上一封更急切。他强烈地认为，教区的其他人应该代替他纳税，为了得到他想要的东西，屈尊称呼总督为**阁下**，甚至**乞求**他。

232

---

① 阿瑟·扬《1787、1788、1789 年间法兰西之旅》(Travls in France During the Years 1787,1788,1789,London:George Bell and Sons,1890)，第 213~214 页。

第96页，第34行

旧制度的政府尊重既得权利、正式契约和城市与社团自由的方式，有关例子

一项王室声明："对于由城市、乡镇、大学、社区、医疗机构、慈善机构、同业公会和其他社团所获得的所有贷款，战时中止对它们的清偿，它们是从我们为此目的而批准的地方税或其他税的收入中支付的，而有关上述贷款的利息应该继续支付。"

这种做法不仅中止了根据契约指明日期对债权人的贷款清偿，而且也威胁到了担保贷款的附属抵押物。这种措施在旧制度下司空见惯，但在一个接受公众或议会监督的政府中从来是不可接受的。比较一下这种事态同这种事情在英国甚至在美国的一贯做法。在这里，对于法律的轻视如同对于地方自由的轻易一样昭著。

第98页，第5行

特权阶级意识到，农民所承受的封建税也影响着他们自己的利益。对于这种现象，在正文中所引用的远非唯一案例。这里是完全由特权者所构成的一个农业协会在大革命前三十年所说的话：

233

不可分批偿还的租金，不管是地租还是封建税，如果是对地产征收的，并且数量相当可观，对于债务人就会变成沉重的负担，造成他的破产，随后是地产本身的破坏。他被迫放弃地产，因为他不能找到借钱的办法，抵押物已经超出抵押值，如果他想卖掉抵押物，他也不能找到买家。如果租金是可分批偿还的，破产的租户就不用寻找机会借钱以便偿还它们，也不缺少买家来偿还抵押物和租金。如果有人认为他的所有权是稳定的，他就总是愿意拥有和改良一块自由的土地。如果可以找到一种实际可行的方式，让这种租金可以分批偿还，对于农业就会是一种极大的激励。拥有采邑的许多领主，相信这种真理，将渴望采纳这种安排。因此，发现和规定取消这种地租的实际方式，将会非常重要。

第99页，第17行

所有的公共职位，甚至包括包税人的职位，都是用纳税豁免权来补偿的，由1681年的法令所批准的一项特权。1682年，一位总督给了一位大臣一封信，说道："在特权者中间，没有什么比盐税经营、桥梁、国有财产、邮局、救济和各种其他行政部门的雇员更多的了。很少教区没有这样的雇员，许多教区都有两个或三个这种雇员。"这封信的目的是，说服大臣不要让御前会议发布一项命令，把纳税豁免权扩大到这种享有特权的官员的雇员和仆人中。据总督所言，包税人在不停地要求这项豁免权，这样可以让他们自己不需要支付自己雇员的工资。

第 99 页，第 17 行

这种职位在其他地方并非闻所未闻。在德意志，少数小君主曾经采用它们，但是，它们的数量很少，限于公共管理中相对不重要的部门。只有在法国，这种体系被广泛采纳。

第 103 页，第 5 行

如果看到旧制度的公共官员，他们中的许多人还为严格意义上的政府而工作，却向高等法院提起诉讼，判决他们的各种权力的范围，那么，我们不应该感到惊奇，尽管似乎看起来并且实际上相当奇怪。如果我们意识到，这样的问题不仅是公共管理问题，而且是私人财产问题，这样做的原因就清楚了。人们所认为的司法权力的扩张行为，只不过是当政府卖掉公共职务时它所犯下的错误的结果。由于官职是私人拥有的，并且每个官员都是以所履行的活动为基础而获得酬劳，所以，不可能改变官职的性质而不用侵犯从以前的所有者手中所购买的权利。可以从许多此类例子中引用一个：勒芒的警察总监忙于针对这座城市的财政官员的一场长期诉讼，以便证明，由于他负责维持大街上的秩序，所以，他也负责和街道铺设有关的所有活动，并有权利确定完成这些活动的价格。这次，不是由国王的御前会议来判决。因为它首先是和官职购买所投入的资本的收益有关的一件事情，所以，在这件案子中，是高等法院进行判决。一项行政案件被转变为一项民事案件。

第 104 页，第 8 行

对于 1789 年贵族陈情表的分析

我相信，法国大革命是唯一一场这样的革命：在革命中，各个社会阶级可以分别地表露在革命开始时激励他们的观念与情感，而这发生在革命还没有歪曲或者修正这些观念与情感之前。正如大家所知，其真实表现被记录在三个等级中的每个等级在 1789 年所撰写的陈情表中。这些陈情书或者报告是在非常公开的情景中由每一个等级在完全自由的情况下起草的。它们在相关各方中得到了详尽的探讨，并得到了起草者的认真思考，因为，当政府在那些日子向民族呼吁时，它自己并没有既提出问题又提供答案。在陈情表被起草后，最重要的部分被收集在三卷本中，人们可以在任何图书馆中找到。原件被放在国家档案馆中，和它们放在一起的，还有起草它们的议会的会议记录，以及内克尔先生和他的代理人关

234

于这些会议的一些通信。陈情书的汇编构成一系列冗长的对开卷本。它是旧法国留给我们的最宝贵的文献，如果人们对大革命爆发时我们的先人正在思考什么感兴趣，他就必须不断地翻阅它。

235　　我本以为我在上文中提到的三卷本摘要只是一方的作品，或许不能准确地反映这种大范围调查的特点，但是，将两者加以比较后，我发现，它们之间的关系就像更小的复本可以真实地反映更大的画布一样。

　　我将要在下文中给出的贵族陈情表的摘要准确地传达了这个等级大多数人的感情。我们可以清楚地看到，贵族阶级顽固地坚持要保留而不愿意放弃的是哪一种古老特权，它愿意自动牺牲的是哪一种古老特权。首先，我们可以充分了解的是，贵族阶级对于政治自由是如何感受的。一幅奇怪和忧郁的图画！

　　个人权利。首先，贵族呼吁一种属于所有人的明确的权利宣言，这种宣言承认他们的自由和保证他们的安全。

　　人身自由。他们要求在农奴制依然存在的地方废除它，他们希望找到废除黑奴贸易和奴隶制的方法。每个人都应该在王国之内或之外不受任意干涉地自由旅行和定居在他愿去的地方。他们希望消除警察规章的弊端，并且要求，即使在骚乱的情况中，法律与随后的秩序问题也要置于法官之手。他们主张，除非通过自己本来的法官，每个人都不应该受到逮捕或者接受审判，因此，他们要求，国家监狱和其他非法拘留场所应该被拆除。一些人要求拆毁巴士底狱，巴黎的贵族尤其坚持这一点。

　　禁止所有**密札**（lettres closes）和**国王密札**（lettres de cachet）。如果对于国家的某一威胁有必要逮捕一个公民，而不把他马上移交给普通法院，那么，必须采取步骤阻止权力的滥用，或者是把逮捕行为通知给国务会议，或者是使用其他手段。

　　贵族希望所有特殊的委员会、所有特别的和例外的法庭、所有**辩护**（committimus）特权、所有延期判决等被废除，要求任何签署或者执行一项专断命令的人得到严厉惩罚。贵族进一步要求，普通法庭应该成为唯一要保留的法庭，在其中，应该采取必要的步骤保护个人的自由，尤其是在刑事案件中。审判不应该付费，无用的法庭应该被废除。"行政官员应该是为了人民而设立，不是人民为了行政官员
236　而设立。"一份会议记录说。甚至有一个要求是，在每个地区为穷人设立免费法律顾问和公共辩护人。案件的审理必须公开，每个被告应该有为自己辩护的自由。在刑事案件中，应该为被告提供辩护律师，在诉讼程序的每个阶段，法官应该接

受和被告为同一等级的某些公民的辅助，他们的责任是让受到起诉的被告根据犯罪事实或者不法行为受到审判。在这一点上，他们提到了英国宪法。刑罚应该和犯罪事实成正比，应该对所有人平等。死刑应该更少，所有肉刑、拷打等应该被废除。最后，拘留条件应该得到改善，特别是对于等待审判的被告。

陈情表也呼吁设法尊重个人在陆军与海军征兵中的自由。应该为义务兵役的免除支付费用，除非是所有三个等级的代表都到场，否则不允许举行征兵抽签。最后，军事纪律与服从应该同公民权利和自由人权利结合起来。用刀面笞打的惩罚应该被废除。

财产自由与不可侵犯。贵族要求，财产不可侵犯，除非是为了必要的公共事业，不可遭受剥夺。在这种情况中，政府必须马上给予高价补偿。充公应该被废除。

商业、劳动与工业自由。工业与商业自由必须得到保证。授予某些行会的师傅特许权和其他特权因此要被废除。关税界线应该移到国家的边境。

信仰自由。天主教是法国唯一占支配地位的宗教，但是，每个人都应该允许良心自由，非天主教徒应该被恢复公民地位与财产。

出版自由、邮件不可侵犯。陈情表规定，出版自由应该得到保证，而且法律应该提前确立出于公共利益而施加的限制。除非涉及处理教义的书籍，没有人应该受到教会审查。至于其他的书籍，采取步骤保证作者和印刷者的身份为人所知就足够了。几个陈情表要求出版犯罪只能接受陪审团的审判。

237

这些陈情书尤其一致坚称，邮件保密必须做到不可侵犯，所以，信件不能成为控告的罪证和起诉的根据。它们直率地说道，开拆信件是最令人厌恶的间谍行为，因为它是对公共信仰的侵犯。

教学、教育。贵族阶级的陈情表仅仅要求，要做出积极努力鼓励教育，这些努力应该给予城市和农村，并且所基于的原则要和对于每个孩子未来的期望相一致。特别是孩子们应该通过教学形式接受国家教育，这种教育和他们作为公民的权利与义务有关。陈情书也要求起草一种问答手册，让宪法的要点为孩子们所知。除此之外，陈情书没有明确规定应该采取什么手段促进和扩大教育。它们只是将自己的要求限制在，应该为了贫穷贵族子弟设立教育机构。

必须关心人民。大量陈情表坚称，应该表现出对于人民的更多关心。几个陈情书提出了警察规章的弊端，他们说，这些规章导致了对于大批工匠与有益公民的任意监禁，没有经过正式的审判，常常因为轻罪甚至仅仅因为被怀疑做了坏事，因此这种做法侵犯了天赋自由。所有的陈情书要求永远废除强制劳役。大部分地区要求赎回磨坊税和通行费。许多地区要求减少封建税的数目，并废除领主税。据一份陈情表所言，政府在促进土地的购买与销售上是有利可图的。这正是后来为一举废除所有领主权利和出售所有具有**永久管业权**（mainmorte）（就是领主在拥有者死亡后对于所有权的收回）的财产所提出的理由。许多陈情表要求鸽舍权要减少到对农业无害的程度。至于**国王狩猎区**（capitainerie），即王室禁猎区，陈情表呼吁马上将其废除，因为它们侵犯了财产权。陈情表也要求现有的税收要被对人民不太繁重的税收取而代之。

238　　　贵族要求把繁荣与福利努力扩大到农村地区；要求在村庄建立纺织粗布的设备，让农村人民在冬日有事可做；要求在每个地区建立公共粮仓，接受省当局的监督，防止饥荒，并把粮食价格维持在一定水平上；要求完善农业，并改良农村地区的状况；要求增加公共工程，特别是排干沼泽和预防水灾等的工程；最后，要求采取措施鼓励各省的商业与农业。

　　陈情表要求在每个地区把医院分散为小的机构；要求取消济贫院，被慈善工场取代；要求在省三级会议的监督下建立救济基金，由省付费把外科医生、内科医生和助产士分配到各个地区，为穷人提供免费服务；保证司法应该始终对于普通人民免费；要求制订计划，为盲人、聋哑人、孤儿等提供服务机构。

　　此外，关于这些事务，贵族等级总体上限于表达其一般改革的愿望，而没有详尽地表达如何执行具体的改革。显然，贵族阶级同下层教士相比，和下层阶级在一起生活的时间更少，所以，对他们的痛苦接触较少，对于医治这种痛苦的方法想得较少。

　　关于贵族阶级的公共职位、等级地位和荣誉特权的可接受性。尤其，或者仅仅涉及等级地位和身份差别时，贵族阶级背离了它所要求的改革的一般精神。尽管它做出了某些重要的让步，它坚持旧制度的原则。它觉得，在这个方面，它在为自己的生存而战斗。因此，它的陈情书坚称，教士和贵族要保持明显的等级。陈情表甚至呼吁找到保持贵族等级纯洁性的方法。它们要求禁止购买贵族头衔。它们要求停止根据某些官职的属性而授予贵族的做法，要求头衔的获得只能以对于国家的长期服务作为交换。它们要求追查和起诉假贵族。最后，所有的陈情书239　坚持贵族应该保留他们的所有荣誉特权。一些陈情书要求贵族应该被给予一种与众不同的标记，有利于从外表加以识别。

　　不可能找到比这更具有贵族特点的要求，更容易表现出已经存在于贵族与平民之间的完全相似性，尽管他们的地位还有差别。一般而言，贵族的陈情表对于实际权利展示出相当的灵活性，却急切地坚持荣誉权利。贵族已经感到被民主的浪潮所征服，害怕它会将他们吞噬，所以，他们试图保持他们所拥有的所有特权，同时发明出他们从来不曾拥有的其他特权。显然，他们本能地嗅到了这种危险，却没有看清它。

至于公共职位的分配，贵族要求，司法职位的销售应该被取消。国民应该能够建议国王任命任何公民，无视其等级，仅仅以是否成年和适合任职作为条件。多数陈情表认为，第三等级不应该被排除在军队的军官等级之外，任何士兵如果值得国家的奖励就有资格获得最为尊崇的地位。几个陈情表声称："贵族等级不应赞成任何拒绝第三等级获得军事职业的法律。"贵族只是要求，不需要从低级军官晋升而作为军官加入军团的权利只为他们而保留。此外，几乎所有的陈情表都要求，应该为军队军衔的分配确立适用于所有人的固定的规则，这些军衔不应该只以恩宠为基础而授予，除了高级军官外的军衔应该以资历为基础而授予。

至于教士职务，贵族要求，在圣职的分配上应该恢复选举，至少国王应该设立一个委员会，在这方面为他提供建议。

最后，他们建议，应该更为谨慎地分发年金，它们不应限于某些家庭，不应该允许公民在同一时间因为一个以上的职务获得一个以上的年金或者薪水，最后，应该废除可以继承的年金。

教会与教士。当贵族自己的权利和内部结构没有遇到风险，问题只是教会的特权和组织的时候，贵族阶级就不太急躁了。它相当清晰地看到了弊端。

贵族要求，教士不应该被给予任何纳税特权，应该要求他们偿还自己的债 240 务，而不是转嫁给国家。他们也要求对修士阶层进行广泛的改革。多数陈情表所表达的观点是，这些圣职偏离了它们被确立时的精神。

多数地区要求，什一税要对农业造成更少的伤害。许多地区甚至呼吁废除什一税。一个陈情表说道："大部分什一税到了牧师那里，而他们对于人民的精神福利贡献最少。"显然，第二等级在它对于第一等级的评价中没有表现出怜悯。贵族对于教会本身，几乎没有更多的尊重。几个地区正式承认三级会议有权利废除某些宗教等级，将它们的财产挪作他用。十七个地区认为，三级会议有权力对它们施加约束。几个陈情表主张，宗教节日太多了，这对农业有害，鼓励了酗酒，所以，许多节日应该被废除，或者像过去一样在周日举行庆典。

政治权利。至于政治权利，陈情表承认，所有法国公民有权利参加政府，或者直接或者间接，就是说，有权利参加选举或者被选举，但是，地位等级制必须被保留，这样，人们应该在其等级内进行任命或者被任命。根据这种原则，代议制体系的设计应该保证国家的所有等级能够对政府事务的管理作出实质性贡献。

至于三级会议中的投票方式，意见有所分裂。大部分赞成每个等级分开投票。一些陈情表认为，税收投票应该成为这条规则的例外，而另外一些陈情表坚称，这种例外应该成为常规。"投票应该根据人头而不是等级来计算，"后者说，"这是唯一合理的投票方法，唯一消除和摧毁某些等级的自私自利的方式，这种自私自利是我们所有灾难的唯一源头，这种投票方法同时可以把人民团结在一起，让他们获得这样的结果：国民有各种权利从一个议会中有所期望，而在这个议会中，爱国主义和其他主要美德被启蒙所强化。"然而，因为这种革新如果被唐突引进，在国民当前的思想状态中可能会有危险，几个陈情表所表达的观点是，如果没有预防措施就不要采纳它，议会应该考虑，将按人头投票推迟到下一届三级会议是否更不明智。贵族阶级要求，在所有情况中，每个法国人应得的尊严都应该受到尊重，因此，呼吁废除第三等级在旧制度下所遭受的耻辱做法，比如，在高等级的他人面前下跪的要求："一个人在他人面前下跪的情景是对人类尊严的一种冒犯，在本性平等的人们之间，意味着与他们的基本权利不相容的一种低劣感。"一个陈情表这样说道。

关于要建立的政府体系和宪法原则。 至于政府形式，贵族阶级呼吁维持君主政体，立法、司法和行政权力继续系于国王一身，而同时在这些权力的行使中，确立起以保证国民权利为目的的基本法律。

因此，所有的陈情表宣布了国民在三级会议中集会的权利，构成三级会议的人数要足够多，可以保证其独立性。它们也要求，此后三级会议要在固定时间内召开，也要在新国王即位时召开，不需要什么开会的许可。许多地区甚至声称，这种议会成为常设是可取的。如果三级会议没有在法律规定的时间范围内召开，人民应该有权拒绝纳税。少数陈情表希望，在两次三级会议的间隔期间，应该建立一个临时委员会监督王国的行政管理，但是，绝大多数陈情表坚决反对设立这样一个委员会，根据是它完全违背宪法。他们为此而给出的理由相当奇怪：他们担心，单单这样一个被留下对付政府的小团体会屈服于政府的压力。

贵族阶级不想要大臣有权利解散议会，并要求，任何结成帮派干涉议会活动的大臣都应该遭受法律制裁。任何依赖政府的官员或者其他个人绝不应该作为议员。议员不应受到人身的侵犯，不应为其表达的意见而遭受起诉。最后，议会的

会议应该是公开的，为了让国民更深刻地参与到其审议中，它们应该通过报刊进
行沟通。

贵族阶级一致要求，用来指导全国政府的原则应该被用于国家不同地区的政府。因此，在每个省，每个区，每个教区，议会都应该被组织起来，在限定时间段内自由选举其成员。

几个陈情表所表达的观点是，总督和总收税员的官职应该被废除。所有陈情表坚称，今后只有省议会才能承担评估税收和保护各省特殊利益的责任。它们也要求，同样的要求也应该用于区和教区议会，它们此后不应该从属于除省议会之外的任何团体。

权力分立。立法权力。至于集会的国民和国王之间的权力分离，贵族阶级要求，除非法律得到了三级会议和国王的同意，并且在负责实施它的法庭的登记册上记录在案，否则就不能生效。贵族也要求，三级会议应该具有确立和评估税收的专有权利，对于任何金钱缴纳的准许，其效力只能够延续到下次三级会议召开之前。任何税收的征收或者确立，如果没有三级会议的同意，都应该被宣布为违法。任何大臣或收税员命令或者接受这样的税收，都应该以盗用罪受到起诉。

同样，贵族阶级要求，如果没有三级会议的同意，国家的借款都不可接受。三级会议只是确立一个贷款限额，一旦战争或者其他重大饥馑，政府可以据此制定借款金额，附加条件是必须尽快地召开三级会议。

所有的国库应该受到三级会议的监督，它应该有权为每个部门确定预算。应该确立可靠的措施，保证支出不能超出配额。

大部分陈情表呼吁取消被称作登记税（droits d'insinuation）、百分之一得尼埃税（centième denier）和批准税（entérinements）等令人烦恼的税收，把它们整合在国王财产征收（Régie des domaines du roi）的名称下："名称征收（régie）本身就足以伤害国民，因为它声称王室对于实际上是公民的财产拥有权利。"一个陈情表说道。贵族要求所有没有转让的王室领地应该置于省三级会议的管理
下，和它们有关的财政规定或者敕令如果没有国家的三个等级的同意，就不应该签署。

显然，贵族阶级的想法是，在贷款和税收的规则以及税款的征收方面，赋予国民财政管理的全部责任，而以全国三级会议和省三级会议作为中介。

司法权力。同样，在法院的组织上，贵族总体上倾向于让法官的权力从属于集会的国民。因此，比如，几个陈情表包含这样的声明："法官在他们的本职工

作中应该向集会的国民负责。"没有三级会议的同意，他们不应该被免职。未经三级会议的同意，无论以什么理由，法庭都不应该在其职责履行中受到阻碍。上诉法院和高等法院的玩忽职守应该由三级会议来审判。据大多数陈情书所言，法官只有被人民提名后才能被国王任命。

行政权力。行政权力归国王专属，但是为了防止滥用，贵族阶级提出了必要的限制。比如，关于行政机关，陈情表要求，各种政府部门的账目应该被印制并公开，并要求，大臣要向集会的国民负责。同样，他们要求，国王在使用军队防御外敌之前，要让他的准确意图为三级会议所知。在国内，军队不能针对公民使用，除非应三级会议的要求。军队的规模要受到限制，在平时，只能有三分之二的军队保持在动员状态。政府雇佣的任何外国军队应该远离王国的中心，并且被送到前线。

在阅读贵族阶级的陈情表时最惊人的、任何摘录都无法传达的是，这些贵族何种程度上是属于他们时代的人：他们拥有时代的精神，流畅地使用它的语言。他们谈到"人的不可剥夺的权利"和"社会契约所固有的原则"。当主题是个人时，他们通常关注他的权利，当它是社会时，关注的是它的责任。政治原则在他们看来似乎"和那些道德原则一样绝对，两者都在理性上具有一种共同基础"。

244 他们要求废除农奴制的残余："目标是彻底根除人类堕落的最后踪迹。"他们有时把路易十六称作"一位公民国王"，几次提到"危害国家"（lèse-nation）罪，将来，他们会常常受到这样的指责。在他们眼中，像在所有其他人眼中一样，没有什么是公共教育所不能获得的，它应该被国家所控制。一份陈情表坚称："三级会议应该通过改变儿童的教育，努力造就一种国民性。"像他们当代的其他人一样，他们对于立法的一致性表现出了一种持久的和明确的爱好，但是，在影响等级存在的立法上例外。像第三等级一样，他们要求行政管理的一致性、度量衡的一致性等等。他们指出了各种改革，他们所希望的这些改革是激进的。根据他们的观点，所有的税收应该被废除或者被改造，没有例外。整个司法体系应该被改变，除了领主法庭，它只是需要被改良。对于他们像对于所有其他法国人一样，法国是政治领域的一个试验室，一种"模范农场"，在这里，所有东西都可以被耕耘，任何事情都可以被尝试，前提是，在他们的特权所成长的小角落，没有东西受到打扰。我们必须说，值得表扬的是，他们甚至连这里也没有放过。简而言之，在阅读贵族的陈情表时，会导致这样的结论，如果他们只是平民的话，或许就已经制造了大革命，因为这是他们唯一缺少的成分。

第 104 页，第 36 行

18 世纪中期基督教领域的宗教治理形式范例

1. 大主教。

2. 七个代理主教。

3. 两个教会法庭，被称作"官方"。一个被称作"大都市官方"，对于副主教的裁判具有管辖权；另一个被称作"主教官方"，对于 a. 教士之间的个人诉讼和 b. 同圣事有关的婚姻的有效性具有管辖权。后一个法庭由三个法官组成。各种各样的公证人和律师和它存在联系。

4. 两个财政法庭。

一个财政法庭被称作"主教办事处"，对于和主教管区的教士的税收有关的所有案件具有初级管辖权。（教士确定自己的税收。）这个法庭由大主教所主持，由六个其他牧师所组成。另一个法庭对教会领域中通过其他主教办事处的上诉案件进行审判。所有这些法庭都接纳律师和听取辩护。

245

第 105 页，第 23 行

外省三级会议和议会中教士的精神

在正文中我对于这一点所说的有关朗格多克三级会议的事情也适用于在 1779 年和 1787 年召开的外省三级会议，尤其上吉耶纳省的三级会议。在这个省议会中，教士成员都属于最开明的、积极的和自由的与会者。正是罗德兹主教建议让议会的会议记录公开。

第 106 页，第 7 行

教士的自由主义政治倾向，在 1789 年显而易见，并不只是一时激奋的产物。在更早阶段，它已经很明显了。尤其 1779 年它在贝里得到展现，当时教士阶层提供了 68,000 里弗的自愿捐赠，唯一条件是省政府能够被维持下来。

第 107 页，第 29 行

请好好注意，政治社会的纽带还有待确立，而市民社会的纽带完好无损。阶级纽带依旧存在。此外，领主阶级与人民之间曾经存在的密切联系还有所残留。尽管这种事态存在于市民社会内部，其结果在政治生活中可间接感受到。尽管人们彼此之间被这样的纽带所束缚，构成了非正常的和无组织的群体，他们却能够依然抵制政府的控制。当大革命打破了这些社会纽带，而没有建立取代它们的政治纽带时，它就创造了奴役和平等的条件。

第 108 页，第 22 行

当法庭面对专断行为时得以表现自己的方式，一个例子

从 1781 年巴黎地区的总督提交给财政总监的一篇报告中，我们看到的习惯做法是，每个教区有两个理事，一个是在总督助理所主持的议会中由居民选出，
246 另一个是由总督挑选，其工作是监督他的同事。在吕埃尔教区，一场争吵发生在两个理事之间，选举的理事拒绝服从任命的理事。总督说服布勒特伊先生用武力将选举的理事禁闭了十五天，这个理事在被按时逮捕后，被从职位上逐出，由另一个人所取代。之后，高等法院应被监禁的理事之请，发起了一场诉讼，对此，我无法找到更详细的记录。在这场诉讼中，据说，诉讼人的被监禁和对选举结果的推翻只能被视为一种"任意的和专横的行为"。在当时，司法机关在一些案例中被三缄其口。

第 110 页，第 37 行

在旧制度下，受过教育和富有的阶级远远没有受到压迫和征服。的确，所有这些阶级，包括资产阶级，可以非常自由地做自己愿做的事情，由于王室政府不敢阻止这些阶级的成员自我封闭起来而损害人民，几乎总是觉得为了他们要被迫放弃人民，以便赢得他们的宽容或者熄灭他们的反对。这样说是公正的：18 世纪在同样的形势下，这些阶级中的一个法国成员比一个英国成员能够更容易地对抗政府并迫使它尊重自己的利益。在许多情况中，法国政府在对待同一类型的臣民时，觉得要比英国政府更要细心，行动更要谨慎。把独立同自由混淆起来是一种错误。没有什么比一个自由的公民更不独立了。

第 110 页，第 38 行

为什么旧制度的专制主义政府要被迫常常采取一种温和的路线

通常情况下，没有什么比增加旧税甚至设立新税更能为政府制造麻烦或者唤醒民众。在欧洲旧的财政制度下，当一位君主酷爱奢侈时，或者着手一项冒险政策时，或者使自己的财政一团糟时，或者为了赢得许多人的支持而提供给他们巨大的利润或不应得的薪水，以便维持自己当权而需要金钱时，或者维持庞大的军队时，或者从事重大的公共工程时等，那么，他马上就得提高税收，这会唤醒和
247 搅动社会上的所有阶级，尤其在所有暴力革命背后的阶级，即人民。今天，在同样情况中，政府在办理借款时，其即刻效果常常不受关注，而最终后果只能被下一代人感受到。

第 111 页，第 6 行

作为许多例子中的一个这种例子，我发现，马耶讷地区的大地产被租给包租人（farmers general），他们把贫穷的、卑贱的佃农作为承租人，这些人自己一无所有，必须接受他们所需的所有东西，直到最为基本的工具。显然，这些包租人没有必要对这些佃农或者前封建领主的债务人宽大仁慈。是封建领主把这些包租人放在了自己的位置上。他们所践行的封建制度常常看起来比中世纪的更加严酷。

第 111 页，第 8 行

另一个例子

在军役税的清单上，蒙巴宗的居民包括罗昂亲王所拥有的公爵领地上的管家，即使这些管家仅仅代表亲王而行动。亲王（他无疑相当富有）不仅结束了这种（他所说的）不当做法，而且成功地获得了金额 5344 里弗 15 苏的补偿。这笔金额错误地被他承担，现在又被转嫁给居民。

第 115 页，第 4 行

教士享有的货币地租以何种方式疏远了人民的心，人民的孤立本来应该让两者吸引在一起，一个例子

努瓦塞伊的教区牧师声称，教区的居民必须维修他的库房和榨油机，并要求以地方税来补贴这项花费。总督回答道，居民只能被要求维修牧师住宅。库房和榨油机的责任应该留给牧师，他更关注他的地租而不是他的羊群（1767 年）。

第 116 页，第 29 行

一群农民为一项调查提供了回复，这项调查是在 1788 年由省议会从事的，其答复表达清晰，在语气上是温和的。在其中，我们发现下述语句："除了军役税征收中的弊端，也有行政官员的代理所造成的弊端。他们通常在军役税征收期间要做五次访问。他们常常是残废的退伍军人或者瑞士受雇佣者。在每次访问中，他们要在教区花上四五天时间，军役税征收办公室将其报酬估价为每天 36 个苏。至于军役税的分配，对于其过程的专断性我们就不用再说了，它已经深为人知了，对于由官员所编制的税收清单的恶劣影响也没有必要说了，由于这些官员常常能力欠缺，几乎总是不公正和怀有恶意。然而，他们是骚扰与争端的根源。他们造成了对于当事人非常昂贵的诉讼，对于法庭所坐落的城市地区非常有利。"

第 117 页，第 23 行

三级会议行省所采纳的方法的优越性，得到中央政府自己的官员的承认

一封标注日期为 1772 年 6 月 3 日的密信，由税务主管写给总督，上面这样写着："在三级会议行省，税收是根据一种固定的比例评估的，所以，每个纳税人都是课税对象，实际上都纳税。当国王要求增加税收时，固定的比例同国王所要求的增长总量（比如，100 万里弗取代 900,000 里弗）成比例增加。这是一项简单的活动。相比而言，在其他一些地区，评估是个别进行的，某种意义上是任意的。一些人缴纳他们应该缴纳的；其他一些人仅仅缴纳一半，还有其他一些人缴纳三分之一、四分之一，或者根本不缴纳。那么，增加九分之一如何分配呢？"

第 119 页，第 25 行

在道路方面，特权者最初理解文明进步的方式

X 伯爵在给总督的一封信中抱怨道，政府在建造和他的地产临近的一条道路时没有紧迫感。他说，这是总督助理的过错，他在履行其责任时缺乏积极性，没有强迫农民参加义务劳役。

第 119 页，第 30 行

为了义务劳动而采取的专断监禁

249

例子：来自总教区长的一封信包含下述内容："昨天，应副工程师 M.C. 的请求，我命令监禁了三个人，因为他们不能履行自己的义务劳动责任。这在村子的妇女中引起了一阵骚乱，她们叫喊：'看看这个！当他们需要劳动者的时候，他们认为我们是穷人，但是，如果我们要活下去的时候，他们却毫不关心我们。'"

第 119 页，第 35 行

修建道路的资源有两种：（1）义务劳动，出现在所有需要劳动力的重大工程中，是更为重要的种类；（2）某种普遍税，其收益由桥梁与道路局掌握以资助工程，是不太重要的种类。特权者可以说是主要的地主，在修建道路上比所有其他人有更大的利益，却不用付出劳役。此外，由于桥梁与道路税同军役税联系在一起，同它一起征收，于是，特权者又被豁免。

第 120 页，第 2 行

运送罪犯的义务劳动例子

管理戴镣铐囚犯队的警察写给总督一封信，其中表明，农民要被迫用马车运送因犯，他们非常不愿意这样做，他们常常受到卫兵的虐待，"因为卫兵是粗野和凶残的人，而农民履行这项活动违背了自己的意志，也常常蛮横无理。"

第 120 页，第 7 行

蒂尔戈描述了使用强迫劳动运送军事装备所造成的不利和负担。以我对档案的阅读为基础，他的描述似乎并不夸张。此外，他说，这种做法的第一个缺陷是对于一种非常沉重的负担进行分配时的极端不平等。它几乎完全落在少数教区中，由于其位置而受到伤害。运送的距离常常是五六里格，有时甚至十或十五里格。那么，一个往返程需要三天时间。分配给土地所有者的报酬只有他们成本的五分之一。这种义务劳役几乎总是在夏季的收获时期所必需。牛几乎总是精疲力竭，常常带病从劳役中回来，所以，许多土地所有者选择交纳 15 到 20 里弗，而非提供一辆马车和四头牛。最后，到处是混乱，难以避免：农民不断地遭受士兵的暴力行为。军官对他们的要求几乎总是超出他们应该负担的。有时，军官冒着致残驯马的风险，命令把它们套在马车上。士兵们坚持坐在已经非常重的马车上。有时，他们对走得太慢的牛无法忍耐，用剑刺它们，对胆敢抱怨的农民加以咒骂。

250

第 120 页，第 12 行

义务劳动被用在所有事情上的方式，一个例子

罗什福尔的海军总管抱怨农民的恶劣态度。他们被迫运送由海军供货商在各省所购买的造船木材。通信表明，农民在 1775 年依然要被迫提供这种劳役，其补偿由总督确定。海军大臣把这封信转交给图尔总督，告诉他，他必须保证提供被征用的马车。总督杜·克吕泽尔先生拒绝批准这种劳动派遣。海军大臣送给他一封威胁信，说道，他的对抗将被汇报给国王。总督马上在 1775 年 12 月 11 日做了回复，坚定地声称，他作为图尔的总督已经服务十年，他从来没有批准这种劳动派遣，因为它们会导致难以避免的弊端，这种弊端不能被对于马车使用所提供的补偿所减轻，"因为常常是，"他说，"动物被必须沿路拖运的庞大物件的重量所致残，在它们被征用的季节，这些道路是恶劣的。"让总督以这样坚定的语气做出答复，显然是来自蒂尔戈先生的一封信，和公文放在一起，日期为 1774 年 7 月 30 日，来自他成为大臣的时候，其声称，他从来没有批准过在利摩日的这种劳动征派，并且补充道，他赞成杜·克吕泽尔在图尔不这样做的决定。

从这封信的其他部分中，我们发现，木材供应商常常要求劳动征用，即使他们同政府的合同没有授权这样做，因为这样做至少可以节省他们三分之一的运输成本。一个总督助理提供了这样一种利润来源的例子："从砍伐地点到河边，经

过几乎难以通行的道路，把木头从砍伐地点拖到河边的距离，有六里格远；来回程的时间有两天。被强迫的劳动者每立方尺每里格被付给六里亚（liard），整个行程累计 13 法郎 10 苏，这几乎不够弥补小地主、他的助手和他需要套在他的马车上的牛或马的花费。他的时间和努力，和他的牲畜的劳动，这些对于他，全部都失去了。"1776 年 5 月 17 日，来自国王的一道征集必需劳动的直接命令被大臣交给总督。杜·克吕泽尔先生已经在此期间去世，他的继任者莱斯卡皮尔先生仓促地服从了，并且发布了一项命令，宣称："总督助理必须在教区中分配这项负担，从每个教区中征集的这些人必须在理事所指定的时间出现在所指定的地点，然后来到存放木材的地方，以总督助理所确定的价格运送它。"

第 129 页，第 15 行

据说，18 世纪哲学的特色是对于人类理性的崇拜，表现为对于理性能够任意转变法律、制度和民情的无限信心。坦白地说，其中一些哲学家崇拜的不是人类理性，而是他们自己的理性。从来没有人像他们一样对于人类的共同智慧表现出更少的信心。我可以任意举出其中一些人，他们鄙视人类几乎就像他们鄙视上帝一样。对于上帝，他们表现出竞争对手的傲慢，而对于大众，他们表现出了暴发户的傲慢。对于多数人意志真正的和恭敬的服从，对于他们，就像对于上帝意志的服从一样陌生。几乎所有的革命分子都表现出了这种双重的性格。他们远非像英国人和美国人一样，享有对于其多数同胞的情感的尊重。对于这些国家的人们而言，理性是自豪与自信，但绝不是傲慢。因此，它导致了自由，而我们的理性除了发明了新的奴役形式，所为甚少。

第 139 页，第 10 行

农民们遭受的待遇如何，一个例子

1768 年，国王对索米尔附近的拉沙佩勒布朗克教区减少了 2000 法郎的军役税。教区牧师建议使用这笔资金的一部分建造一个尖塔，以便让排钟远离牧师住宅，这样就可以让他免遭它们恼人的声音。居民进行抵制，并且请求将其作为救济款。总督助理的决定有利于牧师，并且在一天晚上命令逮捕和监禁市镇里最著名的居民。

另一个例子：一个妇女侮辱了两个骑警。国王命令监禁她两周。另一项命令将一个织袜工投入监狱两周，因为他胆敢批评骑警队。针对第二项命令，总督对大臣做出的回应是，他早已经监禁了这个人；大臣吵吵嚷嚷地接受了。对于警察的恶评随之而来的是一些乞丐遭到粗暴逮捕，这样一种逮捕似乎让居民感到厌恶。当总督助理将织袜工逮捕时,他警告公众,任何人如果继续侮辱警察,将会受到严厉惩罚。

这位总督和他的助理(1760—1770)之间的通信清楚地表明,这项逮捕不是要把遭遇麻烦的人送到法庭中,而是要把他们囚禁起来。一个助理要求总督授权将他逮捕的两个危险的乞丐判处无期徒刑。一位父亲抗议他的儿子遭到逮捕,他被指控乞讨而被逮捕,因为他在旅行时没有携带文件。X 地方的一个地主要求逮捕他的邻居,这个人以前来到他的教区时,他提供过帮助,但随后对他态度恶劣,给他带来了痛苦。巴黎总督要求鲁昂总督下达逮捕令,作为对这个地主的关照,这个地主是巴黎总督的一位朋友。

一个人要求释放被监禁的乞丐,总督的回答是:"贫民院不应该被当作一座监狱,只能被看作对乞丐和流浪汉进行**行政矫正**(administrative correction)的一座设施。"这个观念甚至影响到了《刑法典》,因为在这个方面,旧制度的传统得到了非常好的保留。

第 140 页,第 12 行

弗里德里希大帝在他的《回忆录》中写道:"丰特内尔和伏尔泰、霍布斯、柯林斯、沙夫茨伯里、博林布鲁克等这些伟大的人给予宗教一次致命的打击。人们开始考察他们曾经愚蠢崇拜的东西。理性摧毁了迷信。人们对他们曾经相信的神话感到了厌恶。自然神论赢得了许多追随者。如果伊壁鸠鲁主义对于异教徒的偶像崇拜具有毁灭性,自然神论在我们时代对于我们祖先所采纳的犹太教观念同样具有毁灭性。在英国盛行的思想自由极大地有助于哲学的进步。"

从这些段落中清楚地看到,当弗里德里希大帝在 18 世纪中叶写下这几行字的时候,依然把英国看作非宗教信念的源头。而且人们看到甚至更为惊人的事情:在这些对于人文与政治具有最深厚知识的人们中间,有一位君主似乎没有想到,宗教可能在政治上是有益的,他的老师们在知识上的缺陷如此之大,影响到了他本人的思想品质。

第 155 页,第 29 行

这种进步精神,在 18 世纪末的法国清晰可见,在同一时间也出现在整个德意志,像在法国一样,它到处都伴随着一种对制度进行改革的渴望。考虑一下一位德国历史学家对于当时在他的国家所发生之事的这种描述:

"*在 18 世纪下半叶,时代的新精神逐渐潜入基督教国度中。改革开始了。勤劳与宽容到处扩张。开明专制曾经控制了更大的国家,甚至在这里也露面了。必*

须承认，在 18 世纪，从来没有像在法国大革命前的最后几十年一样，可以在基督教国度中发现如此非凡与可敬的统治者。"

注意一下这种描绘多么像法国的情况，在这里，改良的、进步的运动在同一时间开始了，比任何其他人更值得统治的人就在大革命要吞噬一切东西之前出现了。

也请注意一下，德意志的整个地区如何明显地被拖入正在法国文明与政治中所发生的事情中。

第 155 页，第 30 行

英国的司法法律如何表明，一些制度尽管有许多微小的缺陷，却依然可以实现它们被设立时所要实现的主要目的

假设某些国家的一些制度的一般原则和内在精神是健全的，虽然在其制度中存在着微小的缺陷，这些国家依然具有繁荣的能力。当人们考察布莱克斯通对于上个世纪所建立的英国司法所进行的描述时，再也没有比上述现象更为明显了。

两个惊人的差别引人注目：（1）法律的多样性；（2）运用这些法律的法庭的多样性。

Ⅰ.法律的多样性

A.对于英格兰本土、苏格兰、爱尔兰，对于大不列颠的各个欧洲附属地比如马恩岛、诺曼底群岛等，并且对于殖民地而言，法律是不同的。

B.在英格兰本土，人们发现四种类型的法律：习惯法、成文法、罗马法和衡平法。习惯法自身包括普遍的习惯，在整个王国被采纳，这些习惯是某些领地或者城市所特有的，或者在某些情况中唯独适用于某些阶级，比如商人的习惯。有时，这些习惯法彼此具有惊人的不同。例如，有的习惯法同英国法律的一般趋势相违背，坚持在子女中平等分配遗产（gavelkind），甚至更为惊人的是，把长子继承权给予最小的子女。

Ⅱ.法庭的多样性。据布莱克斯通所言，法律建立了种类繁多的法庭，从下述简短分析中显而易见：

A.在英格兰本土之外所建立的法庭，比如苏格兰和爱尔兰法庭，它们并不总是从属于英国高级法院，尽管我相信，所有法庭都从属于上议院。

B.至于英格兰本土，如果我没有忘记布莱克斯通的分类，我们发现下述类型：

a.由普通法所规定的十一种类型，然而，其中有四种已经被废弃了。

b.有三种类型的法庭，其管辖权包括整个国家，但只在某些类型的案件中具有管辖权。

c.十种类型的法庭，具有特殊性。其中一种包括由议会的各种法案所创立的地方法庭，或者根据某些传统而存在的法庭，或者位于伦敦，或者位于各省的城市与乡镇。这样的法庭如此之多，他们的结构与规则如此不同，所以，布莱克斯通甚至没有尝试进行详尽的描述。

这样，仅仅在英格兰本土，据布莱克斯通所言，在他写作的时候，也就是说，在 18 世纪后半叶，存在着二十四种类型的法庭，其中有几种被进一步划分为不同的次类型，每一种都具有它自己的单独特征。如果我们排除掉已经明显不再运作的那些类型，依然存在十八或二十种。

现在，如果我们考察这种司法体系，我们很容易发现，它包含各种缺陷。

尽管存在多样的法庭，这个体系却缺少坐落在公民附近并且以低成本裁决微小的地方案件的低级法庭，所以，这种司法体系是笨重和昂贵的。同样的案件常常在几个法庭的管辖权之内，这样，对于诉讼的初审，造成了不确定的麻烦。几乎所有的上诉法庭都可以听取某些初审案件，其中一些是普通法法庭，而其他一些是衡平法庭。上诉法庭相当多样。这种体系中唯一的中心点是上议院。行政案件没有从普通案件中区分出来，我们的大部分法律专家认为这是这种体系的一个重大缺陷。最后，所有这些法庭从四种不同的法律实体中获取判决依据，其中一种完全以判例为基础，而另一种，衡平法，根本没有精确的基础，由于它最经常的目的是抵消习惯法或者成文法。其思路是，在司法中引入任意性，可以矫正习惯法或成文法中过时的或者过于严苛的东西。

因此，这种体系有许多缺陷，并且如果我们将庞大的、古老的英国司法机器同我们现代的司法体系结构加以比较，将后者中明显的简单、连贯与逻辑同前者中的复杂与不连贯加以比较，那么，英国体系的缺陷看起来还要更大。然而，世界上没有一个国家像英国一样，司法的重大目的得到了完全的实现，在布莱克斯通的时代，这就已经是事实了。每个人不管其地位如何，无论他要起诉个人还是君主，他都可以肯定获得一种申诉机会，他的财产、自由和生命都可以得到安全的保障，任何一种法庭体系在这些方面都比不上英国：这就是我所说的司法的重大目的。

这并不意味着英国司法体系的缺陷有助于这种重大目的。它只是表明，在任何司法组织中，有些微小的缺陷只会适度地妨碍这种重大的目的，也有许多更为严重的缺陷不仅会妨碍而且会否定这种目的，即使它们和许多更小的德行相联系。一种法律体系的微小缺陷更容易发现。它们是一些通常最先惊动粗鲁无文的头脑的缺陷。如谚语所云，它们一目了然。更大的缺陷常常更为隐蔽，法律学者或者其他专业人士并不总是能够发现它们并且指明它们。

此外，请注意，特定品质更为重要还是更不重要，依赖时间与社会政治组织。在贵族世代，也就是说，在不平等时代，任何倾向于减少某些个人的司法特权的事情，保护更弱小公民对抗更强大公民的事情，或者增加国家控制力的事情，如果它仅仅涉及两个臣民之间的争端事务，它本质上是公正的，它就会成为一种重要的美德，但是，这些事情的重要性随着社会状态和政治体制变得更加民主而降低了。

如果人们将这些原则牢记于心，研究英国的司法体系，就会发现，海峡对岸我们的邻居虽然容忍了有时为英国司法带来费解、笨重、缓慢、昂贵和不便的无数缺陷，却采取了无数的措施确保，强者从来不能通过牺牲弱者而得利，或者，国家从来不能以个人为代价而获利。当人们更深入地挖掘英国法律的细节时，就会发现，每个公民都被给予各种武器来保护自己，各种事情的安排都是为了提供给个人最大数量的反对（狭隘意义上的）司法不公和腐败的保障，也是反对更常见的腐败形式的保障，这种腐败形式在民主时代肯定更为危险，法庭对于公共权威的屈从态度造成了这种腐败。

在所有这些方面，英国司法体系尽管依然包含无数微小的缺陷，看起来比我们的司法体系要优秀。诚然，我们的体系几乎没有任何这样的缺陷，同时，却不同样程度上拥有英国体系的主要德行。如果在个人之间发生争端时，就我们的体系所能提供给每个公民的保障而言，它是优越的。但是，它在一个方面是软弱的，而这个方面在一个像我们这样的民主社会中总是需要强化的，这个方面就是，提供给个人的反对国家的保障。

第 157 页，第 14 行

巴黎地区所享有的好处

如同在税务征收方面一样，这个地区在政府慈善方面也享有尽可能多的好处。一个例子：来自财政总监致法兰西岛地区总督的一封信，日期为 1787 年 5 月 22 日，告诉总督，国王已经把用于巴黎地区的慈善工程的金额确定为一年 172,800 里弗。另外的 100,000 里弗被留出来用于购买送给农民的牲口。这封信清楚地表明，由总督单独分配 172,800 里弗的金额，这符合由政府传达给他的一般规则，也是基于财政总监同意给予他的分配权。

第 157 页，第 39 行

旧制度的政府行使着在不同时期所设立的广泛权力，通常是为了满足财政
需要，而不是政府本身的需要。这些权力有时是重叠的。只有各种权力中的每一
种权力被相对节制地运用或者根本不运用，混乱与冲突才能够被避免。一旦觉得
需要克服这种停滞状态，各种权力就会进入冲突状态，并且彼此纠缠在一起。因
此，对于复杂的行政机器和混乱的职责的抱怨，在大革命即将爆发前的岁月里比
三十或四十年前更为尖锐。政治制度没有变得更糟。相反，它们得到了极大的改
良。但是，政治生活变得更加活跃了。

第 162 页，第 14 行

任意的增税

国王在这里对于军役税所说的话，他本来可以以更大的正当理由对二十分之
一税来说，我们可以从下述通信中加以判断。在 1772 年，财政总监泰雷决定为
图尔地区在二十分之一税上大幅增加 100,000 里弗。我们可以从一封密信中看到
杜·克吕泽尔先生——一位能干的行政官和体面的人因为这种措施所引起的痛苦
与尴尬。在这封信中，他写道："或许是因为轻易地征收了 250,000 里弗（以前的
增税），导致了这种残酷的增税决定和今年六月的来信。"

在同一时间税务总管致这位总督的一封高度机密的信件中，他说道："如果
考虑到普遍的痛苦，你依然认为所要求的这种增税就像你曾友善地向我指出来的
一样，是令人厌恶和反感的，那么，对于该省（如果没有你的慷慨精神的话，它
就没有捍卫者和保护人）可取的是，你至少可以让它免除附加税，这总是一种令
人讨厌的追溯性的征税。"

这封通信也揭露出任何基本程序的完全缺乏和（甚至以最好的意图）增税的
任意性。无论是总督还是大臣，都想把附加税的负担从工业转移到农业，或者，
在一些情况中，转移到这种（比如葡萄种植业）而不是那种农业，端赖他们判断，
工业或者农业的某一分支需要救济。

第 163 页，第 37 行   258

在一篇王室声明的前言中，蒂尔戈是如何谈到农村人民的

"在整个王国的许多地方，"他写道，"农村社区由贫穷的、无知的和粗野的
农民组成，他们无法实行自治。"

在旧制度的鼎盛时期，大革命的理念如何在人们的头脑中自然地萌芽

在 1779 年，一位律师向御前会议请求一项命令，恢复在整个王国对于稻草的限价令。

在 1781 年，一位总工程师写信给总督，要求一项补充性赔偿："请愿者似乎没有意识到，我们给予的赔偿对于图尔地区是一种特殊的恩惠，对于人们的一部分损失得到弥补，他们应该相当高兴。如果要根据请愿者所指出的方式进行补偿，400 万里弗也不足以弥补这笔费用。"

由于这种繁荣，大革命没有发生，但是，这种将要产生大革命的精神——活跃的、无休止的、睿智的、创新的、野心勃勃的精神，新社会的民主精神——已经开始激发所有事物，并且在马上将社会翻天覆地之前，已经强大到足以激发它和发展它。

1787 年各种行政权力的冲突

这样一种例子：法兰西岛的省议会中的临时委员会宣称对贫民院拥有责任。总督想坚守他自己的责任，他写道："因为贫民院不是由省资金所维护的。"在争议期间，临时委员会向其他省的临时委员会写信寻求建议。在对于它的疑问的回应中，我们找到有一份来自香槟省的临时委员会，它告诉法兰西岛的委员会，它也面对着同样的挑战，并且，它也曾对抗过。

在法兰西岛的第一届省议会的会议记录中，我找到来自一个委员会秘书的这句话："迄今，理事的职能所带来的是辛苦而非荣誉，对于任何拥有财富和与其地位相配的教育的人而言，这些职责肯定会让他们灰心丧气。"

（附属于本卷一些段落的注释）

根据当时的封建法律专家的研究，在大革命的时代依然存在的封建权利

在这里写一篇有关封建权利的论文或者调查它们是如何起源的，这不是我的目的。我只是想指出，它们中的哪些在 18 世纪依然运作。这些权利在当时扮演如此重要的角色，并且一直在那些不再受它们之苦的人们的想象中保持着影响，所以，我认为，发现当大革命将它们席卷一空之时它们的确切情形，将会相当有

259

趣。为了这个目的，我首先研究了一些庄园的土地手册或登记簿，选择那些时间最近的。这种方法不会得到什么结果，因为，尽管封建权利在整个封建欧洲都被相同的法律所支配，但是，它们存在无数的种类，在省与省之间有所不同，甚至在区与区之间也有所不同。因此，我认为，有可能大致得出我正在寻找的信息的唯一方法是下述方法。封建权利引起了许多类型的诉讼。这些争端的解决涉及，要发现这些权利是如何获得的，它们是如何失去的，它们的确切性质是什么，哪些只是因为一种王室许可就可以被征收的，哪些仅仅以一种私人资格为基础，哪些不需要正式的资格以地方习惯为基础甚至以长期形成的习惯为基础就可以被征收。最后，如果封建权利的拥有者想卖掉它们，他需要知道，如何评估它们的价值，每一种代表多少资本。所有这些方面影响到无数的金融利益，常常引起争议，整个封建律师阶层存在的唯一目的就是阐明它们。其中一些律师在 18 世纪下半叶就这个主题而写作，在大革命逼近时一些人依然在写作。他们不是本来意义上的法律学者，而是从业者，其唯一目的是向其他专业人士解释在这个特别专业化的和相当乏味的法律领域要遵守什么规则。

如果我们仔细研究了这些封建律师的著作，我们就可以开始对于一个主题形成一种相当全面和准确的认识，这个主题乍看起来因为其内容庞杂和难以理解而让人吃惊。在接下来的篇幅中，我将就我能够学得的东西给出最为简洁的概括。这些注释首先立足于埃德姆·德·弗雷曼维尔（Edme de Fréminville）的著作，他大约 1750 年写作，还有勒诺东（Renauldon）的著作，他在 1765 年写下了《论封建权利的历史与现实》（Traité historique et pratique des droits seigneuriaux）。

土地税（cens）（在封建法之下同某些土地的拥有相联系的在实物和现金上的永久性缴纳）在 18 世纪依然深刻地影响到许多土地拥有者的境况。土地税是不可分割的，这意味着，全部数额可以向拥有应缴纳土地税的不动产的几个人中的任何一个人征收。它总是不能灭失的。缴纳土地税的财产的拥有者如果没有经过**审查性撤销**（retrait censuel）就不能把它卖掉，就是说，这个选项是，允许土地税的所有人以待售的价格拥有这项财产。然而，除了在某些习惯性法典中，这项特权已不存在了。巴黎的习惯法得到了最为广泛的认可，它不允许这种特权。

土地转让金（Lods et ventes）。在习惯法地区，它是一项普遍的做法，任何缴纳土地税的不动产的售卖都会产生土地转让金：这些是由于不动产的出售而支付给领主的金额。支付的数额根据习惯法的类型而变化，但是，它在所有地方都是可观的。同样的义务也存在于成文法地区，在那里，它们被称作转让金

（Lods），通常达到售价的六分之一。在这些地区，它有利于领主确立起自己的权利。在这两种类型的地区，土地税创造了一种对于地主来说优先于所有其他权利的权利。

田租（Terrage or champart, agrier, tasque）。这是在缴纳土地税的不动产上交给领主的一部分收成。数量根据契约或习惯而有所变化。它的征收在 18 世纪依然相当常见。我相信，即使在习惯法地区，为了征收田租总是需要一种资格。田租立足于人身上或者土地上对于领主的义务。具体判断条件在此不值得探讨。记住这一点就足够了：以土地为基础的田租三十年后就丧失了，就像地租一样，而以人身义务为基础的田租是不可消灭的。缴纳田租的土地如果没有领主的同意就不能被抵押。

博尔德税（Bordelage）。这项义务仅仅在尼韦内和波旁奈依存在，涉及每年
261 现金、谷物或者家禽的缴纳，根据缴纳土地税的被继承的土地而缴纳。这种义务具有非常严厉的后果。三年内不能缴纳导致**没收**（commise），或者领主对不动产的罚没。此外，一个在博尔德税上欠债的人在其不动产上要遭受许多限制。有时，即使合格的继承人存在，领主也可以继承这项不动产。这种契约在封建法中是最为严厉的，判例最终把它限制在农村财产中，"因为农民就像骡子一样，总是愿意接受任何负担。"据我们的法律权威所言。

马尔西税（Marciage）。这是一种在非常少的地方征收的一种特殊义务，来自土地的拥有者或者缴纳土地税的不动产，直到不动产的领主自然死亡后才不用缴纳。

封建什一税（Feudal tithes）。在 18 世纪，依然存在许多封建什一税。它们一般是一项契约义务的结果，而不是领主对于土地的所有权的一种自动的后果。

帕尔西税（Parcière）。它们是根据一项不动产的成果来征收的义务。它们和**田租**（champart）或封建什一税相当相似，主要在波旁奈依和奥弗涅使用。

卡尔帕（Carpot）。它在波旁奈依出现，针对葡萄园，而田租针对其他可耕作土地，即一种针对一部分收成的权利。它达到葡萄收成的四分之一。

从属制（Servage）。"从属的惯例"是依然带有某些农奴制踪迹的权利术语。它们并不是很多。在这种惯例得以实施的省份，很少有土地不带有一些这样的痕迹。（这些写于 1765 年。）从属制，或者按照作者的称呼，**奴役制**（servitude），或者针对**人身**，或者针对**不动产**。

人身奴役制内在于个人，追随他到所有地方。无论农奴到了哪里，无论他在

哪里拥有积蓄，领主都可以作为自己的剩余权利（residual due）而要求得到它们。这些法律权威提到了一些判决，确立了这种权利，包括 1760 年 6 月 17 日的一项判决。在这项判决中，法庭驳回了尼韦内领主对于皮埃尔·特吕谢的地产的权利要求，特吕谢死在巴黎。这个特吕谢是受到尼韦内领主的习惯法约束的一个农奴的儿子，这个农奴在巴黎和一个自由人妇女结婚，像他的儿子一样，死在那里。但是，这项判决显然立足于这样的事实：巴黎是一个避难所，在这里，领主对于他的前农奴的儿子的剩余权利并不适用。尽管避难所的权利阻止这个领主攫取他的农奴在避难所的财产，它并不能阻止他继承农奴保留在他的领地范围内的任何财产。

262

不动产奴役制是一种土地拥有的结果，如果相关土地被退出或者拥有者移居到另一其他地方，就可以终止。

义务劳役（Compulsory labor service）。它被称作劳役（lacorvée），是领主对于他的臣民的一项权利，可以让他为了自己的利益在一定的天数内使用他们的劳力或者牛和马。服务天数由领主任意规定的专断劳役已经被完全废除了。义务劳役长期以来已经被减少到每年一个固定的天数。

义务劳役或者针对**人身**，或者针对**不动产**。人身劳役由居住在领主领地内的从事手工劳动的人们所承担，每个人根据其手艺而承担。不动产劳役同某些种类的财产的拥有联系在一起。贵族、教会、教士、法庭官员、律师、医生、公证人、银行家和显要应该被免除义务劳役。作者引用了 1735 年 8 月 13 日的一项判决，它豁免了一个公证人的强制劳役，这个人居住在一个领主的领地内，他的领主想要他花费三天时间为自己免费准备和地产有关的契约。另一项 1750 年的判决宣布，当劳役义务可以通过个人在场或者现金支付的形式来履行的时候，选择被留给有义务履行劳役的人。每一项义务劳役必须由书面文件做出证明。领主劳役到了 18 世纪变得相当稀少。

磨坊税（Banalités）。佛兰德斯、阿图瓦和艾诺是唯一免除磨坊税的省份，这是一项领主对其领地内的磨坊、面包炉、榨油机和其他类似设备的垄断权。巴黎的习惯法在这个方面非常严格，禁止没有一项明确的资格而要求这项权利。任何居住在磨坊税权利范围内的人都要缴纳它，在大部分情况中包括贵族和牧师。

除了同面粉磨和烤炉有关的磨坊税，还有许多类型的磨坊税：

1. 工业作坊磨坊税，包括同衣服、软木和棕榈制作有关的磨坊税。这项权利被安茹、曼恩和布列塔尼的习惯法所承认，还有其他省份。

2. 葡萄酒榨汁机磨坊税。很少有习惯法提到它，但它在洛林和曼恩得到承认。

3. 公牛磨坊税。没有习惯法提到它，但是存在确立这样一种权利的资格。屠宰动物的屠宰行为也会缴纳一项磨坊税。

一般而言，不太重要的磨坊税，像在这里所探讨的这些权利一样，更为少见，比其他权利更少得到接受。只有被一项非常明确的习惯法条款所确立，它才被承认，如果没有这种条件，也只能被一种非常特殊的资格所确立。

葡萄采摘税（Ban des vendanges）。这是一笔针对葡萄收获的收费，在 18 世纪的整个王国依然实施。它是一种同领主的司法权力联系在一起的纯粹的监管性费用。享有这种权力的领主不需要明确的资格就可以向所有应该缴纳的人征收这种费用。勃艮第的习惯法允许领主有权比任何其他葡萄园拥有者先一天收获自己的葡萄。

葡萄酒权（Droit de banvin）。据法律权威所言，不管是根据习惯法还是明确的资格，有许多领主要求有权利比任何其他人提前一个时间段（通常一个月到四十天）卖掉来自他们庄园的葡萄酒。在最为重要的习惯法中，只有图尔、安茹、曼恩和拉马什的习惯法确立和调整这种权利。由税务法庭（Cour des Aides）于 1751 年 8 月 28 日所签署的一项判决确立了一项豁免权，授权酒馆经营者在葡萄酒权实施期间出售葡萄酒，但只能卖给外国人。而且，它必须是领主的葡萄酒，由来自他的领地的葡萄做成。确立与调整葡萄酒权的习惯法通常要求，它必须立足于明确的资格。

放牧权（Droit de blairie）。这是一种属于拥有高级司法权力的领主的权利。如果他的领地上的居民要在他的司法权力所支配的土地上或者空闲的草地上放养他们的家畜，他可以给出许可。这种权利并不存在于成文法地区，但是，在习惯法地区它相当普遍。人们发现，它尤其以各种名称存在于波旁奈依、讷韦尔、奥弗涅和勃艮第。其基本假定是，所有土地最初是领主的财产，所以，在以地租为交换，把领地最好的土地、缴纳土地税的土地和其他权利加以分配后，他保留了草地，可以有权批准对它的临时性占有。放牧权在几个习惯法中被确立，但仅仅拥有高级司法权力的领主才可以要求拥有它，并且需要一种明确的资格，或者需要有由长期占有所支持的书面证据。

通行费（Tolls）。据作者所言，最初，存在大量有关桥梁、河流和道路的领主通行费。路易十四清除了许多这样的通行费。在 1724 年，一个委员会得到任命，考察所有通行费资格，它清除了其中的 1200 项；更多的通行费随后每天（1765 年）都在被废除。在这个方面，勒诺东告诉我们，征收的第一项原则是，一项通行费，作为一种税收，不应该以一种头衔为基础，而应该以一种来自主权者的权利为基础。这样的权利拥有的敬词是"奉国王之命"。通行费权利附有每一种商品所缴纳的费用清单。这个关税清单总是必须得到御前会议的法令的批准。据作者所言，除非以后的拥有没有间断，否则，资格的授予无效。尽管有这些法律措施，某些通行费的价格在现时代得到了大幅度的增长。作者说，他发现一种通行费一个世纪前以 100 里弗出租，但是在他写作的时代售价为 1400 里弗。另一项通行费，以 39,000 里弗出租，售价为 90,000 里弗。调整通行费权利的主要法律和敕令是 1669 年法令的第 29 条和 1683、1693、1724 和 1775 年的敕令。

我正在引用的作者，尽管一般来说相当赞成封建权利，也承认，在通行费的征收中有极大的弊端。

渡口费（Ferries）。渡口费的权利同征收通行费的权利明显不同。后者仅仅涉及商品，而前者涉及人们和动物。这种权利如果没有国王的授权就不能被行使，所征收的费用由确立或者授予这种权利的御前会议法令所确定。

莱德权（leyde）（它还有各种其他名称，依地点而定）。这是一种对运送到集市或者市场上的商品所征收的税收。根据我正在引用的封建法专家所言，许多领主把这种权利视为高级司法权力的伴生物，并认为它纯粹属于领主，但是，他们错了，因为它是一种必须被国王授权的税收。不管怎样，它是一种仅仅由拥有高级司法权力的领主所行使的权利，他们从对地方规章的违背中征收应得的罚金。尽管莱德权利理论上只能来自国王，实际看起来，它常常只是以一种封建资格和长期享有为基础。

无疑，集市没有王室的授权就不能够建立。

一位领主不需要特殊资格或者王室授权就可以行使这样的权利：决定在他的领地范围内他的附庸在集市和市场上不得不使用的度量衡。习惯法和连续的拥有就足以确立这种权利。据我们的作者所言，希望在此时或彼时建立统一的度量衡的各个国王都失败了。事态依然保持着习惯性法律被采纳时的样子。

路权（Roads）。由领主对于道路所行使的权利。

主要的道路，被称作国王的公路（highways），实际上是君主的财产。它们的建设与维护，还有对于在它们之上所犯罪行的管辖，在领主及其法官的管辖权之外。至于一个领地范围内的私人道路，没有人否认，它们属于具有高级司法权

265

力的领主。这样的领主保有和道路的建造、维护以及管理有关的所有权利，他们的法官对于在道路之上所犯下的所有违法行为具有管辖权，除了刑事案件。领主一度对于穿过他们领地的公路承担维护责任，为了补偿他们的这种维护成本，他们被给予征收**通行费**（péage）、**划界费**（bornage）和**穿越费**（traverse）的权利。然而，后来国王重新收回了对于公路的全部收费。

水运权（Waters）。所有**可航运**和**可通航**的河流属于国王，即使它们流经领主的土地，尽管存在任何相反的权利（1669 年的法令）。如果领主征收捕鱼、磨坊、渡河、桥梁等费用，他必须根据由国王签署的权威许可才可以这样做。有一些领主继续声称拥有对于河流的司法与管理权利，但是，只能作为一种明显越权的结果或者对权威许可曲解的结果。

属于领主并且流经其土地的小河的权利是无可争议的。在这些溪流上，领主享有财产、司法与管理权利，同国王在可航运河流上所享有的权利相同。除了被授予的高级司法权力，他们不需要任何资格就可以保证这种所有权。一些习惯法，比如贝里的习惯法，允许私人不经领主的批准建造由属于领主的河流供给能量的磨坊，但河流必须流经由相关个人所拥有的不动产。布列塔尼的习惯法仅仅把这种权利给予某些贵族。毫无疑问，在一般法律中的规定是，只有领主有权利允许在他们的司法权力范围内建造一座磨坊。没有领主的法官的许可，没有人可以在领主的河流上筑坝，即使是为了保护他自己的财产。

有关泉水、水井、亚麻湿坑、池塘的权利（Fountains, wells, flax-wetting pits, ponds）。从公路上流下来的雨水属于拥有司法权的领主，对于它的使用具有专属权。拥有司法权的领主可以在他的司法权范围内的任何地方建造一座池塘，甚至在属于他的臣民的不动产上，前提条件是他已经为所淹没土地付款。这是某些习惯法的一条特殊条款，包括特鲁瓦和讷韦尔的那些习惯法。私人只能在他们自己的土地上建造池塘。即使这样，某些习惯法还要求拥有者获得领主的批准。要求领主批准的习惯法坚称，如果得到许可，它就是免费的。

捕鱼权（Fishing）。在可航运和可通航的河流上的捕鱼权专属于国王；只有他能够把这些权利授予他人。只有他的法官有权利审判和捕鱼有关的违法行为。然而，有许多领主享有在这些种类的河流中捕鱼的权利，但是，它或者是被国王授予的，要不然是被侵夺的。至于非航运的河流，如果没有来自对溪流流经的区域具有高级司法权力的领主的批准，在其中捕鱼是不被许可的，即使使用手钓。1749 年 4 月 30 日的一项判决宣告一个渔民犯下了这种违法行为。此外，甚至领主也要遵守一般的捕鱼规章。拥有高级司法权力的一个领主可以批准在其河流中捕鱼的权利，或者作为一项封赏，或者以土地税（租金）为交换。

打猎权（Hunting）。不像捕鱼权，打猎权不能被出租。它是一种人身权利。一些人坚称，它是一种王室权利，甚至贵族也只能在他们的司法权范围内或者封地内，并且只能以国王的批准得以使用。这种信条在 1669 年法令的第 30 章中得到了详尽解释。领主的法官对于所有涉及打猎的违法行为具有管辖权，除非是那些和"红毛动物"（我相信，它指的是大型动物，比如鹿，包括公鹿和母鹿）的打猎有关的行为，它们属于刑事案件。

打猎权同其他任何权利相比，更为强烈地排斥平民。它甚至排斥不自由保有土地的平民。它并不在由国王所批准的恩惠中。这项原则如此严格，以至于一个领主甚至不能授予打猎的许可。在这个方面的法律非常严格。然而，领主不仅给予贵族也给予平民打猎许可，相当常见。一个拥有高级司法权的领主可以在他的司法权范围内的任何地方打猎，但只能一个人。在这个范围内，他有权利随他所愿对打猎行为施加任何规章、限制与禁令。任何拥有封地的领主，即使没有司法权力，也可以在他的封地范围内打猎。既没有封地甚至也没有司法权力的贵族也可以在他们居住地附近属于他们的土地上打猎。一个法庭认为，在一个高级司法区拥有一个公园的平民必须应领主所愿开放那个公园，但是，这项判决非常古老；它的日期是 1668 年。

养兔场权（Rabbit warrens）。在作者写书的时候，如果没有一项权利，就不能建立养兔场。平民和贵族都可以保有养兔场，但只有贵族才能养育雪貂。

鸽舍权（Dovecotes）。某些习惯法将保有鸽舍的权利只给予拥有高级司法权力的贵族；其他习惯法同意将其给予任何封地的拥有者。在多菲内、布列塔尼和诺曼底，平民被禁止拥有鸽舍、鸽笼或鸟笼；只有贵族可以养殖鸽子。杀死一只鸽子的惩罚相当严厉，常常包括体罚。

据我正在引用的作者所言，这些就是在 18 世纪后半叶依然有效的主要封建权利与义务。他们写道："迄今，我们只是探讨了一般性的既定权利。存在大批其他权利，不太为人所知和使用不太广泛，仅仅存在于少数习惯法中，甚至仅仅存在于少数领地，凭借特殊资格而获得。"被作者提及和命名的少见的和有限的权利在数目上有 99 个，大部分直接同农业有着非常密切的联系，它们给予领主某些在收成上的权利，或者在运输和食品销售上确立通行费的权利。作者们说道，有几项权利在他们在世时就已经被废弃了。然而，我认为，它们中的相当数目 1789 年时在少数地方还在征收。

根据当时的封建法专家，在研究过 18 世纪依然有效的主要封建权利的状况后，我想知道它们在时人眼中价值几何，包括那些从中得到收入的人和那些被迫缴纳的人。

我正在探讨的一位作者勒诺东提供了这种信息；他在提供这种信息时告诉了我们，当律师在评估 1765 年（就是大革命之前的第 24 年）依然存在的封建权利时，被赋予评估地产清单任务的律师必须遵守什么规则。据这位律师所言，这些就是在这个领域必须遵守的规则。

司法权力（Rights of justice）。"我们的一些习惯法，"勒诺东写道，"根据土地收入的 1/10 来评估高级的、低级的和中级的司法权利。领主司法在当时非常重要。埃德姆·德·弗雷曼维尔认为，现在，司法权利只应该根据来自土地的收入的 1/10 来评估。我认为这种评估依然太高。"

荣誉权利（Honorific rights）。不管这些权利是多么的宝贵，勒诺东，一位非常务实的研究者，并没有对表面现象过度强调，坚持认为，一位谨慎的专家应该为它们确定一种稍低的价格。

领主劳役（Seigniorial labor services）。作者给予了评估这些服务的价值的规则，这表明，它们在一定程度上还被使用。他把一头公牛的价格确定为每天 20 苏，一个劳动力 5 苏，加上食物。对于 1765 年的工资水平，这给予了我们一种相当明确的认识。

通行费。在评估通行费时，作者说："没有什么领主权利比通行费更应该确定一种较低的价格。它们具有高度多样性。由于对于贸易非常有用的道路与桥梁的维护现在是国王和行省的责任，许多通行费今天没有任何目的，更多的每天都在被废除。"

捕鱼与打猎权利。捕鱼权利可以被出租，因此可以接受专家估值。打猎权利纯粹和人身有关，不能被出租。因此，它们被当作荣誉权利，而不是金钱权利，不应该被包括在专家估值中。

作者然后探讨了磨坊税、葡萄酒权、莱德权和放牧权等权利，他表明，这些权利在所有权利中是最常行使和最为重要的。他补充道："还有相当多的其他领主权利，人们依然有时会遇到，如果在这里并非不可能对它们加以列举，那也是乏味的。然而，从我们已经给出的例子中，聪明的专家能够确定评估我们正在探讨的权利的规则。"

对于土地税的估值。大部分习惯法根据土地收入的三十分之一评估土地税。这种较高估价的原因是，土地税不仅仅代表着本身，而且还代表着根据收入比例来计算的其他权利，比如土地转让金。

封建什一税、田租。封建什一税是根据最少百分之四的土地收入来估价的，因为这是一项不需要照管、劳动或者金融支出的资产。当田租带有土地转让金时，也就是说，当一块承担这些义务的田地如果不向对其有直接权利的领主支付一笔转让费就不能被卖掉的时候，这种可变收益的价值就降低到三十分之一；否则，它要和什一税一样估价。

地租（Ground rents）如果不能带来土地出让金或者扣除（retenue）时（就是说，它们没有领主地租时），要根据土地收入的百分之五来估价。

在大革命前对于法国各种财产控制形式的估价

作者说，法国仅仅承认三种类型的不动产：

1. 自由保有（Freehold）。这是自由的占有权，被免除所有的收费，不承担任何领主义务或权利，不管是金钱权利还是荣誉权利。

存在贵族自由保有和平民自由保有。贵族自由保有或者拥有司法权利，或者拥有从属于它的封地，或者拥有应该以土地税形式缴纳地租的相关土地。在遗产的分割方面它受到封建法的支配。平民自由保有既不拥有司法权力，也不拥有从属于它的封地，也不拥有缴纳土地税的所属土地，它的遗产划分受到管理平民的法律的支配。对于作者而言，只有自由保有者享有完全的土地所有权。

对于自由保有不动产的估价。它应该尽可能地高估。奥弗涅和勃艮第的习惯法将其确定为百分之二点五。作者相信，百分之三点三或许是准确的。

应该注意到，坐落在领主司法管辖权范围内的平民自由保有物也要接受这样的估价。这不是一种对于领主的从属形式，而是一种对取代了国家法庭管辖权的管辖权的服从。

2. 第二种不动产类型是作为封地的不动产。

3. 第三种不动产类型是缴纳土地税的不动产，或者根据法律用语，是普通保有物。

对作为封地的不动产的估价。估价根据不动产所承担的封建权利的比例而降低。

1. 在成文法地区以及几个习惯法地区，封地只应承担"手和口"，就是对领主的效忠。

2. 在其他习惯法中，封地除了拥有手和口所表示的效忠，还是被称作"不稳定的"（**危险** de danger）的东西，像在勃艮第一样，而且如果拥有者在占有时没有发过誓言并向领主效忠，还要承担**没收**（commise）或者封建剥夺的危险。

3. 其他的习惯法，比如，巴黎和好多其他地区的习惯法，不仅要求封地在购买之时接受宣誓与效忠义务，而且还要承担被称作**五分之一税和又五分之一税**（quint and requint）（分别是五分之一和二十五分之一的比例）的税收。

4. 在其他比如波瓦图和少数其他地方的习惯法中，封地要接受**效忠罚金**（chambellage）的义务——在做出效忠誓言时的一种现金支付，还有应要求提供马匹的义务。

270　　第一种类型的不动产所评估的价值比其他三种更高。

巴黎的习惯法将其估价确定为百分之五，在作者看来是合理的。

对普通保有的承担土地税的土地的估价。为了实现这种估价，最好考虑这种类型土地的三种等级。

1. 只承担土地税的不动产。

2. 除了土地税还承担其他奴役的不动产。

3. 属于**不可转让的**（mainmorte）不动产，承担实物的军役税，或者博尔德税。

在这三种普通保有形式中，第一种和第二种在 18 世纪相当常见；第三种少见。作者建议，当人们从第一种转向第二种尤其第三种时，评估的价值应该降低。拥有第三种等级的不动产的这些人实际上甚至不是真正的所有者，因为他们不经领主的同意就不能出售。

地籍册。根据前面所引用的封建法专家的论述，有一些在设立和修改地籍册时要遵守的规则，这是我在正文中几处提到过的封建土地登记簿。众所周知，每一块领地都有一本地籍册，记录了一些资格，这些资格是同领地有关的各种权利的基础，不管是财产的权利，或者荣誉的、不动产的、人身的或者混合的权利。它包括对土地税缴纳者、领地习惯法、租约等的宣布。据我们的法律权威所言，在巴黎的习惯法中，领主可以每三十年由土地税缴纳者出资对地籍册进行修正。可是，他们又补充道："然而，如果你看到每个世纪修正一次，会相当幸运。"地籍册的修正对于领地管辖权之下的每个人而言是一种麻烦，如果没有来自（如果领地坐落在不止一个高级法院的管辖范围之内）御前大法官的或者高等法院的授权就不能够进行；这种授权被称作**地籍册令**（letter à terrier）。法庭任命一个公证人。所有附庸、贵族，还有平民、土地税缴纳者、承租人和其他接受领地管辖的人必须来到这个公证人面前，一幅领地地图必须被插入地籍册中。

除了这种地籍册，领地还保留着另一种登记册，被称作**利埃夫**（lieve），在其中，领主和他的承租人记录了来自土地税缴纳者的金额，还有他们的名字和付款日期。

附录 1

论三级会议各行省，尤其朗格多克

在这里，详细地考察大革命时期依然存在的各个三级会议行省的活动状态，不是我的目的。

我仅仅希望指出它们的数目，并且认出那些保持着活跃的地方生活的三级会议行省，描述它们同王室行政机关之间的关系，在哪些方面，它们背离了我在前面所解释过的共同规则，在哪些方面它们没有背离，最后，通过将它们中的一个行省作为例证，表明所有这些行省的可能趋向。

三级会议一度存在于大部分法国的行省。换句话说，每个行省在王室政府的帮助下，如人们过去所言，由"三个等级的人民"所管理。这种说法应该理解为，它是一个由教士、贵族和资产阶级的代表所组成的议会。这种行省政体，像其他中世纪的政治制度一样，几乎在欧洲的所有文明地区，至少在所有受到日耳曼民情与思想影响的那些地区中找得到，它们具有同样的特征。在许多日耳曼邦国中，三级会议一直持续到法国大革命。只是在 17 和 18 世纪中，它们才消失了。在两个世纪中，各个地方的君主对它们发起了战争，有时偷偷摸摸，有时光明正大，但是没有间断。他们不会根据时代的进步致力于改良这种制度。他们宁愿摧毁它，如果别无良策，就扭曲它。

到了 1789 年的法国，三级会议还仅仅在五个幅员不等的省存在，也在几个微不足道的小区存在。除了两个省布列塔尼和朗格多克外，没有真正的省自由可言。在其他所有地方，这项制度已经完全丧失其气概，仅仅虚有其表而已。

我将朗格多克作为一个例子，加以更密切的考察。

朗格多克是最大的和人口最多的三级会议行省。它拥有两千个村社（communes），或者，根据当时的说法，两千个"社区"（communities），自夸拥有几乎两百万人口。此外，它也是三级会议行省中最有组织的、最繁荣的以及最大的行省。朗格多克在这些地区中，保持着最强大的省自由，所以，它可以作为一个优良的研究范例，以便考察在旧制度下省自由的状况，和在何种程度上它要从属于王室权力。

在朗格多克，三级会议只有根据国王的公开命令，并且只在每个成员收到一封同意开会的个人信件后才能够召开会议。因此，当时的一位反政府人士评价道："在构成我们的三级会议的三个团体中，其中一个团体——教士是由国王任命的，他选择那些拥有主教职位和圣俸的人，另两个团体实际上也是由国王选择的，因为，来自宫廷的一纸命令就可以禁止国王希望排除的任何成员开会。没有必要流放或者审判这个人；只要不邀请他就足够了。"

无论是开会还是散会，三级会议都要根据国王选定的特定日子。御前会议的命令可以将每次会议的通常会期确定为四十天。国王在议会中被专员（commissioners）所代表，专员总是有权利请求出席会议，并负责陈述政府的愿望。此外，三级会议在严格的监督下运作。它们不能做出任何重要的决策，或者颁布任何种类的财政措施，除非是它们的考虑被一项御前判决所批准。一项税收，一笔贷款，或一桩诉讼，必须国王明确的许可。它们所有的一般规章，包括那些管理自己会议的规章，在生效之前必须得到批准。所有的支出和收入，今天被称作预算，每年要接受检查。

此外，中央政府在朗格多克像在任何其他地方一样，行使同样的政治权力。它决定颁布的任何法律，它不断发布的任何一般规章，它决定采取的任何一般措施，在这里像在**财政区行省**一样，得以适用。它也行使政府的所有本来职能。它像在任何其他地方一样，使用同样的警察和同样的官员。像在所有地方一样，它时常会设立一批新的官员，该省被迫以大量花费购买这些官员的职位。

朗格多克像其他行省一样，由一个总督所统治。这位总督在每个区

189

拥有总督助理，助理同社区首领通信并指导他们的工作。就像在财政区省一样，总督行使行政监督权。甚至塞文山脉（the Cévennes）峡谷的一个最小的和最遥远的村庄不经来自巴黎的御前会议法令的批准，都不能做出最小的开支。行政法庭在朗格多克的司法体系中所占有的范围并不比法国其他地方更为狭小；的确，它们甚至更为广阔。总督对于和公路有关的所有事务有优先管辖权；他听取所有和道路有关的诉讼，一般而言，判决所有涉及政府的或者被认为涉及政府的案件。像在其他地方一样，政府在这里努力保护它的官员免遭他们所干扰的公民讨厌的起诉。

那么，朗格多克有什么特殊东西让它不同于其他行省，使它成为一个羡慕对象？三件事情足以让它完全不同于法国其他地方：

1. 由重要人士所组成的一个议会，他们享有居民的信任和王室政府的尊重。中央政府的任何官员，或者根据时人所说，"国王的任何官员"，都不属于这个团体。它每年开会，自由地和严肃地讨论本省的特有问题。仅仅这种开明团体的存在就足以保证，王室政府能够以一种非常不同的方式行使自己的特权，即使它使用同样的官员和拥有同样的本能，它却不再像国家其他地方的王室行政机关。

2. 在朗格多克，有许多公共工程是由国王及其代理人出资兴办的。其他一些工程由中央政府提供一部分资金和管理工程中的大部分工作。但是，大部分工程完全由本省提供资金。一旦国王同意设计和批准开支，工程就被三级会议选择的官员所管理，并被在议会成员中选择的专员所监督。

3. 最后，该省有权通过它所选择的方法，征收一部分王室税，并被允许这样征收它自己所设立的满足自己需要的所有其他税收。

我们将会看到，朗格多克从这些特权中可以得到什么好处。这是一项值得认真考察的事务。

有关财政区行省的惊人事情是，它实际上完全没有地方税。普通税常常具有压迫性，但是，这些行省几乎没有为自己花费分文。在朗格多克，相比而言，公共工程每年的花费是庞大的；在1780年，它超出了200万里弗。

有时，中央政府认为这样一种高水平的开支令人烦恼。它担心，该省会由于这样的活动而精疲力竭，不能履行它对于中央政府的义务。它批评三级会议不能节制他们的支出。我读过一篇报告，在这篇报告中，议会对这些批评做了回应。我从这篇报告中逐字摘录的内容将比其他任何东西能够更好地描绘出激发这个省政府的精神。

报告承认，该省的确计划和从事了大规模的公共项目。它没有为此而要求谅解，而是宣布，如果国王不反对，它会继续从事更多这样的活动。该省已经改善和清理了流经它的辖区的主要河流的河道，并且承担了延伸朗格多克运河的任务，这样就增加了穿越下朗格多克，经由塞特和阿热一直到罗纳河的新的河道，它开凿于路易十四时代但已不再够用。它使塞特港口适合商用，并且以相当大的支出加以维护。报告指出，所有这些开支更具有全国性质而非全省性质。然而，由于本省从工程中获利最多，接受了为此而付款的要求。它也正在排干埃格—莫尔特沼泽，使其再次适合农业生产。但是，道路是它的首要关注：它已经修建或改善了把它和王国其他部分连接起来的所有道路，甚至维修了省内仅仅连接城市与乡镇的那些道路。即使在冬季，所有这些各种各样的道路都维持在良好状态，同大部分附近省份包括多菲内、凯尔西和波尔多财政区（报告中所指出的一个财政区行省）崎岖的、粗劣的和养护不良的道路形成鲜明对比。在这方面，它引用了商人和旅行者的意见；它所提供的判断是正确的，阿瑟·扬十年后行经该地区时的一个评价可以作为证明："朗格多克，三级会议行省；良好的道路，不是以强迫劳动建造的。"

报告继续写道：如果国王不反对，三级会议还会采取进一步行动。他们将着手改善次要的道路，和其他道路相比，它们并非不重要，"因为，如果农夫的产品不能从他的仓库运往市场，它又怎么能够运送到更遥远的地方呢？"此外，"三级会议有关公共工程的信条总是这样：应该倚重的不是项目的宏伟而是它的功用。"河流、运河和道路让所有土地上与工业中的产品以低成本在所有季节运送到任何需要它们的地方，从而提高了产品的价值，并且让商业潜入本省的每个角落，这样，尽管它们具有成本，却让这个地区富裕起来。而且，如果这种工程能够明智地在本省的所有地区以一种大致同等的程度同时实施，就会在各处维持工资的稳定，并且可以帮助穷人。"国王不必像在法国其他地方那样，没有必要在朗格多克承担慈善工场的成本，"报告在结束时带有一种骄傲的语气，"我们不需要这样的恩惠。我们自己年年所从事的有益工程使得这种恩惠

191

没有必要，并且提供给每个人生产性岗位。"

朗格多克的三级会议在国王的许可下，但通常并不应他的要求，在留给它裁决的那些公共管理领域中，采取了一些措施。我越是研究这些措施，我就越是欣赏它们所展示出的智慧、公正与和善，越是觉得地方政府的方法优于由国王直接管理的地区所使用的方法。

该省被分为社区（城市和乡村），行政区（被称作"主教管区"dioceses），最后，还被分为三个大的地区（被称作**司法总督辖区 sénéchaussées**）。每个这样的区域也都有一个与众不同的代议机构和一个它自己的小型政府，政府在三级会议或者国王的指导下运作。如果公共工程涉及这些小型政治团体之一的利益，工程的实施只能应它们的请求。如果由社区所从事的工程可能有利于整个主教管区，主教管区应该对成本支出有所资助。如果司法总督辖区的利益得到满足，它也应该提供帮助。最后，假设工程是必需的，并且可以提高社区自身的能力，那么，即使只涉及它自己的利益，主教管区、司法总督辖区和该省都应该帮助它。就像三级会议反复所说的那样："我们的政体的基本原则是，朗格多克的所有地区都具有内在的联系，都必须不断地相互帮助。"

由本省所实施的工程需要长期的准备，并且希望对其加以资助的所有下属各级政府都应该对其进行认真的考察。只有在所支付的金钱到位后，它们才能够被实施。义务劳动闻所未闻。在财政区行省，我们已经看到，如果公共工程所占有的土地需要金钱补偿，这种补偿总是价格低廉或者姗姗来迟。当各省议会在 1787 年开会时，这是它们的主要抱怨之一。一些议会甚至抱怨，它们以这种方式的契约偿还债务的能力受到损害，因为被征用的不动产在它的价值被评估之前就受到毁坏和改变。在朗格多克，从业主手中所征用的每一片土地必须在工程开始之前进行认真的估价，并且**在工程的第一年内得到补偿**。

我已经从这些细节中找到朗格多克的三级会议用于公共工程的一些规则，这些规则的设计如此良好，所以，中央政府也赏识这些规则，尽管它并不模仿它们。国王的御前会议在批准这些规则的实施后，会让王室印刷厂印制一些复本，命令将这些复本分发给所有总督作为标准的参考。

我所说的有关公共工程的情况也更加适用于另一个并非不重要的省

行政活动：税务征收。尤其在这个方面，当人们在从王国来到行省时，难以相信依然是在同一个国家。

我在前面注意到，朗格多克征收与募集军役税的程序在某种程度上同我们今天所使用的征税程序是相同的。对于这个话题，在此我不想多说，但是我还要补充的是，该省在这个方面如此乐于优先使用它自己的方法，所以一旦国王设立一种新的税种，三级会议就会毫不犹豫地以重金买下以他们自己的方式并以他们自己的官员征税的权利。

虽然有我所列举的所有这些开支，朗格多克的事务处在如此良好的状态中，它的信用被如此牢固地竖立起来，以至于中央政府经常要依赖它，以该省的名义借款，连该省自己也不能获得同样优厚的借款条件。我发现，在君主政体的末期，朗格多克为国王担保了7320万里弗的贷款。

然而，政府及其大臣对于这些特殊自由的态度是暧昧不清的。黎塞留首先削弱然后废除了这些自由。懦弱和懒惰的路易十三无所喜爱，厌恶这些自由。据布兰维利埃（Boulainvilliers）说，所有的外省特权都让他感到恐惧，所以，只要一提到它们，他就火冒三丈。脆弱的心灵对于迫使它们努力的任何事情都会积累起仇恨，这种仇恨不可估量。心灵所残余的勇气都被用在这个方面，它们在这个方面几乎总是强大的，即使在其他方面虚弱不堪。幸运的是，朗格多克的古老政体在路易十四童年时代被恢复了。国王把它看作自己的事业，尊重它。路易十五暂停了它两年时间，但是，后来允许它重新恢复。

市政官员的设立让该省遭受了尽管不直接但也不小的危险。这项令人讨厌的制度不仅破坏了城市体制，而且还导致了省宪政性质上的改变。我不知道省议会中第三等级的代表是否曾是被选举的，但是，他们肯定在相当长时间内就不再是被选举的了。城市中的市政官员是资产阶级和人民的唯一合法代表。

只要城市是通过普选的方式自由地选出他们自己的官员，并且任期通常非常短，那么，即使缺少特别的授权，着眼于暂时利益而被授予的权利也会不太引人注意。那时，在三级会议内，市长、行政官或理事代表人民的意志，他们以人民的名义忠实地讲话，仿佛人们明确地为了这样的目的而选择了他们。显然，当一个人用自己的金钱购买了管理他的同胞公民的权利时，情况就并非如此。这样一个人只是代表他自己，至

193

多代表他的小集团的渺小的利益与激情。然而，那些通过拍卖购得权力的人如果还保留着民选官员以前所拥有的特权，那么，这种情况立刻就改变了这项制度的整个特征。贵族和教士不是在省议会中坐在人民代表的旁边或者对面，他们遇到的仅仅是孤立的、胆怯的和无能为力的资产阶级。第三等级在政府中日益扮演着一种从属性角色，即使它在社会中不断地变得更加富有和更加强大。然而，在朗格多克不是这种情况，由于该省总是煞费苦心地从国王手中购买他所设立的任何官职。单是在1773年的一年，该省为了这个目的就借了 400 万里弗。

其他更有力的原因也有助于在这种旧体制中注入新的精神，并使得朗格多克的三级会议无可争议地优越于所有其他省的三级会议。

在朗格多克，像在南方大部分地区一样，军役税是根据实物而非根据人身征收的：换句话说，它是根据财产的价值而非所有者的地位而确定的。的确，某些土地是免于征税的。这种土地曾经属于贵族，但是随着时间流逝和经济发展，其中一些已经落入平民的手中。其间，贵族已经成为必须缴纳军役税的许多财产的所有者。特权从人到物的转移无疑更为荒唐，但是，对于它的感受不是特别敏锐了，因为尽管它依旧让人恼火，它已不再具有屈辱性。由于它不再同阶级观念不可分离地联系在一起，不再为一个阶级创造一种不同于或者对立于其他阶级利益的利益，所以，它也就不再妨碍所有阶级共享政府工作。在朗格多克，所有阶级实际上都以完全的平等为基础参与政府，好于所有其他地方。

在布列塔尼，每个贵族都享有以个人身份出席三级会议的权利，因此，三级会议常常像波兰议会（the Polish Diet）。在朗格多克，贵族仅仅通过代表参与三级会议。他们中的二十三个人代表了所有其他人。教士也被本省的二十三个主教所代表。尤其值得注意的是这样的事实：城市拥有的投票权有前两个等级的总和那样多。

由于议会是作为单一的一个团体而在一起开会，投票不是根据等级而是根据人头来计算，第三等级自然就获得了相当大的重要性。渐渐地，第三等级的特有精神渗透到了整个团体中。此外，被称作总理事的三个行政官员受三级会议委派负责常规事务，他们总是法律界人士，也就是说，他们是平民。尽管贵族强大到足以维持自己的地位，它却不再强大到足以独自进行统治。同时，教士等级尽管大部分由贵族构成，却同第三等级维持着密切的联系。它热情地支持后者的大部分计划，同它一起改善所有公民的物质繁荣，并且推动商业与工业发展，因此，以自己重要的人事知识和罕有的机敏头脑处理有益于第三等级的事务。几乎总是有某位教士被选中来到凡尔赛，同大臣就有关争议问题进行辩论，这些问题涉及王室权力同三级会议之间的冲突。可以公正地说，在整整上世纪，朗格多克是由资产阶级在贵族的监督和在主教的帮助下所管理的。

由于朗格多克与众不同的政体，新时代的精神可以静静地注入旧体制中，完全改变它而不用摧毁它。

在所有其他地方，本来也可以这样的。如果法兰西的这些君主们不是一味只想成为他们王国的主人，即使他们用来废除或者扭曲各省三级会议的一小部分恒心与力量也足以像在朗格多克一样改良它们，并让它们适应现代文明的需要。

附录 2

《托克维尔全集》目录

《托克维尔全集》法文版（两种法文版本，当前尚无英文及其他语种版本）：

一、Oeuvres completes. Edited by Gustave de Beaumont. Paris: Michel Levy Frères, 1864—1878.（这是托克维尔全部作品的第一个版本，由他的挚友古斯塔夫·德·博蒙编辑）

Ⅰ – Ⅲ. De la Démocratie en Amérique.

Ⅳ. L'Ancien Régime et la Révolution.

Ⅴ. Correspondance et ceuvres posthumes.

Ⅵ. Correspondance d'Alexis de Tocqueville.

Ⅶ. Nouvelle correspondance.

Ⅷ. Mélanges, fragments historiques et notes sur l'Ancien Régime et la Révolution.

Ⅸ. Etudes économiques, politiques et littéraires.

二、Oeuvres completes. Paris: Gallimard, 1950– .（托克维尔全部作品的最新版本。）

Ⅰ. De la Démocratic en Amérique. Introduction by Harold J. Laski. Preliminary note by J.–P. Mayer. 2 v.（1951）

Ⅱ:1. L'Ancien Régime et la Révolution. Introduction by Georges Lefebvre, preliminary note by J.–P. Mayer.（1952）

Ⅱ:2. L'Ancien Régime et la Révolution. Fragments et notes inédites sur la Révolution. Edited and annotated by André Jardin. (1953)

Ⅲ:1. Ecrits et discours politiques. Edited and annotated by André Jardin. Introduction by J.-J. Chevallier and André Jardin. (1962)

Ⅲ:2. Ecrits et discours politiques. Edited and annotated by André Jardin. Introduction by André Jardin. (1985)

Ⅲ:3. Ecrits et discours politiques. Edited and annotated by André Jardin. Introduction by André Jardin. (1990)

Ⅳ. Ecrits sur Ie système pénitentiaire en France et à I'étranger. Edited by Michelle Perrot. 2v. (1985)

Ⅴ:1. Voyages en Sicile et aux Etats-Unis. Edited and prefaced by J.-P. Mayer. (1957)

Ⅴ:2. Voyages en Angleterre, Irlande, Suisse et Algérie. Edited and annotated by J.-P. Mayer and André Jardin. (1958)

Ⅵ:1. Correspondance anglaise. Correspondance d'Alexis de Tocqueville avec Henry Reeve et John Stuart Mill. Introduction by J.-P. Mayer. Edited and annotated by J.-P. Mayer and Gustave Rudler. (1954)

Ⅵ:2. Correspondance anglaise. Correspondance et conversations d'Alexis de Tocqueville et Nassau William Senior. Edited and annotated by H. Brogan and A. P. Kerr. Notes by J. -P. Mayer. Preface by Lord Roll. Introduction by H. Brogan. (1991)

Ⅶ. Correspondances étrangère d'Alexis de Tocqueville. Edited by Francoise Mélonio, Lise Queffélec and Anthony Pleasance. (1986)

Ⅷ. Correspondance d'Alexis de Tocqueville et de Gustave de Beaumont. Edited, annotated and introduced by André Jardin. 3 v. (1967)

Ⅸ. Correspondance d'Alexis de Tocqueville et d'Arthur de Gobineau. Edited and annotated by M. Degros. Introduction by J.-J. Chevallier. (1959)

Ⅺ. Correspondance d'Alexis de Tocqueville et de Pierre-Paul Roycr-Collard. Correspondance d'Alexis de Tocqueville et de Jean-Jacques Ampère. Introduced, edited, and annotated by André Jardin. (1970)

Ⅻ. Souvenirs. Introduced, edited, and annotated by Luc Monnier.

（1964）

XIII. Correspondence d'Alexis de Tocqueville et de Louis de Kergorlay. Edited by André Jardin. Introduction and notes by Jean–Alain Lesourd. 2 v. （1977）

XV. Correspondance dAlexis de Tocqueville et de Francisque de Corcelle. Correspondance d'Alexis de Tocqueville et de Madame Swetchine. Edited by Pierre Gibert. 2 vols.（1983）

XVI. Mélanges. Edited by Francoise Mélonio.（1989）

XVIII. Correspondance d'Alexis de Tocqueville avec Adolphe de Circourt et Madame de Circourt. Edited by A. P. Kerr. Revised by Louis Girard and Douglas Johnson.（1984）

三、另外，在 The Yale Tocqueville Collection at the Beinecke Rare Book and Manuscript Library of Yale University 收藏有托克维尔的部分手稿，也是对研究者颇有价值的参考文献。

附录 3

托克维尔生平与著作年表

1804—1814　拿破仑一世作为法兰西皇帝统治法国。

1805　7 月 29 日出生于巴黎，为埃尔韦·德·托克维尔夫妇的第三个儿子。母亲洛桑博，其祖父马尔泽布为 18 世纪著名的政治家，狄德罗主编百科全书时任图书馆馆长，大革命时期为路易十六的辩护人，为此在恐怖时期被送上断头台。父亲埃尔韦·托克维尔在波旁王朝复辟时期做过摩泽尔、塞纳—瓦兹等几个省的省长，在地方上重建农业协会，设立法国第三个储蓄银行，建立全国第二个师范学校。

1814—1830　流亡的波旁王朝回到法国建立复辟统治。

1817—1820　同母亲生活在巴黎，接受父亲的前家庭教师詹森主义者勒絮尔神父的教导，对他一生产生了重要的道德与宗教影响。

1820　8 月，随做省长的父亲来到梅斯。

1821　11 月，进入梅斯的中学——皇家学校的修辞班，次年学习哲学课程。该年在父亲的图书馆阅读了伏尔泰、孟德斯鸠、布丰、卢梭、马布利等启蒙思想家的著作，导致其精神危机，失去正统观点与天主教信仰。

1823—1826　在巴黎研习法律。

1826　12 月，同其兄爱德华前往意大利与西西里游行，写下《西西里游记》。

1827　4 月 6 日，离开西西里，担任皇室为他特设的凡尔赛助理法官。

1828 1月，开始熟识将来成为终生好友的代理公共检察官古斯塔夫·德·博蒙。

1828 开始参加早年向导与老师基佐的欧洲史与历史哲学讲座。同年结识来自英国的一多子女中产阶级家庭的玛丽·摩特利，并同其订婚，在 1835 结婚。

1830 7月 26—30 日，所谓"光荣三日"革命爆发。查理十世被流放，波旁王朝被推翻。拉法耶特拒绝共和国总统的职位，迎接路易·菲利普（奥尔良公爵）为新的立宪君主。

  8月 16 日，根据新王朝对凡尔赛法官的要求，向路易·菲利普宣誓效忠，他在给未婚妻的信中写道："我的良知不会责备我，但我深受伤痛，我把这一天作为我生命中最不快乐的日子。"

1831—1832 蒙司法部长的准许，同博蒙前往美国旅行，表面上的和官方的目的是研究美国的监狱制度，实际上是观察美国的民主，也是为了缓解因宣誓而给两个人所带来的亲属与社会压力。从 1831 年 5 月到 1833 年 2 月，他们的足迹向北至魁北克，西至密歇根湖，南至新奥尔良。

1832 博蒙拒绝作为公共检察官出席一次被不公正起诉的案件审判而被撤职。5 月 21 日，托克维尔为了声援博蒙，向检察长辞去法官职务。

1833 1 月，托克维尔同博蒙共同出版《论美国的监狱体系及其在法国的应用》（英译本同年出版）。

  8 月 3 日—9 月 7 日，第一次前往英国访问，意识到英国在从贵族社会向民主社会转变，结识经济学家纳索·威廉·西尼尔。

1835 1 月 23 日，出版《民主在美国》第一部分（英译本同年出版），立刻成为文学沙龙与政治圈中的知名人物。

  同年，大概 1—4 月间，在《瑟堡科学协会评论》上发表《论贫困》，本来是作为一部更大篇幅著作的第一部分；第二部分从未完成，一些分散的文章写于 1837 年 2 月《储蓄银行法》颁布之后。在续篇中，提出了小块土地所有制与工人协会思想。

  同年 4 月 21 日同博蒙离开巴黎再次出访英国及爱尔兰，到过伦敦、伯明翰、曼彻斯特、利物浦和都柏林，会见了托利党及辉格党一些知名人物，如亨利·里夫（正在翻译《民主在美国》，后来不仅成为托克维尔的正式翻译者，还成为其朋友）、约翰·斯图尔特·密尔（他请求托克维尔为他开办的《伦敦评论》撰稿），还有休谟、格罗脱等，发现了英国社会的新面貌：集权、金钱贵族。8月23日返回法国。

10月26日，同玛丽·摩特利结婚，成为终生伴侣。

1836　应密尔所请，写就《1789年前后法国社会与政治状况》，打算作为《法国的政治与社会状况》系列文章的先行部分，由密尔翻译，于4月1日发表于《伦敦和威斯敏斯特评论》（《伦敦评论》）上，该文主题成为《旧制度与大革命》的先声。

同年瑞士之旅。

1837　分别于6月23日和8月22日发表关于殖民地问题的《阿尔及利亚两书》。

11月4日，在国民议会议员竞选中拒绝接受官方与党派支持而落败。

1838　1月6日，入选道德与政治科学院院士，而托克维尔的真正目标是法兰西学院。

1839　3月2日，以独立候选人身份选举为托克维尔城堡附近的沃洛涅（诺曼底）选区的国民议会议员，将在7月王朝期间连任此职务。

6月6日，议会任命了以托克维尔为报告人的一个委员会，研究殖民地奴隶解放问题。该报告于7月23日被法国废权协会（托克维尔从1834年起即参与该协会工作）出版，并随后在美国被废奴主义团体重印。

1840　4月，出版《民主在美国》第二部分（英译本同时出版）。该书的写作持续了四年，从1835年11月中旬至1839年11月中旬，中间颇多停顿，但出版后未获得预想的欢呼。

5月，议会任命了一个由议员与专家组成的委员会研究监狱改革问题，包括博蒙。托克维尔作为报告人于6月20日提交了报告。

同年，第一次对英帝国殖民地——印度发生兴趣，留下了关于英国殖民成就的一些草稿，但后来被放弃，因为他不能亲自来到这个地方考察。

1841　5月4日，由博蒙和哥哥伊波利特相伴，前往法国殖民地阿尔及利亚进行考察。在该地的三个月停留，使他在来年写出了两篇议会报告，引起了不小的反响。从 1837 年至 1849 年，他写作了大量关于征服、殖民化与殖民地土著人的文本。

同年入选法兰西学院院士。

1842　11 月，选为拉芒什省议会议员。后来在 1849、1850 与 1851 年成为该议会主席，这是一个他所珍视的地方政府职位。

同年，向国民议会发表演说，批评法国政治生活中日益增长的自私自利与公共参与的缺乏。

1843　国民议会又建立一个关于监狱改革的委员会，托克维尔又一次代表该委员会在议会中做报告。

1844　6 月，作为股东之一后来作为编委收购了一份报纸《商业报》，不敌基佐开办的《世纪报》，大约停刊于 1845 年。该报为当时议会左派反对派的喉舌，责备对手基佐的失策，捍卫新闻自由和天主教会的学校开办权，提出缓和城市新生贫困的计划，推动选举权的扩展，并批判日益增长的社会原子化与冷漠。

1846　9 月底，在妻子陪伴下第二次访问阿尔及利亚。

同年，写作城市史《瑟堡简介》。

1847　2 月，国民议会建立一个 18 人委员会，托克维尔为主席与报告人，考察关于阿尔及利亚的特别拨款、在当地建立军营等政府法案中的内容。5 月 27 日提交报告，建议对土著人采取强硬措施，但同其进行诚实交易，并鼓励向当地移民。

同年，他为建立一个反对基佐内阁的新左派政党而努力，但无果而终，并直接参与了议会改革与选举改革的讨论。

1847—1848　席卷全国的宴会运动爆发，反对基佐政府，主张扩展选举权，终止政府腐败，托克维尔拒绝参与。

1847　10 月，答应为笛福尔打算在 1848 年议会年会发表的声明写一个序言，留下了两篇未公开的草稿，标题分别为"金融问题"和"中产阶级与人民"，认识到中产阶级如果不去执行有利大众的系列改革，工人阶级在政治上的觉醒将会挑战最后的特权——财产权。提出免费学校、工厂立法、慈善工厂、济贫税等救助贫困的措施。

1848 1 月 27 日，向议会发表著名的演说"我认为我们在一座火山上沉睡"，预言一场具有社会主义色彩的反叛已经迫在眉睫。

2 月 22 日，1848 年革命开始。从 2 月 22 日至 24 日，游行示威首先导致了基佐的辞职，然后是路易·菲利普的退位，最后是以拉马丁为首的临时政府建立。

4 月 23 日，被选入第二共和国立宪议会。

5 月 17 日，托克维尔和博蒙同被选入立宪议会的立法委员会，起草一部新宪法。在向议会解释宪法草案时，托克维尔与笛福尔起主导作用。

6 月 23—26 日，"六月日"，在巴黎工人阶级与支持有产阶级的军队之间发生血腥巷战。托克维尔走上街抵抗工人阶级反叛，六月起义后态度转向保守政策。

9 月 12 日，在议会发表关于工作权利的演说，认为在立法上认可工作权利将会导致社会主义化，从而会否定 1789 年理念。

12 月 10 日，在总统普选中，托克维尔支持卡芬雅克，但拿破仑的侄子路易—拿破仑·波拿巴胜出。

1849 5 月 13 日，在立法议会选举中大获全胜。

6 月 2 日，被路易·波拿巴任命为巴罗内阁中的外交部长，于是他挑选戈宾诺为办公厅主任，博蒙为驻维也纳大使。

10 月 31 日，跟随巴罗内阁总辞职而辞去外交部长。

1850 首次出现肺结核症状。

1850—1851 写作对 1848 年至 1851 年时段进行描述与分析的《回忆录》（于 1893 年首次出版），声称仅是为了个人精神愉悦。

1851 12 月 2 日，路易·拿破仑发动军事政变，托克维尔和其他立法议会成员被逮捕，于 4 日清晨被释放。托克维尔平静地接受了这次逮捕，称其为"一个人所尽的义务"。政变结束了他在 13 年前就已开始的公共生活。

同日，第二帝国建立，拿破仑三世成为皇帝。

12 月 11 日，托克维尔冒险将一封谴责政变的书信托人偷运至《伦敦时报》匿名发表。

1852 4 月 12 日，作为道德与政治科学院的主席，发表演说《论政治科学与艺术》。

7 月，因不愿向新政权宣誓效忠，退出芒什省议会选举。

1853　在图尔定居，开始查阅图尔档案所的文献，为写作《旧制度与大革命》做准备。

同年，路易·波拿巴的私人朋友维埃亚尔应皇帝的授意，希望他重任外交部长，被拒绝。

1854　6—9 月，由妻子相伴前往德国研究封建制度和大革命在法国而不是其他欧洲国家爆发的原因。

1856　6 月 16 日出版《旧制度与大革命》(英译本同时出版)，这是他将来想要完成的对大革命进行全面研究的第一部分。他称这本书及其续篇在其心头"萦绕了 15 年之久"，深层意图是解释法国走向专制的原因。

同年，其父埃尔韦伯爵去世。

从 1856 年 6 月至 1858 年 9 月，托克维尔及妻子一直定居于家乡的托克维尔城堡。

1857　6 月至 7 月，前往英国研究关于法国大革命的文献，认识到法国思想与革命为整个欧洲的组成部分，会见了帕默斯顿勋爵、亨利·里夫、格罗脱，还有阿尔伯特王子等人。7 月 25 日，英国海军特意提供一艘军舰将其送回法国，以表敬意。从英国返回后，继续关于大革命的写作，留下了九章残稿：七章关于大革命的直接起源，两章关于波拿巴的就职，还有一些关于大革命开端、国民议会和公安委员会的阅读笔记与零散思考，而没有最终完成。

1858　10 月 28 日，受胃病折磨并被诊断为支气管炎后，在医生的建议下前往戛纳疗养。

1859　4 月 16 日，由于病情进一步恶化，病逝于戛纳。5 年后，托克维尔夫人也去世。

1860　12 月 9 日，博蒙在托克维尔夫人的帮助下编辑出版两卷本《托克维尔作品与未发表书信》，博蒙为其作了一个长长的序言。

1864—1866　博蒙编辑出版了九卷本《托克维尔全集》。

1950— J.P. 梅耶尔——一位德国马克思主义专家在法国政府的赞助下重新编撰《托克维尔全集》，1979—1983 年期间，由阿隆主持，后由费朗索瓦·菲雷主持。

附录 4

文献注释

托克维尔的传记包括安德烈·雅尔丹（André Jardin）的《托克维尔传》（*Tocqueville:A Biography*, Farrar, Strauss, and Giroux, 1988）和休·布罗根（Hugh Brogan）的《阿勒克西·德·托克维尔的一生》（*Alexis de Tocqueville : A Life,* Yale University Press, 2006）。在托克维尔的《回忆录》（*Recollections,* Transaction Books, 1985）里，他既提供了一幅鲜明的自我肖像，也作为观察者—参与者对1848年革命进行了描述。

托克维尔对法国大革命的最初研究，"1789年前后法兰西的社会与政治状况"（The social and political state of France before and after 1789），由约翰·斯图尔特·密尔译出并于1836年发表于《伦敦与威斯敏斯特评论》（*London and Westminster Review*）。

法语版本的《旧制度与大革命》可以在托克维尔著作的两个主要的现代版本中查阅，一个是《托克维尔全集》的第二卷第一部分（Volume II.1 of *Oeuvres Complètes,* Gallimard, 1953），另一个是《托克维尔文集》的第三卷（Volume III of *Oeuvres,* Editions de la Pléiade, Gallimard, 2004）。（也可以找到网上资源:http://classiques.uqac.ca/classiques/De_tocqueville_alexis/ancien_regime/ancien_regime.html.）前者有乔治·勒菲弗（Georges Lefebvre）（或许为研究大革命的卓越历史学家）所写的一篇可贵的导言。在《全集》的第二卷和《文集》的第三卷中，读者可以发现，托克维尔有关计划中的《旧制度与大革命》第二卷的笔记，在版本上略有不同。

托克维尔声称，在准备《旧制度与大革命》时，他仅仅使用了第一手资料，因为他发现，阅读其他人有关这个主题的著作令人痛苦。有关这些资料的最好研究是罗伯特·T. 加内（Robert T. Gannett）的《揭开面纱的托克维尔：历史学家和他有关〈旧制度与大革命〉的资料》（*Tocqueville Unveiled: The Historian and His Sources for The Old Regime and the Revolution,* University of Chicago Press, 2003）然而，托克维尔读过由朱尔斯·米什莱（Jules Michelet）和阿道夫·梯也尔（Adolphe Thiers）所写的大革命的历史。一些托克维尔有更重要影响的作品，因为使用了通过政治心理学研究大革命的方法，所以更具"托克维尔化"（Tocquevillian），包括，约瑟夫·德罗兹（Joseph Droz）的《路易十六统治史》（*Histoire du règne de Louis XVI*（1839）），和斯塔尔夫人（Madame de Staël）的《法国大革命反思录》（*Considérations sur la Révolution Française*）（于 1818 年死后出版）。有关《旧制度与大革命》的起源与受众更广泛的方面在弗朗索瓦·梅洛尼奥（Françoise Mélonio）的《托克维尔与法国》（*Tocqueville and the French,* University Press of Virginia, 1998）中得到探讨。对于该作品的一种独一无二的视角是在罗伯特·帕默（Robert Palmer）编辑的《两个托克维尔，父与子：埃尔韦与阿勒克西·德·托克维尔论法国大革命的来临》（*The Two Tocquevilles, Father and Son: Herve and Alexis De Tocqueville on the Coming of the French Revolution,* Yale University Press, 1997）中提出的。

xxx

在《阐释法国大革命》（*Interpreting the French Revolution,* Cambridge University Press, 1981）中，弗朗索瓦·菲雷（François Furet）（像勒菲弗一样）将托克维尔置于大革命的史学史中。托克维尔的一些特殊主张在约翰·马尔科夫（John Markoff）的《封建制的废除》（*The Abolition of Feudalism,* Pennsylvania State University Press, 1996）和在吉尔伯特·夏皮罗（Gilbert Shapiro）与约翰·马尔科夫的《大革命的要求》（*Revolutionary Demands,* Stanford University Press, 1998）中得到评价。

社会科学家也谈到了托克维尔在《旧制度与大革命》中的观念，尤其"托克维尔效应"。在"通向一种革命理论"（"Toward a Theory of Revolution", *American Sociological Review* 27, 1962）中，詹姆士·戴维斯（James Davies）提出了一种对于马克思和托克维尔的综合分析。雷蒙·布东（Raymond Boudon）在"相对挫折的逻辑"（"The Logic of Relative Frustration," in *Rational Choice*, ed. Jon Elster, Blackwell, 1986）中，提出了有关托克维尔效应的一种简单的正式模型。托克维尔对于多数无知的创造性洞察力在伊丽莎白·诺艾尔－诺依曼（Elisabeth Noelle-Neumann）的《沉默的螺旋》（*The Spiral of Silence,* University of Chicago Press, 1993）中得以强调。

索　引

（该页码为剑桥版页码，即本书边码）

absenteeism　不在地主制 , and nobility　和贵族阶级 , 87, 113

administration　行政机关 : and conflicts of powers　in late eighteenth century 和 18 世纪晚期的权力冲突 , 258~259;customs of under Ancien Régime　旧制度下的行政习惯 , 62~70; and municipal governments of towns as institution of Ancien Régime　和作为旧制度机构的城市政府 , 47~54, 212~222 , 232~234; and　religious government of ecclesiastical　provinces　和基督教领域的宗教治理 , 244~245; revolution in at end of eighteenth century　18 世纪末在行政机关中所发生的革命 , 170~179;　and village government in Île-de-France 和法兰西岛的乡村政府 , 222~225. See also centralization 也参见中央集权制

agriculture　农业 : and central government of Ancien Régime　和旧制度的中央政府 , 45; class and societies for　阶级和农业协会 , 229; roles of intendant and comptroller general in societies for　总督和财政总监在农业协会中的角色 , 154. See also famine　也参见饥馑

Aigues-Mortes（district）　艾格—莫尔特（地区）, 190

Algeria　阿尔及利亚 , administrative centralization of Ancien Régime in Canada compared　to　同阿尔及利亚相比的加拿大的旧制度行政集权制 , 226

America　美国 : and English system of decentralization　和英国的分权体系 , 226, 227 ; and role of religion in society　和宗教在社会中的角色 , 140; and rural parishes of Middle Ages compared to New England townships　和同新英格兰市镇相比的中世纪农村教区 , 52.See also American Revolution　也参见美国革命

American Revolution 美国革命, 133~134

Ancien Régime 旧制度: and administrative centralization 和行政集权, 39~46, 59~61,225~227;condition of peasants in eighteenth century compared to thirteenth century 旧制度下同 13 世纪相比农民在 18 世纪的状况, 112~124; courts and immunity of public officials in 旧制度下法庭和公共官员的豁免权, 55~58; and customs of administration 和行政习惯, 62~70; destruction of political liberty and separation of classes as fatal to 对于旧制度致命的政治自由的毁灭和阶级的分离, 93~101; divisions and uniformity in society 旧制度社会中的分裂与同质, 76~79;emergence of French Revolution from 法国大革命从旧制度中的出现, 179~185; and irreligion 和非宗教, 136~142; isolation of social groups during 在旧制度期间社会团体的疏离, 80~92; kind of liberty under 旧制度下自由权的种类, 102~111 ; and men of letters as leading politicians 和作为首要的政治家的文人, 127~135; and municipal governments of towns 和城市政府,47~54; moderating forces on 对于旧制度的中和力量, 246~247;and prosperity during reign of Louis XVI 和路易十六统治期间的繁荣, 152~159; and revolutionary education of people 和人民的革命教育, 166~169; sovereign influence of Paris during 在旧制度期间巴黎的主导性影响力,71~75; Tocqueville on study of 托克维尔对旧制度的研究, 1~3.*See also* France 也参见法国；monarchy 君主政体

The Ancien Régime and the French Revolution（Tocqueville）《旧制度与大革命》（托克维尔）: as expression of Tocqueville's personal philosophy 《旧制度与大革命》对作为托克维尔个人哲学的表达, xxv~xxviii; and genre of history 和历史体裁, xiii~xiv; modern editions of 《旧制度与大革命》的现代版本, xxix; structure of and relation to planned second volume 计划中的第二卷结构及《旧制度与大革命》同第二卷的关系, xv~xxv; as work of structural analysis and social science 《旧制度与大革命》作为结构分析与社会科学的著作, xiii~xv

Andrieux, François 弗朗索瓦·安德里厄, xvi

Angers（town） 翁热（市）, 212~222

Anjou（province） 安茹（省）, 114, 212 , 262, 263

d'Argenson, Marquis 达尔让松侯爵, 42, 62

aristocracy, in England　英国的贵族政治 , 80~81, 93. *See also* nobility　也参见贵族制

asylum　避难所 , and feudal dues　和封建权利 , 261~262

Auch（province）　欧什（省）, 173

Austria　奥地利 , and serfdom　和农奴制 , 201n18

Auvergne（province）　奥弗涅（省）, 83, 263, 269

banalités　磨坊税 , 262~263

banvin, droit de　葡萄酒权 , 263

Ban des vendanges　葡萄采摘税 , 263

Baudeau, Abbé　博多修道院院长 , 146, 147

Beaumarchais, Pierre de　皮尔·德·博马舍 , 158

beggars and begging, in countryside　during eighteenth century　18 世纪农村的乞丐与乞讨 , 121 , 252

Berry（province）　贝里（省）, 116, 119, 245, 265

Blackstone, William　威廉·布莱克斯通 , 253, 254

blairie, droit de　放牧权 , 263

Bolingbroke, Henry St. John　圣约翰·亨利·博林布鲁克 , 140

Bordeaux（province）　波尔多（省）, 155

bordelage　博尔德税 , 260~261

Boudon, Raymond　雷蒙·布东 , xxx

Boulainvilliers, Henri de　亨利·德·布兰维利耶 , 193

Bourbonnais（province）　波旁奈依（省）, 263

bourgeoisie　资产阶级 : changes in between　fourteenth and eighteenth centuries　在 14 世纪和 18 世纪之间的变化 , 83; definition of under Ancien　Régime　旧制度下资产阶级的定义 , 49n1; education of in Ancien Régime　旧制度下资产阶级的教育 , 79; fragmentation of in prerevolutionary period　革命前时期资产阶级的碎片化 ,xx; isolation from nobility in late　eighteenth century　18 世纪晚期同贵族阶级的疏离 , 86~87, 90~91, 124;　and law code of Frederick the Great　和弗里德里希大帝的法典 , 203~204; movement of to towns　向城

市的迁移, 114; and political liberty under Ancien Régime 和旧制度下的政治自由, 107; and public offices under Ancien Régime 和旧制度下的公共职位, 64, 88~89; and respect for religion 和对于宗教的尊重, 141; use of term and characteristics of 术语的使用和资产阶级的特点, 221 . See also class 也参见阶级

Brittany (province) 布列塔尼 (省), 157, 194, 262, 265, 267

Brogan, Hugh 休·布罗冈, xxix

Burgundy (province) 勃艮第 (省), 263, 269

Burke, Edmund 埃德蒙·伯克, 12 , 13~14, 27 , 73, 77 ,85, 131, 181

cahiers (grievance books) 会议记录 (陈情表), 2, 12~13, 86,104, 106, 131, 234~244

Canada, and administrative centralization of Ancien Régime 加拿大, 和旧制度的行政集权, 225~227

carpot 卡尔帕, 261

caste 种姓, view of nobility as 对作为种姓的贵族阶级的看法, 80, 81, 82, 84

Catholicism 天主教 . See Church 参见教会; clergy 教士阶层

cens 土地税 , 260, 268, 270

centralization 中央集权制 : and abandonment of countryside by nobility 和贵族阶级对于农村的遗弃, 114; and Ancien Régime in Canada 和加拿大的旧制度, 225~227;barriers to in Ancien Régime 旧制度中对于中央集权制的障碍, xxvi; development of in Ancien Régime 在旧制度中的发展, 59~61; and municipal government of towns 和城市政府, 51; as product of Ancien Régime 作为旧制度的产物, 39~46; restoration of at beginning of nineteenth century, 19 世纪开端对于中央集权制的恢复70, 183

Cette (port) 塞特 (港), 190

Cévennes (district) 塞文 (地区), 189

chambellage 效忠罚金, 269

Champagne (province) 香槟 (省), 83

charitable foundations 慈善基金, and reign of Louis XVI 和路易十六的统治,

167~168. *See also* poverty 也参见贫困 and poor relief 和贫困救济

Charles VII 查理七世, 94~95

Charles VIII 查理八世, 215

Cherbourg（city） 瑟堡（市）, 207~208

China 中国, and Economists 和经济学家, 147

Choiseul, Duc de 舒瓦瑟尔公爵, 121

Christianity 基督教, and proselytism 和改宗, 20.*See also* Church 也参见教会; religion 宗教

Church 教会: and feudal system 和封建体系, 36; and grievance books of nobility 和贵族阶级的陈情表, 239~240; and irreligion as dominant view in eighteenth century 和在 18 世纪作为主导观点的非宗教, 138; limits on ecclesiastical power of under Ancien Régime 对于旧制度下教会权力的限制, 104~105; poverty in rural areas and alienation of peasants from 农村地区的贫困和农民对教会的疏离, 165; and state as overseer of convents 和作为修道院监护者的国家, 225.*See also* clergy 也参见教士阶层; religion 宗教

cities 城市. *See* Paris 参见巴黎; town（s） 市镇

class 阶级: and administrative officials of Ancien Régime 和旧制度的行政官员, 64; relationship between middle classes and aristocracy in England 英国的中产阶级和贵族阶级的关系, 86; separation of as fatal to Ancien Régime 对于旧制度致命的阶级分离, 93~101. *See also* bourgeoise 也参见中产阶级; nobility 贵族阶级; peasants 农民

clergy 教士阶层: feudal dues owned by 被教士阶层拥有的封建权利, 207~210;and individual liberty under Ancien Régime 和旧制度下的个人自由, 106; privileges of and alienation of people 教士阶层的特权和人民对其的疏离, 207,247~248; and provincial government of Languedoc 和朗格多克的省政府, 195; and public administration of Ancien Régime 和旧制度的公共管理,104~105, 245; and residence of priests in countryside 和牧师在农村的住宅, 114~115. *See also* Church 也参见教会

Colbert, Jean Baptiste 让·巴蒂斯塔·科尔贝尔, 99, 226

Cologne（electorship） 科隆（选区）, 206

commise 没收, 261

communes 村社, 188

comparative method 比较方法, and *The Ancien Régime and the French Revolution* as work of social science 和作为社会科学著作的《旧制度与大革命》, xv

comptroller general 财政总监: and administrative centralization of Ancien Régime 和旧制度的行政集权制, 41;and customs of administration 和行政习惯, 62~63;role of in 1740 compared to 1780 同 1780 年相比在 1740 年财政总监的角色, 61, 153~154

concession, and responses of governments to crisis 让步, 和政府对于危机的反应, xxi, xxii~xxiii

Constituent Assembly 制宪会议, 73

Constitutions 政体: and administrative justice in postrevolutionary period 和后革命时期的行政司法, 57; and grievance books of nobility 和贵族阶级的陈情表, 241~242; and provincial government of Languedoc 和朗格多克的省政府, 193, 195; of towns 城市政体, 212, 213

council decrees 御前会议法令: and administration of towns 和城市行政机关, 50; and centralization in final years of Ancien Régime 和旧制度最后年代中的中央集权制, 44~46; and courts 和法庭, 227~228; and customs of administration under Ancien Régime 和旧制度下的行政习惯, 63, 66. *See also* King's Council 也参见国王的御前会议

Cour des Aides 税务法庭, 108

Courts 法庭: administrative justice and immunity of public officials in Ancien Régime 行政司法和旧制度中公共官员的豁免权, 55~58; and council decrees 和御前会议法令, 227~228; and English legal system 和英国法律体系, 254~255; and grievance books of nobility 和贵族阶级的陈情表, 243; legislative power of in Ancien Régime 旧制度中法庭的立法权力, 40; and liberty under Ancien Régime 和旧制度下的自由, 108~109; and royal edicts of Louis XVI 和路易十六的王室敕令, 170~171. *See also* criminal justice 也参见刑事司法; law and legal system 法律和法律体系

criminal justice 刑事司法: and government practices during reign of Louis XVI 和路易十六统治期间的政府惯例, 168~169; and grievance books of nobility 和贵族阶级的陈情表, 235~236. *See also* courts 也参见法庭; law and legal system　法律和法律体系；police　警察

Dauphiné（province）　多菲内（省），xxiv, 267

Davies, James　詹姆士·戴维斯，xxx

Declaration of the Rights of Man（1791）　人权宣言（1791），201

Democracy　民主：and despotism　和专制，147; and government of rural parishes in eighteenth century　和 18 世纪的农村教区政府，53

Democracy in America（Tocqueville）《民主在美国》（托克维尔），xv

Department of Bridges and Roads　桥梁与道路局，44, 58, 97, 167

Despotism　专制：democratic form of　专制的民主形式，147; and desire for acquisition of wealth　和财富攫取的欲望，5~6

diachronic paradox　历时矛盾，xx~xxi

Diderot, Denis　德尼斯·狄德罗，63, 139

Diversity　多样性：of administration of Ancien Régime　旧制度行政管理的多样性，40; of laws and courts in England 英国法律与法庭的多样性，253~254

draft lottery of 1769　1769 年的应征抽签，118

Droz, Joseph　约瑟夫·德罗兹，xxx

Duchâtelet, Mme.　夏特莱夫人，162

dynamics, of revolution　革命的动力学，xxiv~xxv, xxviii

economics　经济学．*See* poverty and poor relief　参见贫困和贫困救济；price controls　价格控制；taxation　征税；wealth　财富

Economists　经济学家，143~151

Edict of Nantes（1685）　南特敕令（1685），158n1

Education　教育：of bourgeois and nobility during Ancien Régime　旧制度期间资产阶级和贵族阶级的教育，79；government practices as form of revolutionary　作为革命教育形式的政府习惯，166~169; and grievance books of nobility　和贵族阶级的陈情表，237, 244; as　protection against abuse of political power　作为对滥用政治权力的保障，145. *See also* literacy　也参见文学

elections, of town officials 城市官员的选举 , 53~54

elites, fragmentation of in prerevolutionary period 革命前时期精英的碎片化 , xxv. *See also* aristocracy 也参见贵族政治 ; intellectuals 知识分子 ; nobility 贵族阶级

Engels, Friedrich 弗里德里希·恩格斯 , xiv

England 英国 : abolishment of feudal system in seventeenth century 17 世纪封建体系的废除 , 25; and characteristics of aristocracy 和贵族政治的特点 , 80~81, 94; and civil war 和内战 , 176~177; and feudal dues 和封建权利 , 36~37; distribution of wealth in 英国的财富分配 , 156; and increase in wealth of nobility 和贵族阶级财富的增加 , 78; and irreligious philosophy 和非宗教哲学 , 140; and judicial laws 和司法法律 , 253~256; land ownership by peasants in 英国农民的土地所有制 , 33, 35; medieval political institutions in 英国中世纪的政治制度 , 23; relationship between middle classes and aristocracy in 在英国中产阶级与贵族制之间的关系 , 86; and role of intellectuals in politics 和政治中知识分子的角色 , 133; and view of French Revolution 和对于法国大革命的认识 , 12 ; Voltaire's letters on 伏尔泰关于英国的通信 , 143

envy 嫉妒 , and Tocqueville's use of term "hatred," 和托克维尔对于术语"仇恨"的使用 xviiin1

equality 平等 : and despotism 和专制 , 6; and emergence of French Revolution from Ancien Régime 和法国大革命从旧制度中的出现 , 182~183, 184. *See also* freedom 也参见自由 ; liberty 自由权

Europe 欧洲 , and systems of law in Middle Ages 和中世纪的法律体系 , 22~25, 197~199. *See also* England 也参见英格兰 ; France 法国 ; Germany 德意志

evocation 提审权 , and administrative justice 和行政司法 , 56,57, 58

factories, growth of in Paris during eighteenth century 工厂 , 18 世纪期间在巴黎的增加 , 74~75

famine 饥馑 , and poverty relief efforts 和贫困救济活动 , 161

ferries 渡口费 , and feudal dues 和封建权利 , 264

feudalism　封建制 : abolishment of in seventeenth-century England　在 17 世纪英国的废除 ,25; and feudal dues owned by priests　和被教士拥有的封建权利 , 207~210; and feudal dues still in existence at time of French　Revolution　和在法国大革命时代依然存在的封建权利 , 35~38, 259~268; and socialism 和社会主义 , 167; and status of in eighteenth-century France　和在 18 世纪法国它的状况 , 31~38;　and vassals　和附庸 , 82~83. *See also* serfdom 也参见农奴制

fief 封地 , 269

fishing　捕鱼权 , and feudal dues　和封建权利 , 266, 268

Forbonnais, François Véron de　弗朗索瓦·韦龙·德·福尔勃奈 , 95

France　法 国 : and feudal prerogatives in eighteenth century　和 18 世纪的封建特权 , 31~38; medieval political institutions in　中世纪法国的政治机构 , 23; unique character of history of　法国史的独有特色 , 184~185; views of on eve of Revolution 大革命前夜对于法国的看法 , 12~13.　*See also* ancien Régime　也参见旧制度 ; French Revolution　法国大革命

franc-fief 封地获取税 , 97~98, 237

Franche-Comté（province）弗朗什—孔泰（省）, 78

Franklin, Benjamin　本杰明·富兰克林 , xxv

Frederick the Great　弗里德里希大帝 , 11 , 32, 51, 148~149,200n5, 201~205, 252

Frederick William I　弗里德里希·威廉一世 , 200n5

Frederick William II　弗里德里希·威廉二世 , 204

Freedom　自由 : and emergence of French Revolution from Ancien Régime　和从旧制度中出现的法国大革命 ,　182~183; and grievance books of nobility　和贵族阶级的陈情表 , 235~237; and relationship between despotism and acquisition of wealth　和专制与财富攫取之间的关系 , 6. *See also* equality　也参见平等 ; liberty　自由权

freehold　自由保有 , 269

free vote　自由投票 , 4

Fréminville, Edme de　埃德姆·德·弗雷曼维尔 , 82, 260

French Revolution　法 国 大 革 命 : administrative revolution preceding political revolution of　作为政治革命的法国大革命之前的行政革命 , 170~178;

and American Revolution 和美国革命, 133~134; compared to religious revolutions 同宗教革命的比较, 19~21 ; emergence of from Ancien Régime 法国大革命从旧制度中的出现, 179~185; essential achievement of 法国大革命的基本成就, 26~27; feudal dues still in existence at time of 在法国大革命时代依然存在的封建权利, 259~268; influence of irreligion on 非宗教对于法国大革命的影响, 136~142; and kind of liberty under Ancien Régime 和旧制度下自由权的种类, 102~111; and poverty relief efforts 和贫困救济活动, 160~165; prosperity during reign of Louis XVI and onset of 路易十六统治期间的繁荣和法国大革命的开端, 152~159; and reinvigoration of principles of Ancien Régime 和旧制度原则的激励, 61; reform and liberty as goals of 改革和作为法国大革命目标的自由, 143~151; Tocqueville's purpose in study of 托克维尔研究法国大革命的目的, 3~7; universal curiosity about outside of France 法国之外对于法国大革命的普遍好奇, 11~12; as war on religion 作为对宗教的战争, 15~18. See also revolution 也参见革命

Furet, François 弗朗索瓦·菲雷, xiv, xxx

Galicia（Spain） 加利西亚（西班牙）, 164
Gannett, Robert T. 罗伯特·T. 甘尼特, xxix
Gazette de France（newspaper） 法兰西报（报纸）, 64~65
general assembly 全民议会, 49~50
gentilhomme 贵族, meaning of in France 在法国的含义, 82
gentleman 绅士, use of term in England 在英国的术语使用, 81~82
Germany 德意志: courts and administrative justice in 在德意志的法庭与行政司法, 55; and code of Frederick the Great 和弗里德里希大帝的法典, 201~205; and independent city-states 和独立的城市国家, 199~200; medieval political institutions in 德国中世纪的政治制度, 23, 24~25; peasants and land ownership in 德意志的农民和土地所有制, 33, 35, 205~206; and progressivism in late eighteenth century 和 18 世纪晚期的进步主义, 253; and Roman law 和罗马法, 197~199; and serfdom 和农奴制, 31~32, 200~201, 203; tax privileges of nobility 贵族阶级的纳税特权, 85;

vestiges of feudalism in 德意志的封建制度遗迹，82; and views of French Revolution 和对于法国大革命的看法，11~12; and wealth of nobility 和贵族阶级的财富，78

Government 政府. See administration 参见行政机关; Ancien Régime 旧制度; centralization 中央集权制; politics 政治

grievance books 陈情表. See cahiers 参见会议记录

ground rents 地租，268

guilds 同业公会: destruction and partial reinstatement of 同业公会的破坏和部分恢复，170; original function of 同业公会的最初功能，98; and right to work efforts 和对工作权利的争取，161. See also industry 也参见工业

Guyenne (province) 吉耶纳（省），117

Hatred 仇恨, and Tocqueville's use of term "envy" 和托克维尔对术语"嫉妒"的使用 xviiin1

Haute Guyenne (district) 上吉耶纳（地区），154, 163, 211, 227, 245

Henri IV 亨利四世，100, 112

Henry III 亨利三世，98

history 历史: position of *The Ancien Régime and the French Revolution* in genre of《旧制度与大革命》在历史体裁中的地位，xiii~xiv; and unique character of France 和法国的独有特色，184~185; and use of words *gentleman* and *gentilhomme* 和对于单词"绅士"与"贵族"的使用，81~82

hobereaux (hobby-hawks) 燕隼（业余鹰），113

Hume, David 大卫·休谟，139

Hungary, and Soviet intervention 匈牙利，和苏联的干涉，xxii

hunting rights, and feudalism 打猎权利，和封建制，36, 266~267, 268

Île-de-France (district) 法兰西岛（地区），xx, 156~157, 222~225, 258~259

implicit contract 默认契约, and obligations of nobility 和贵族阶级的义务，xviii

individualism 个人主义, and isolation of social groups in France 和法国社会团体间的疏离，91

industry 工业 : grievance books of nobility and freedom of 贵族阶级的陈情表和工业自由, 236; regulation of by intendants 总督对于工业的管制, 211~212. *See also* guilds 也参见同业公会

intellectuals, as leading politicians in middle of eighteenth century 知识分子，在 18 世纪中期作为领先的政治家, 127~135. *See also* Economists 也参见经济学家; philosophy 哲学; Physiocrats 重农学派

intendants 总督 : and administrative centralization of Ancien Régime 和旧制度的行政集权, 41~42, 43, 45, 56~57, 60; and government of Languedoc 和朗格多克的政府, 189; and municipal government 和城市政府, 53~54, 219~221; power of at end of eighteenth century 18 世纪末总督的权力, 171, 172~173; and regulation of industry 和对工业的管制, 211~212; role of in 1740 compared to 1780 同 1780 年相比总督在 1740 年的角色, 61, 153~154

Ireland 爱尔兰, and English legal system 和英国法律体系, 253, 254

irony, Tocqueville's use of 反讽，托克维尔对反讽的使用, xxvi~xxvii

isolation 疏离 : and condition of peasants in eighteenth century 和农民在 18 世纪的状况, 122; of social groups during Ancien Régime 旧制度时期社会团体的疏离, 80~92, 115, 124

Ivry（village） 伊夫利（乡村）, 222~225

Jardin, André 安德烈·雅尔丹, xxix

judicial system 司法体系. *See* courts 参见法庭; criminal justice 刑事司法

July Revolution（1830） 七月革命（1830）, xxvii

King's Council 国王的御前会议 : and administration of towns 和城市的行政机关, 50; and centralization in Ancien Régime 和旧制度的中央集权制, 40~41, 42~43, 44, 45; role of in courts and administrative justice 在法庭和行政司法中的角色, 56, 58. *See also* council decrees 也参见御前会议法令

labor, and compulsory service 劳动，和义务劳役 : arbitrary imprisonment for 为了义务劳役而进行的随意监禁, 248~249; attempt to abolish by Louis XVI 路

易十六废除义务劳役的尝试，160~161; and condition of peasants in eighteenth century 和 18 世纪农民的状况，119~120, 250~251; and feudalism in eighteenth century 和 18 世纪的封建制，36, 262, 268; and grievance books of nobility 和贵族阶级的陈情表，237; and transportation of convicts 和对罪犯的运送，249~250

La Flèche（town） 尖塔（市），91

La Marche（district） 拉马什（地区），263

Lamartine, Alphonse de 阿方斯·德·拉马丁，xxvii

land ownership 土地所有制: and forms of property holding in prerevolutionary France 和革命前法国的财产持有形式，269~270; and reforms during reign of Louis XIV 和路易十四统治期间的改革，167; status of in eighteenth-century Europe 在 18 世纪欧洲的状况，32~34, 37~38, 205~207. *See also* property 也参见财产

language 语言: and descriptions of peasants 和对于农民的描述，163~164, 258; and history of words *gentleman* and *gentilhomme* 和单词"绅士"与"贵族"的历史，81~82

Languedoc（province） 朗格多克（省），105, 117, 188~195

La Rivière, Mercier de 梅西埃·德·拉·里维埃，146

Laval（town） 拉瓦勒（市），207

Lavoisier, Antoine 安托万·拉瓦锡，86

Law, John 约翰·劳，42

law and legal system 法律和法律体系: abolishment of religious during French Revolution 法国大革命期间对于宗教法律的废除，142; Ancien Régime and respect for 旧制度和对于法律的尊重，67; and English judicial system 和英国司法体系，253~256; and Frederick the Great in Germany 和德意志的弗里德里希大帝，201~205; systems of in Europe during Middle Ages 中世纪期间欧洲的法律体系，22~25, 197~199; and town government in eighteenth-century France 和 18 世纪的城市政府，48~54. *See also* courts 也参见法庭; criminal justice 刑事司法

Lefebvre, Georges 乔治·勒费布尔，xxix

Letrosne, G.-F. 勒特罗那，98, 121, 144, 145, 146

leyde 莱德权 , 264

Liancourt, Duc de 利昂古尔公爵 , 93~94

Liberty 自由权：destruction of political as fatal to Ancien Régime 对于旧制度致
    命的政治自由的毁灭 , 93~101; kind of under Ancien Régime 旧制度下自由权
    的种类 , 102~111; and reform as goal of French Revolution 和作为法国大革
    命目标的改革 , 143~151. *See also* equality 也参见平等；freedom 自由

lième 利埃夫 , 270

Limousin (province) 利穆赞（省）, 78

literacy, status of in eighteenth century France 文学，在 18 世纪法国的地位 , 133.
    See also education 也参见教育

lods et ventes 土地转让金 , 260, 268

lords 领主：and municipal councils 和市政理事会 , 175; and parish government
    和教区政府 , 52~53. *See also* nobility 也参见贵族阶级

Lorraine (province) 洛林（省）, 173

Louis XI 路易十一 , xix, 47~48, 85, 212 , 215

Louis XII 路易十二 , 100

Louis XIII 路易十三 , 193

Louis XIV 路易十四 , xix, 72 , 84~85, 96, 98, 113, 158, 167, 225, 226, 264

Louis XV 路易十五 , 64~65, 96, 103, 166, 193

Louis XVI 路易十六 , 74, 98, 100, 109, 131, 134, 152~159, 160~165, 166~169,
    170, 244

Lower Normandy (province) 下诺曼底（省）, 119, 154, 163, 167, 176

Machault, M. de 德·马肖尔先生 , 149

Maine (province) 曼恩（省）, 117 , 212 , 228, 262, 263

Maistre, M. de 德·梅斯特先生 , 13

manorial land books 土地手册 . *See terriers* 参见地籍册

marciage 马尔西税 , 261

Markoff, John 约翰·马尔科夫 , xiv, xxx

Mayenne (district) 马耶讷（地区）, 247

Mélonio, Françoise　佛朗索瓦·梅洛尼奥, xxx

men of letters　作家. *See* intellectuals 参见知识分子

Michelet, Jules　朱尔斯·米什莱, xxix

Middle Ages　中世纪, and systems of law in Europe 和欧洲的法律体系, 22~25, 197~199

military and militia　军队和国民军: and compulsory labor 和义务劳役, 250; and conscription　和 征 兵, 43, 118~119, 236; and grievance books of nobility 和贵族阶级的陈情表, 239; and recruitment of peasants 和对农民的征募, 118~119

Mill, John Stuart　约翰·斯图尔特·密尔, xxix

Mirabeau, Comte de　米拉波伯爵, 17, 18, 136

Mirabeau, Marquis de　米拉波侯爵, 67, 71~72

Molière　莫里哀, 81

Mollien, M.　莫里安先生, 154

Monarchy　君主政体: in Europe of Middle Ages 欧洲中世纪的君主政体, 25, 199; and executive power in grievance books of nobility 和在贵族阶级的陈情书中的行政权力, 243. *See also* ancien Régime 也参见旧制度

Montbazon（town）　蒙巴宗（城市）, 247

Montesquieu, Baron de　孟德斯鸠男爵, 71, 81, 114

Morelly, Abbé　摩莱里神父, 148

Napoleon　拿破仑, 15

National Convention　国民公会, 172

Necker, M.　内克尔先生, 32, 34, 85, 121~122, 155, 156, 234

Newspapers　报纸, and administration of Ancien Régime 和旧制度的行政机构, 64~65. *See also* press 也参见出版

Nivernais（province）　尼韦内（省）, 263, 266

nobility　贵族阶级: abandonment of countryside by 贵族阶级对农村的遗弃, 112~114; as caste 作为种姓的贵族阶级, 80, 81, 82, 84; exemption of from taxation 贵族阶级的纳税豁免权, xvi~xviii; feudalism and privileges and powers of 封建制和贵族阶级的特权与权力, 37; and grievance books 和陈情表, 234~244; and intellectuals in eighteenth century 和 18 世纪的知识分子, 130~131; isolation from bourgeois in late eighteenth century 在 18 世纪晚期同资产阶级的疏离, 86~87, 123~124; and land ownership 和土地所有制, 206; and law code of Frederick the Great 和弗里德里希大帝的法典, 203, 204; and liberty under Ancien Régime 和旧制度下的自由, 103~104; and petitions to Ancien Régime 和致旧制度的请愿书, 69; and provincial government of Languedoc 和朗格多克的省政府, 194~195; and respect for religion 和对于宗教的尊重, 140~141; and seigniorial rents in provinces 和外省的领主税, 228; and society of Ancien Régime 和旧制度的社会, 77~78. See also aristocracy 也参见贵族政治; class 阶级; lords 领主

Noelle–Neumann, Elisabeth 伊丽莎白・诺艾尔 – 诺依曼, xxx

Noisai (parish) 努瓦塞伊 (教区), 247

Normandy (province) 诺曼底 (省), 228, 267

notables 显贵, and general assembly 和全民议会, 49

oligarchy 寡头政体, and municipal government in eighteenth century 和 18 世纪的城市政府, 50

oppression 压迫, and condition of peasants in eighteenth century 和 18 世纪农民的状况, 121~122. See also repression 也参见镇压

Orry, M. 奥里先生, 119

paganism 异教信仰, and relationship of religion to state 和宗教同国家的关系, 20

Palmer, Robert 罗伯特・帕默, xxx

parcière 帕尔西税, 261

Paris 巴黎: advantages enjoyed by during Ancien Régime 旧制度期间巴黎所享有的好处, 256~257; and feudal dues 和封建权利, 261, 262, 269; and revision of terrier 和地籍册的修订, 270; sovereign influence of during

Ancien Régime　旧制度期间巴黎的主导性影响，71~75

Paris Parlement（1770）　巴黎高等法院（1770），108

parishes　教区，administration of in Ancien Régime　旧制度中的行政机关，

　　51~53, 54, 174~176, 222~225. *See also* villages　也参见村庄

pays d'élection　财政区行省，39~40, 171, 190

pays d'états　三级会议行省，39, 117, 187, 188, 248

peasants　农民：condition of in eighteenth century compared to thirteenth century　同

　　13 世纪相比 18 世纪农民的状况，112~124; and feudal dues owned by priests

　　和被教士拥有的封建权利，208~210; isolation of bourgeois from　资产阶

　　级同农民的疏离，88; and land ownership in eighteenth century Europe　和

　　18 世纪欧洲的土地所有制，32~34, 205~206; and law code of Frederick the

　　Great　和弗里德里希大帝的法典，203; negative language　in descriptions

　　of　在描述农民时的消极语言，163~164, 258. *See also* class　也参见阶级；

　　labor　劳动

Péréfixe, M. de　德·佩雷菲克斯先生，112

petitions, as source of information on administration of Ancien Régime　请愿书，

　　作为旧制度行政管理的信息来源，69. *See also cahiers*　也参见地籍册

philosophy　哲学：*The Ancien Régime and the French Revolution* as expression of

　　Tocqueville's personal　作为托克维尔个人哲学之表达的《旧制度与大革命》，

　　xxv~xxviii; eighteenth century schools of as cause of French Revolution　作为

　　法国大革命原因的 18 世纪哲学学派，15, 16; political forms of in eighteenth

　　century　18 世纪哲学的政治形式，128, 130. *See also* economists　也参见

　　经济学家；intellectuals　知识分子；Physiocrats　重农学派

Physiocrats　重农学派，119

Pitt, William　威廉·皮特，13

Poitou（province）　普瓦图（省），157, 269

Poland, and free elections in 1989　波兰，和 1989 年的自由选举，xxii

Police　警察：and centralization of administration in Ancien Régime　和旧制

　　度中的行政集权，44, 68, 227; and treatment of peasants　和农民的遭遇，

　　251~252. *See also* criminal　justice　也参见刑事司法

Politics　政治：and grievance books of nobility　和贵族阶级的陈情表，

240~241; and men of letters as politicians in middle of eighteenth century 和 18 世纪中期作为政治家的作家, 127~135. *See also* democracy 也参见民主; despotism 专制; monarchy 君主政体; power 权力; reform 改革; socialism 社会主义

popular sovereignty 人民主权, 4

population 人口, increase of in Paris of eighteenth century 18 世纪巴黎人口的增长, 74

poverty and poor relief 贫困和贫困救济: and centralization in Ancien Régime 和旧制度中的中央集权制, 45; concern for during reign of Louis XVI 在路易十六统治期间对于贫困的关注, 154; and condition of peasants in eighteenth century 和 18 世纪农民的状况, 118; and favoritism in public charity delivered by state 和国家分配的公共慈善中的恩宠, 210~211; and French Revolution 和法国大革命, 160~165; grievance books of nobility and distribution of 贵族阶级的陈情表和贫困救济的分发, 238. *See also* famine 也参见饥馑

power 权力: and centralization of Ancien Régime 和旧制度的中央集权制, 60; and conflicts in administration in 1787 和 1787 年行政机关中的冲突, 258~259; grievance books of nobility on separation of 贵族阶级关于权力分离的陈情表, 242~244; of intendants, 总督的权力 171, 172~173; and public education 和公共教育, 145; and role of Church in politics 和教会在政治中的角色, 138; and social change as objective of French Revolution 和作为法国大革命目标的社会变革, 17; of tax collectors 收税员的权力, 116~117; understanding of limits of by Ancien Régime 旧制度对于权力限度的理解, 103

precipitants, of revolution 积累条件, 革命的积累条件, xvi, xx

preconditions, for revolution 先决条件, 革命的先决条件, xv~xvi, xx

preemption 先发制人, and responses of governments to crisis 和政府对于危机的反应, xxi, xxiii

press, grievance books of nobility and freedom of 出版, 贵族阶级的陈情表和出版自由, 236~237. *See also* newspapers 也参见报纸; printing 印刷

price controls 价格控制, precedents for under Ancien Régime 旧制度下价格控制的先例, 168

printing 印刷 , growth of at end of eighteenth century 18世纪末印刷的增长 , 72~73

progressivism, in late eighteenth century Germany and France 进步主义 , 18世纪晚期德国和法国的进步主义 , 253

propaganda, and religious revolutions 传道 , 和宗教革命 , 21

property, and grievance books of nobility 财产 , 和贵族阶级的陈情表 , 236. *See also* land ownership 也参见土地所有制

proselytism, and religious revolutions 改宗 , 和宗教革命 , 20, 21

provinces 外省 : and assemblies 和议会 , 172 , 173, 245; class and society in 外省中的阶级与社会 , 77 ; and funding of public works 和对于公共工程的资助 , 189, 190~192; and governors 和省长 , 41; and influence of Paris during Ancien Régime 和巴黎在旧制度期间的影响 , 73;Three Estates and administration of 三个等级和外省的管理 , 187~188

Prussian code of 1795 1795年的普鲁士法典 , 45

public offices 公共官员 : and administration of towns 和城市的行政管理 , 215~218; bourgeois and minor posts under Ancien Régime 旧制度下的资产阶级和微小的官职 , 88~89;practice of selling 出售公共官员官职的做法 , 99

public service 公共服务 , of nobility 贵族阶级的公共服务 , xviii

public works 公共工程 : and centralization in Ancien Régime 和旧制度中的中央集权制 , 44; private property and government practices in late eighteenth century 18世纪晚期的私人财产和政府习惯 , 167; provincial funding of in Languedoc 朗格多克的省资助 , 189, 190~192. *See also* roads 也参见道路

Quesnay, François 佛朗索瓦·魁奈 , 144, 145, 146, 148

Recollections: The French Revolution of 1848 (Tocqueville) 《回忆录：1848年革命》(托克维尔) , xxvii, xxix

reform 改革 : and administration of countryside 和农村的行政管理 , 174; and liberty as goal of French Revolution 和作为法国大革命目标的自由 , 143~151; and reign of Louis XVI 和路易十六的统治 , 166~169

religion 宗教 : and Frederick the Great on Deism 和弗里德里希大帝论自然

神论 , 252~253; French Revolution as war on　法国大革命作为对宗教的战争 , 15~18;　and government of ecclesiastical provinces　和基督教领域的治理 , 244~245;　grievance books of nobility and freedom of　贵族阶级的陈情表和信仰自由 , 236; and influence of irreligion on French Revolution　和非宗教对法国大革命的影响 ,　136~142; and religious revolutions　compared to French Revolution　和同法国大革命相比的宗教革命 ,　19~21 , 165. *See also* church　也参见教会;　clergy　教士阶层

Religion　宗教 , Wars of（sixteenth century）（16 世纪的）宗教战争 ,　19~21 , 164n3, 165

Renauldon, Charles　查理·勒诺东 , 260, 264, 267~268

Repression　镇压 , and responses of governments to crisis　和政府对于危机的反应 , xxi~xxii.　*See also* oppression　也参见压迫

resistance　对抗 , to administration of Ancien Régime　对于旧制度的行政机关的对抗 , 103

revolution　革命 : in administrative practices of Ancien Régime　旧制度行政实践中的革命 , 170~178; Ancien Régime and education of people in 旧制度和人民在革命中的教育 , 166~169; dynamics of　革命的动力学 , xxiv~xxv, xxviii; French Revolution compared to religious forms of　同宗教形式的革命相比的法国大革命 , 19~21 ; and peasant revolts in fourteenth century　和农民在 14 世纪的反抗 ,　164n1~2; precipitants of　革命的积累条件 , xvi, xx; preconditions for and triggers of　革命的先决条件和触发条件 ,　xv~xvi, xx, xxiv. *See also* American Revolution　也参见美国革命; French Revolution 法国大革命;　Revolution of 1848　1848 年革命

Revolution of 1848　1848 年革命 , xxvii

Richelieu, Cardinal　红衣主教黎塞留 , 99, 113, 118

rights　权利 : and grievance books of nobility　和贵族阶级的陈情表 ,　235, 240~241; modern conceptions of contrasted to Ancien Régime　同旧制度相比权利的现代概念 ,　xxvi; and seigniorial justice　和领主司法 , 267~268. *See also* equality　也参见平等; freedom　自由; liberty　自由权

rivers, and feudal dues　河流和封建权利 , 265

roads　道路 : and administrative centralization in Ancien Régime　和旧制度的

行政集权 , 44, 228; and feudal dues 和封建权利 , 265; and forced labor by peasants 和对农民的强迫劳动 , 119, 160~161, 248; provincial maintenance of in Languedoc 朗格多克对于道路的省级维护 , 190~191. *See also* public works 也参见公共工程

Rodez（town） 罗德兹（市）, 245

Roman law 罗马法 , 22 , 197~199

Rousseau, Jean-Jacques 让—雅克·卢梭 , 63

Schiller, Friedrich von 弗里德里希·冯·席勒 , 19

Scotland 苏格兰 , and English legal system 和英国法律体系 , 253, 254

"second-best" political systems "次优"的政治体系 , xv

Serfdom 农奴制 : and Germany in eighteenth century 和 18 世纪的德国 , 31~32, 200~201, 203; grievance books of nobility and abolishment of 贵族阶级的陈情表和对农奴制的废除 , 235, 244. *See also* feudalism 也参见封建制

Servage 从属制 , 261~262

Shapiro, Gilbert 吉尔伯特·夏皮罗 , xiv, xxx

slavery 奴隶制 , and grievance books of nobility 和贵族阶级的陈情表 , 235

socialism 社会主义 : and Economists 和经济学家 , 147~148; and feudalism 和封建制 , 167; and law code of Frederick the Great 和弗里德里希大帝的法典 , 205

social science 社会科学 , *The Ancien Régime and the French Revolution* as work of 作为社会科学著作的《旧制度与大革命》, xiii, xiv, xv

society 社会 : divisions and uniformity of during Ancien Régime 旧制度时期社会的分裂与同质 , 76~79; and isolation during Ancien Régime 和旧制度时期的疏离 , 80~92; role of religion in American 在美国社会中宗教的角色 , 140. *See also* class 也参见阶级

Soviet Union 苏联 , and nonintervention in Poland 和对波兰的不干涉 , xxii

Spanish Succession, War of 西班牙王位继承战 , 152

Staël, Madame de 德·斯塔尔夫人 , xxx

state 国家 : as overseer of convents 作为修道院监护者的国家 , 225; use of term in Frederick the Great's code of law 在弗里德里希大帝的法典中的术语使用 ,

202; in view of Economists 经济学家的国家观, 146~147. *See also* Ancien Régime statistics, and administration under Ancien Régime 也参见旧制度的统计, 和旧制度下的行政管理, 63

Stone, Lawrence 劳伦斯·斯通, xv~xvi

structural analysis 结构分析, *The Ancien Régimeand the French Revolution* as work of 作为结构分析著作的《旧制度与大革命》, xiii

subdelegate 总督助理: and administrative centralization of Ancien Régime 和旧制度的行政集权, 42; and municipal government 和城市政府, 54, 218; and provincial assemblies 和省议会, 173

synchronic paradox 一时矛盾, xx~xxi

syndic 理事: appointment of by intendant 总督对理事的任命, 53~54; and parish government 和教区政府, 52, 175~176

taille（tax） 军役税（税收）, 43, 87, 95, 115~116, 118, 194

taxation 征税: and administration of countryside in late eighteenth century 和 18 世纪晚期农村的行政管理, 174; and causes of discontent 和不满的原因, 87; exemption of nobility from 贵族阶级的纳税豁免权, xvi~xviii, 84~85; and grievance books of nobility 和贵族阶级的陈情表, 242; indirect versus direct 间接征税针对直接征税, 95, 165; inequality of 征税的不平等, 95~100, 230~232, 257; and King's Council 和国王的御前会议, 42~43; and principle of consent in fourteenth century 和 14 世纪所同意的原则, 94; and prosperity during reign of Louis XVI 和路易十六统治期间的繁荣, 154; and provincial government of Languedoc 和朗格多克的省政府, 190, 192~193. *See also* feudalism 也参见封建制; *taille* 军役税

tax collectors 收税员, 116~117

terrage（feudal tithes） 田租（封建什一税）, 260, 268

terriers（manorial registers） 地籍册（登记簿）, 24, 82, 259, 270

Thiers, Adolphe 阿道夫·梯也尔, xxix

Thirty Years' War 三十年战争, 199, 200

tithes 什一税. *See terrage* 参见田租

Tocqueville, Alexis de 阿勒克西·德·托克维尔: and *The Ancien Régime and the French Revolution* as expression of personal philosophy 和作为个人哲学之表达的《旧制度与大革命》, xxv~xxviii; *The Ancien Régime and the French Revolution* and genre of history 《旧制度与大革命》和历史体裁, xiii~xiv; biographies of 阿勒克西·德·托克维尔传记, xxix; chronology of life 阿勒克西·德·托克维尔生活年表, xxxi~xxxii; and study of Ancien Régime 和对于旧制度的研究, 1~3; and study of French Revolution 和对于法国大革命的研究, 3~7

"Tocqueville effect," "托克维尔效应" xiv~xv, xx, xxiii, xxx

tolls 通行费, and feudal dues 和封建权利, 264, 268

Toulouse (province) 图卢兹 (省), 162

Touraine (town) 都兰 (市), 212, 228

Tours (district) 图尔 (地区), 154, 210, 219, 250, 257, 263

town (s) 城市: administration of during Ancien Régime 旧制度期间城市的行政管理, 40, 191, 212~222, 232~234; constitutions of 城市的政体, 212, 213; decline of in eighteenth century 18世纪城市的衰败, xix~xx; migration of bourgeois to 资产阶级向城市的迁移, 114; and municipal governments during Ancien Régime 和旧制度期间的城市政府, 47~54. *See also* villages 也参见乡村

town councils 城市理事会, 48~49

tragedy 悲剧, sense of in Tocqueville's historical analysis 托克维尔历史分析中的悲剧感, xxvi

triggers, of revolution 革命的触发条件, xvi, xxiv

Troyes (district) 特鲁瓦 (地区), 266

Turgot, A. R. J. 蒂尔戈, 32, 53, 87, 89, 101, 116, 121, 132, 145, 155, 161, 163, 169, 174, 206~207, 225, 228, 229, 249, 258

United States 合众国. *See* America 参见美国

Vassals　附庸 , and feudalism　和封建制 , 82~83

Vauban, Sébastien de　塞巴斯蒂安·德·沃邦 , 152

Veyne, Paul　保罗·维纳 , xiv

villages　乡村 : and administrative revolution in late eighteenth century　和 18 世纪晚期的行政革命 , 174; as communities in eighteenth century　作为 18 世纪的共同体的乡村 , 115; and government of Languedoc　和朗格多克的政府 , 191; and municipal governments in　eighteenth century　和 18 世纪的城市政府 , 51, 54, 222~225. *See also* parishes　也参见教区 ; town（s）城市

violence　暴力 , and contrast between benign character of theories and acts of French Revolution　和理论上的善质与法国大革命的行为之间的对比 , 181

Voltaire　伏尔泰 , 115, 137, 143, 149

waters　水运权 , feudal dues and regulation of use　封建权利和水运权的使用规则 , 265~266

wealth　财富 : despotism and desire for acquisition of　专制和财富攫取的欲望 , 5~6; of nobility under　Ancien Régime　旧制度下贵族阶级的财富 , 78; prosperity as　factor in French Revolution　作为法国大革命因素的繁荣 , 152~159

Weber, Max　马克斯·韦伯 , xiv

Westphalia, Treaty of　《威斯特伐利亚条约》, 199

Young, Arthur　阿瑟·扬 , 12 , 33, 73, 93~94, 155,　191, 231

译后记

　　托克维尔在写作《旧制度与大革命》时，有着明确的问题意识，即，如何将近代法国从专制与动乱的交替中解救出来，而理解法兰西的独特历史是解决这一问题的必要步骤。所以，托克维尔长期以来只是被视为一位历史学家，而且还是一位不太合格的历史学家。但是，恐怕就连托克维尔自己也想不到，时至今日，他已经被视为一位政治哲学家，一位社会科学家，他的理论好像具有了普世的理论价值。托克维尔研究在国际上最近一次的复兴发生在二十世纪九十年代的东欧剧变之后。据梅洛尼奥所言，当时，他的《论美国的民主》被视为"一本新的民主圣经"，他本人则被尊崇为"自由的侠客"。

　　但是，托克维尔曾经说过，他在写作时尽量不会利用已有的研究材料，而是愿意接触第一手的材料，埃尔斯特在本书导论中也谈到过这一点。他甚至曾经说过，为了让自己的头脑获得解放，他想把自己的书烧掉。所以，在当前中国的"托克维尔热"中，对于《旧制度与大革命》的解读，切不可违背托克维尔的初衷，模糊托克维尔的问题，犯下托克维尔所警告的错误。

　　在国内目前众多的《旧制度与大革命》版本中，译者为自己的这个版本的定位是，为托克维尔研究入门者与提高者提供一种初步的指南，而不是定位为一种通俗大众读本。能够推出带有作者原稿与笔记的研究版《旧制度与大革命》与《论美国的民主》，是译者长久以来的夙愿，只好留待以后从容筹划了。

　　该书中文版正文后的注释（不含正文中的注释）有 54000 字，是译者迄今所找得到的国内《旧制度与大革命》诸版本中注释最全的。国外的学术著作注重学术规范，注释是其著作的有机组成部分。注释往往是著者的立论基础，往往从注释中可以发现著者的研究思路与方法。它不但起到为正文做注解的作用，还具有独立存在的价值。如本书正文后的几个注释几乎可以视作独立的论文。

在一些具体术语的翻译上，译者斟酌再三。举例来说：1. 旧制度下法国有两种行省制度：三级会议行省（pays dětats）和财政区行省（pays dělection）。我们不能根据字面意思就把 pays dělection 译为选举的行省，因为托克维尔也说过，这样的地方的选举更少见。实际上，三级会议行省是独立性和自治性比较强的省份，而财政区行省是中央控制更为严密尤其是在财政上控制更为严密的省份。2. 税务法庭（Cour des Aides），好多人根据字面意思把它译为助理法庭或误译为艾森德人宫廷，而其实际是旧制度时代专门处理税务纠纷的法庭。3. aristocracy 如何翻译？托克维尔的原话是："aristocracy 的一种基本特征，即一种进行统治的公民团体。"当贵族还能够从事统治治理职能时，它就是 aristocracy，而当它失去或者放弃这项职能时，就成为了一种种姓（caste）。所以，译者根据上下文的意思，将 aristocracy 译为贵族政治。4. 本书中高频度地出现了 freedom 与 liberty 这两个单词，freedom 一般指抽象的普遍的自由，而 liberty 一般指具体的自由（权利）的种类。所以，译者在翻译过程中，把 freedom 一般译为"自由"，把 liberty 一般译为"自由权"。译者在翻译过程中力图把以往或当前一些译本的不妥术语都一一加以修正，希望在术语上不会犯一些常识性错误。

本书所依据的翻译底本为学界广为流传的剑桥政治思想史读本系列中的《旧制度与大革命》（*The Ancien Régime and the French Revolution*, edited by Jon Elster, translated by Arthur Goldhammer），译本边码即以该版本页码为准。在翻译过程中，在一些重要的句子和术语的翻译上，参考了另一种英文版《旧制度与大革命》（*The Old Regime and the Revolution*, ed. and with an introduction and critical apparatus by François Furet and Françoise Mélonio, trans. by Alan S. Kahan. Chicago: University of Chicago Press, 2001），并参阅了收录有《旧制度与大革命》法语原版的《托克维尔全集》（第二卷）（*Oeuvres complètes d'Alexis de Tocqueville*,

Tome Ⅱ, edited by J. P. Mayer and François Furet. Bagneux: Galllimard, 1953)。在一些关键术语的汉译上，借鉴了冯棠翻译的《旧制度与大革命》(北京：商务印书馆，1992)，该书在内容与术语上尽管今天看来不太完善，迄今仍拥有其难以替代的地位与独特之处。

为了使剑桥版《旧制度与大革命》的汉译版更加符合托克维尔研究入门这一目标，译者在附录中增加了《托克维尔全集》目录；由于剑桥版托克维尔年表过于简略，译者又对该年表进行了扩充，但在史实上与剑桥版年表完全一致。译者根据中文书籍的习惯，对于剑桥版附录的顺序有所调整，但除了上述两项改动外，其具体内容并无变动。

对于名家的名作，仅仅一种译本是不够的。尤其是像托克维尔研究这门被西方视为显学的研究领域，只要是带有独特目的与特点的版本，都是必要的。托克维尔文本带有强烈的文学色彩与浓郁的抒情风格，西方学者将其作品视为系列场景的组合。译者深恐无法译出这种意境。另外，细节上的纰漏，也恐在所难免。希望读者批评与指正。

译者
2018 年 7 月